Dinheiro atrai dinheiro

Esther e Jerry Hicks
Autores de *Peça e será atendido*

Dinheiro atrai dinheiro
Use a Lei da Atração para conseguir riqueza, saúde e felicidade

11ª Edição

Tradução
Renato Motta

Rio de Janeiro | 2025

CIP-BRASIL. CATALOGAÇÃO-NA-FONTE
SINDICATO NACIONAL DOS EDITORES DE LIVROS, RJ

Abraham (Espírito)
A139d Dinheiro atrai dinheiro: use a Lei da Atração para
11ª ed. conseguir riqueza, saúde e felicidade/[ditado por Abraham
a] Esther e Jerry Hicks; [tradução: Renato Motta]. – Rio de
Janeiro: Best*Seller*, 2025.

Tradução de: Money and the Law of Attraction: learning
to attract wealth, health and happiness.
ISBN 978-85-7684-353-5

1. Sucesso. 2. Pensamento Novo. 3. Moeda. 4. Saúde. 5.
Bem-estar. 6. Obras psicografadas. I. Hicks, Esther, 1948-. II.
Hicks, Jerry. III. Título.

10-3708.   CDD: 133.93
                                                             CDU: 133.9

Texto revisado segundo o novo Acordo Ortográfico da Língua Portuguesa.

Título original norte-americano
MONEY AND THE LAW OF ATTRACTION
Copyright © 2008 by Esther and Jerry Hicks
Copyright da tradução © 2009 by Editora Best Seller Ltda.

Publicado originalmente em 2008 pela Hay House Inc, USA.

Capa: Julio Moreira
Editoração eletrônica: Abreu's System

Todos os direitos reservados. Proibida a reprodução,
no todo ou em parte, sem autorização prévia por escrito da editora,
sejam quais forem os meios empregados.

Direitos exclusivos de publicação em língua portuguesa para o Brasil
adquiridos pela
EDITORA BEST SELLER LTDA.
Rua Argentina, 171, parte, São Cristóvão
Rio de Janeiro, RJ – 20921-380
que se reserva a propriedade literária desta tradução

Impresso no Brasil

ISBN 978-85-7684-353-5

Seja um leitor preferencial Record.
Cadastre-se em www.record.com.br e receba informações
sobre nossos lançamentos e nossas promoções.

Atendimento e venda direta ao leitor:
sac@record.com.br

Sobre Esther e Jerry Hicks

Em 1985, Jerry e Esther Hicks deram início a uma série de diálogos com Abraham, nome escolhido por um grupo de instrutores não físicos que ensinam mensagens inspiradoras de alegria e bem-estar. Em 1986, empolgados com a clareza e a praticidade das palavras transmitidas por Abraham, Jerry e Esther Hicks começaram a divulgar as experiências que tinham com Abraham junto a alguns amigos e sócios. Então, reconhecendo os resultados práticos obtidos pelas pessoas que começaram a cobrir Abraham de perguntas ligadas às suas finanças, condições físicas e relacionamentos amorosos, o casal Hicks tomou a decisão de permitir que os ensinamentos de Abraham ficassem disponíveis para um círculo cada vez maior de buscadores espirituais. Esse círculo continuou a se expandir, e isso acontece a cada instante.

Hoje, Jerry e Esther Hicks já publicaram um grande número de "Livros Abraham-Hicks", e também CDs, cassetes, DVDs e vídeos. Promovem seminários e trabalhos de grupo interativos em muitas cidades do mundo.

Para saber mais, acesse: www.abraham-hicks.com.

Tivemos o prazer de conhecer algumas das pessoas mais influentes do nosso tempo, mas não encontramos ninguém que sirva de fonte para a positividade com mais talento do que Louise Hay (Lulu), fundadora da Hay House. Guiada pela visão de Lulu, a editora Hay House se tornou uma das maiores divulgadoras mundiais de materiais espiritualizados e que promovem a autoaprimoramento.

Portanto, dedicamos este livro, com muito amor e gratidão, a Louise Hay, e também a todas as pessoas que ela atraiu com a sua visão.

Sumário

PARTE 1: Como girar o eixo e o livro dos aspectos positivos

- A sua história e a *Lei da Atração* 27
- A vida às vezes parece injusta? 27
- "Dar o melhor de si" ainda não é bastante? 29
- Tudo o que posso desejar, posso também conseguir 30
- Alcançar o sucesso é o meu direito de nascença 30
- O dinheiro não é a raiz do mal nem a fonte da felicidade 32
- Sou eu que atraio todas as minhas experiências 33
- A consistência da *Lei da Atração* 34
- O que queremos dizer ao falar de *vibração*? 36
- Sempre que eu me sinto abundante, a abundância me encontra 38
- Em vez de viver a vida segundo os padrões, viva-a de forma deliberada 39
- Conte a história que você deseja vivenciar 40
- Cada questão, na realidade, representa duas 41
- Que história estou contando agora? 42
- *Modificar o eixo* pode reorientar a minha vida 43
- Eu sou o criador da minha experiência de vida 44
- Pensamentos alinhados oferecem uma sensação boa 45
- Ver meu mundo através dos olhos da fonte 47
- Eu posso deliberadamente escolher me sentir melhor 49
- A doença poderia ser provocada por emoções negativas? 50
- Modifique o eixo: em vez de se sentir mal, sinta-se bem 51
- Estou em harmonia com o meu desejo? 52

Dinheiro atrai dinheiro

- *O que* eu quero e *por quê?* 53
- Eu posso me sentir melhor agora mesmo.......................... 54
- A atenção às coisas indesejadas atrai mais coisas indesejadas............ 56
- Estou focado no que quero ou no que não quero? 57
- Foco na solução, e não no problema 57
- O que eu *realmente* quero é me sentir bem.......................... 58
- Sempre que me sinto mal, atraio o indesejado...................... 60
- Meus pensamentos se concatenam com pensamentos semelhantes e mais fortes 62
- Criando um *livro de aspectos positivos* 65
- A Lei da Atração fornece poder aos pensamentos 67
- Vou começar o dia com pensamentos agradáveis 69
- O momento de dormir é a hora do realinhamento das energias......... 70
- Exemplo de um *processo de aspectos positivos para a hora de dormir* 71
- Exemplo de um *processo de aspectos positivos para a manhã*............ 73
- Eu sei como eu quero me sentir 74
- Nada é mais importante do que se sentir bem...................... 76
- Quanto melhor as coisas estiverem, melhor elas ficarão 78
- Meu universo é equilibrado positivamente e negativamente............ 79
- Meu universo responde à atenção que eu dedico a.................. 80
- A decisão de se sentir bem atrai bons sentimentos................ 81
- Como não sentir a dor? 83
- Minha compaixão não tem valor para ninguém?.................... 86
- Como não magoar as pessoas ainda mais quando elas já se sentem magoadas? 88
- Não sou o responsável pela criação dos outros.................... 92
- Ouvir a orientação interna ou buscar bons sentimentos? 93
- E se eu fizesse o jogo do *"E se...?"* 94

PARTE 2: Atraindo dinheiro e manifestando a abundância

- Atraindo dinheiro e manifestando a abundância.................. 100
- Falta de ação não vale a pena 103
- Antes de qualquer coisa, devo encontrar o meu equilíbrio vibracional 104
- Nem dinheiro nem pobreza trazem alegria.......................... 106

Sumário

- Estou aqui para ser um criador jubiloso 108
- O poder de gastar dinheiro vibracional de forma vibracional............109
- A necessidade de dinheiro não vai atrair esse dinheiro......................110
- E se um "pobre" não se sentir pobre?..111
- Qual é a minha história de "abundância financeira"?.........................114
- E quando os pobres criticam os ricos?...116
- E se o nosso dinheiro perder valor?...117
- Como reverter uma espiral descendente?..119
- Uma guerra contra a guerra também é uma guerra.............................121
- Podemos ser bem-sucedidos sem ter talento?.....................................122
- Podemos conseguir algo sem dar nada em troca?...............................123
- Eles querem uma sorte do tipo "ganhar na loteria".............................124
- Viver em abundância não é "mágica"..125
- Trocar liberdade por dinheiro?...126
- Sentindo-se negativo em relação ao dinheiro ou ao câncer? 129
- Ele não lutou para conseguir dinheiro?...130
- Gastar dinheiro é confortável?...133
- Como modificar meu ponto de atração?..136
- Os meus padrões sou eu que determino...138
- "Economizar para ter segurança no futuro" funciona?.......................139
- Contando uma nova história sobre abundância, dinheiro e
  bem-estar financeiro...140
- Um exemplo da minha "velha" história sobre o dinheiro 142
- Um exemplo da minha "nova" história sobre o dinheiro 143

Parte 3: Mantendo o meu bem-estar físico

- Meus pensamentos criam minha experiência física.............................149
- Reclamar das reclamações também é reclamar 150
- Eu me sinto bem com o meu corpo...151
- Palavras não ensinam, o que ensina é a experiência de vida..............152
- A *Lei da Atração* expande todos os meus pensamentos 153
- Quinze minutos para o meu bem-estar planejado 155
- Eu não sou limitado pelas crenças alheias..157
- Há tempo bastante para alcançar isso 159
- Por que eu quero condições físicas perfeitas?....................................160
- Eu posso confiar no meu *ser interior*..161

12   Dinheiro atrai dinheiro

- ◆ Qual é o papel do pensamento nos traumas?...162
- ◆ Uma doença congênita pode ser curada de forma vibracional?..........163
- ◆ Muitos problemas vão e voltam... Por quê?..164
- ◆ Eu vi meu corpo se curar naturalmente...165
- ◆ Dar atenção ao meu bem-estar é uma forma de mantê-lo? 166
- ◆ Quando devo visitar um médico?...167
- ◆ Como sentir euforia nas mandíbulas de um leão? 169
- ◆ Como alguém pode sentir dor focando a atenção em outra coisa? 171
- ◆ Meu estado natural é o de bem-estar 172
- ◆ Como os pensamentos de um bebê podem atrair doença?...................173
- ◆ Por que alguns bebês nascem doentes?..175
- ◆ Vamos falar sobre o conceito de doenças incuráveis 176
- ◆ Devo focar na diversão para recuperar a saúde? 177
- ◆ Ignorar a doença resolve o problema?..178
- ◆ Qual é o efeito das vacinas sobre as doenças?......................................179
- ◆ Médicos, curadores e feiticeiros..179
- ◆ Seu médico como um meio de alcançar o bem-estar 180
- ◆ O que fazer para ajudar as pessoas?...182
- ◆ Mas e quando elas estão em coma? 183
- ◆ Doenças hereditárias — por que eu posso herdar uma doença
  que acometeu a minha avó?..184
- ◆ Qual é o papel da mídia na propagação das epidemias?......................186
- ◆ Identificar as sensações desconfortáveis enquanto elas ainda
  estão pequenas?...187
- ◆ Há alguma cura para o Alzheimer e para a artrite?..............................188
- ◆ Qual é a influência dos exercícios e da alimentação na saúde? 190
- ◆ E quando uma pessoa saudável se sente cansada quase o tempo
  todo? 191
- ◆ Qual é a principal causa das doenças? 192
- ◆ Um exemplo da minha "velha" história sobre o meu
  bem-estar físico...193
- ◆ Um exemplo da minha "nova" história sobre o meu
  bem-estar físico...194

PARTE 4: Perspectivas sobre saúde, riqueza, peso e mente

- ◆ Quero desfrutar de um corpo saudável 199

Sumário

- Quero equilibrar os meus desejos e experiências 200
- Eu não preciso comparar o meu corpo com outros 201
- E se eu me enxergasse como perfeito? 202
- Lutar contra o indesejado atrai mais do indesejado 203
- A atenção que eu dedico à carência de alguma coisa atrai mais carência 204
- Plantar sementes de medo faz nascer mais medo 205
- A atenção dada à doença atrai a doença? 206
- A minha atenção está focada de forma predominante no meu bem-estar? 207
- A realidade física dos outros não deve ser a minha realidade 208
- Como posso influenciar todos à minha volta para que eles mantenham a saúde? 209
- Vou relaxar e me concentrar no bem-estar, na hora de dormir 210
- As emoções negativas indicam pensamentos pouco saudáveis? 210
- Até que ponto eu posso controlar o meu corpo? 211
- Podemos fazer crescer, de forma consciente, músculos e ossos? 214
- E quando o desejo de alguém se sobrepõe à sua crença? 215
- Mas e se eu acreditar em germes perigosos? 217
- Sou guiado *na direção* daquilo que eu realmente quero 219
- Em primeiro lugar eu devo estar disposto a agradar a mim mesmo .. 220
- Existe um momento apropriado para morrer? 221
- Todas as mortes são uma espécie de suicídio? 222
- Processo para controlar o peso do corpo 224
- Com relação à comida, posso fazer o que me deixa feliz? 225
- Quais são as minhas crenças a respeito de comida? 227
- As opiniões dos outros sobre o meu corpo são irrelevantes 228
- Um exemplo da minha "velha" história sobre o meu corpo 229
- Um exemplo da minha "nova" história sobre o meu corpo 229

Parte 5: Carreiras e fontes rentáveis de prazer

- Quais são os primeiros passos na escolha da minha carreira? 233
- "Em que você trabalha?" 236
- A *Lei da Atração* e a carreira 238
- Posso preencher o meu vazio servindo aos outros? 240

14   Dinheiro atrai dinheiro

- ✦ O meu sucesso animará os outros?...243
- ✦ Eu queria liberdade, crescimento e alegria.............................244
- ✦ Quero que a minha vida seja boa...245
- ✦ Sou eu que crio minha própria carreira jubilosa.................246
- ✦ É imoral receber sem dar nada em troca? 246
- ✦ Bem-vindo ao planeta Terra..249
- ✦ O mais importante é se sentir bem.. ...250
- ✦ O que está impedindo a minha carreira de decolar?.......... 251
- ✦ Vou buscar razões para me sentir bem 253
- ✦ Eu *quero* ou eu *tenho* de fazer?..253
- ✦ E se o que me agrada também servir para atrair dinheiro?.................256
- ✦ Quero que o meu trabalho seja livre 257
- ✦ Quais são os aspectos positivos disso? 258
- ✦ O meu tempo no trabalho é uma questão de percepção 264
- ✦ Devo tentar trabalhar com mais vontade?...............................266
- ✦ Um exemplo da minha "velha" história a respeito
  da minha carreira...268
- ✦ Um exemplo da minha "nova" história a respeito
  da minha carreira...269
- ✦ É hora de contar uma história nova 270

Transcrição de palestra — Abraham ao vivo: um seminário sobre
a *Lei da Atração*

- ✦ Isto é um correspondente vibracional? 275
- ✦ Você é a energia vibrante da fonte...279
- ✦ Tudo que existe já foi um pensamento vibracional.............281
- ✦ Vivendo o correspondente vibracional 287
- ✦ O que a sua história indica?...300
- ✦ A essência vibracional do dinheiro 303
- ✦ Minha história de sucesso financeiro.......................................309
- ✦ Encerramento do seminário em Boston 316

Sobre os autores 319

Prefácio

Jerry Hicks

O que você acredita que o tenha atraído para este livro? Por que motivo você acha que está lendo estas palavras? Que parte do título atraiu sua atenção? Foi a palavra *dinheiro?* Foi a palavra *saúde*? Foi a palavra *felicidade*? Foi a palavra *conseguir*? Ou foi, talvez, a *Lei da Atração*?

Qualquer que seja o motivo que possa ter atraído você para este livro, as informações contidas aqui lhe chegam às mãos como resposta a alguma pergunta que você, de algum modo, tinha em seu interior.

Sobre o que este livro trata? Ele ensina que a vida deve ser bem vivida e que o nosso estado de Bem-estar é o mais correto e natural. Ele ensina que, não importa o quanto a sua vida seja boa atualmente, ela sempre pode melhorar, e que a escolha e o poder de melhorar a sua experiência de vida pode ser controlada por você mesmo. Além disso, ele oferece algumas ferramentas filosóficas práticas que — quando colocadas em uso consistente — o capacitarão a se permitir uma experiência de mais riqueza, mais saúde e mais felicidade, pois tudo isso é seu direito de nascença. (Sei do que estou falando, pois isso vive acontecendo comigo. À medida que eu me movimento de uma experiência iluminadora de desejos de contraste para um novo desejo diferente, para depois seguir rumo a uma nova manifestação, a minha vida, como um todo, melhora cada vez mais).

A vida é boa! Estamos no réveillon de 2008 e eu começo este prefácio sentado à mesa da sala de jantar de nosso novo "refúgio" em Del Mar, na Califórnia.

Desde que Esther e eu nos casamos (em 1980), fazemos questão de visitar este "Jardim do Éden" sempre que possível. Atualmente, depois de muitos anos vivendo em San Diego, local que apreciamos muito, estamos morando aqui parte do tempo.

E como não apreciar tudo isso? Relembro o nosso amigo que nos ajudou a encontrar esta propriedade. (Nós lhe dissemos que procurávamos por um lugar em Del Mar onde pudéssemos estacionar o ônibus de 15 metros de comprimento que usamos para fazer turnês). Lá está o cenário que os arquitetos, os engenheiros, os paisagistas, os carpinteiros, os eletricistas, os bombeiros, os colocadores de telhados, canos e calhas ajudaram a compor. Outras pessoas apareceram, também, gente habilidosa e talentosa: colocadores de pisos e estuque, pintores, fabricantes de janelas e portões em ferro batido. E também marceneiros, instaladores de pisos em tábua corrida, portas deslizantes, janelas e portais em arco. Depois vieram os técnicos "topo de linha" que instalaram o sistema automático Lutron de iluminação, o sistema de computadores, vídeo e áudio integrados, o nosso silenciosíssimo sistema de ar-condicionado central e os equipamentos de cozinha e lavanderia da marca Snaidero, Miele, Bosch e Viking. E houve aqueles que vieram trazer nossa mobília, e a viraram de um lado para o outro e tornaram a virar, enquanto decidíamos como ficaria melhor. Houve aqueles que trabalharam pesado desde o início, cavando as fundações, trazendo os guindastes, os misturadores de cimento, os pedreiros, as pessoas que trabalharam com as plantas e o paisagismo... E houve também as milhares de pessoas que nos

Prefácio   17

deram uma mãozinha (e ganharam dinheiro com isso) inventando cada um dos milhares de elementos e produtos que foram usados, projetando-os, criando-os e distribuindo-os. Puxa, há muito que apreciar aqui.

E olhem que essa é a apenas a ponta do *iceberg* do que temos para apreciar e agradecer. Depois, curtimos a descoberta de um novo restaurante "favorito", bem como de seus donos e funcionários, a poucos minutos daqui, sem falar nos vizinhos ecléticos e fantásticos, com astral muito positivo, que nos deram as boas-vindas de um jeito que nunca tínhamos recebido.

Há muito mais, é claro. Temos uma vista maravilhosa para o sul, com a primitiva Reserva Torrey Pines State, do outro lado do Carmel Valley Creek, com seu santuário para pássaros, uma lagoa, e um espaço que desce até as ondas agitadas e espumosas do Oceano Pacífico, onde ele lambe de forma incansável a praia de Torrey Pines. Sim, a vida é boa!

(Esther e eu acabamos de voltar de uma caminhada pela praia e estamos nos preparando para jantar e dar os toques finais no novo livro de Abraham: *Dinheiro atrai dinheiro — use a Lei da Atração para conseguir riqueza, saúde e felicidade.*)

Faz mais de 40 anos que eu, que era um artista e costumava me apresentar em faculdades por todo o país, percebi, "acidentalmente", um livro sobre a mesinha de centro no motel de uma pequena cidade em Montana. Esse livro, *Pense e enriqueça*, de Napoleon Hill,* modificou minhas crenças a respeito de dinheiro de uma forma tão dramática que o uso que eu fiz dos princípios ali apresentados me atraíram um sucesso financeiro que eu nunca imaginaria ser possível.

Pensar em ficar rico era uma coisa na qual eu não tinha nenhum interesse em particular. Mas pouco depois de descobrir esse

---
* Lançado no Brasil pela Editora Record. (*N. do T.*)

livro, resolvi que queria modificar a minha forma de ganhar a vida, aumentando o valor do que eu recebia. Por fim, como vemos, a minha atração pelo livro de Napoleon Hill foi uma resposta direta àquilo pelo qual eu vinha "pedindo".

Poucos dias depois de ver o livro *Pense e enriqueça* naquele motel em Montana, conheci um homem em um hotel em Minnesota que me ofereceu uma oportunidade profissional que era tão compatível com os ensinamentos de Napoleon Hill que, durante nove gratificantes anos, eu foquei a atenção em construir aquele negócio. Em nove anos o negócio que eu montei cresceu até alcançar o tamanho de uma organização internacional que negociava com muitos milhões de dólares. Nesse espaço de tempo relativamente curto, as minhas finanças aumentaram do ponto em que eu simplesmente conseguia viver de forma digna (e isso era tudo o que eu queria, até então) até alcançar todos os meus objetivos financeiros recém-inspirados.

O que eu aprendi com o livro *Pense e enriqueça*, de Napoleon Hill, funcionou para mim de forma tão fabulosa que eu comecei a usar esse livro como "base" para compartilhar meu sucesso com as pessoas à minha volta. Hoje, em retrospectiva, vejo que embora os ensinamentos tenham funcionado de forma maravilhosamente boa para mim, só dois dos meus amigos alcançaram o gigantesco sucesso financeiro que eu lhes desejava. Então, comecei a buscar outro nível de respostas que pudessem ser mais eficazes para um maior número de pessoas.

A partir da minha experiência com o livro *Pense e enriqueça*, me convenci de que alcançar o sucesso era algo que poderia ser *aprendido*. Não precisamos nascer em uma família que já saiba como ganhar dinheiro. Não precisamos ter um histórico escolar excepcional, nem conhecer as pessoas certas, nem morar no país certo, nem ter uma altura específica, ter uma ou outra cor, sexo, religião e assim por diante... Simplesmente temos de aprender alguns princípios básicos e, em seguida, colocá-los em prática de forma consistente.

Entretanto, nem todo mundo capta a mesma mensagem a partir das mesmas palavras — nem alcança os mesmos resultados a partir dos mesmos livros. Logo, assim que eu comecei a "pedir" por mais entendimento, o maravilhoso e "inspirador" livro *Ilusões*, de Richard Bach,* apareceu diante de mim. Embora o livro *Ilusões* tenha me trazido um dos mais empolgantes dias de "revelação" da minha vida, além de conceitos que começaram a me abrir a mente para o fenômeno que eu estava prestes a vivenciar, ele não continha nenhum princípio adicional específico que eu pudesse utilizar de forma consistente no meu trabalho.

A seguinte descoberta "acidental" de um livro que se mostrou valiosíssimo para mim aconteceu quando eu estava simplesmente passando o tempo em uma biblioteca em Phoenix. Não "procurava" por nada específico, mas reparei em um livro no alto da estante, chamado *Seth Speaks*, de Jane Roberts e Robert F. Butts. Seth, uma "entidade", tinha "ditado" uma série de livros através de Jane, e eu li todos. Por mais estranha que essa forma de comunicação possa parecer a muitas pessoas (a própria Esther se sentia pouco à vontade com isso, no início), eu sempre procurei julgar a árvore pelos frutos. Assim, olhei além das características "estranhas" e me foquei no que, para mim, eram os aspectos positivos e práticos do material de Seth que eu poderia usar para ajudar a mim e a outras pessoas a melhorar a sua experiência de vida.

Seth tinha uma perspectiva a respeito da vida diferente de tudo o que eu já tinha ouvido ou expressado, e eu fiquei muito interessado em duas das expressões que ele usava: "Você cria a própria realidade" e "seu ponto de poder é o presente". Embora eu lesse, reles-

---

* Lançado no Brasil pela Editora Record. (*N. do T.*)

se, e nunca compreendesse por completo esses princípios, de algum modo eu sabia que neles havia respostas para as minhas perguntas. Porém, como Jane já não estava mais em sua forma física, "Seth" estava indisponível para mais esclarecimentos.

Paralelamente a tudo isso, e por meio de eventos fortuitos muito similares às experiências de Seth e Jane, Esther, a minha esposa, começou a receber o material que agora é conhecido mundialmente como *Os ensinamentos de Abraham*®. (Se você deseja ouvir uma das primeiras gravações originais que contam em detalhes os nossos primeiros contatos com Abraham, pode baixar, em nosso site, sem custo, a *Introdução a Abraham*, uma gravação de 70 minutos ou, se preferir, pode pegar em um dos endereços da nossa organização em CD. Veja mais detalhes no site *www.abraham-hicks.com*).

Em 1985, quando esse fenômeno começou com Esther, eu senti que isso poderia trazer respostas aos meus questionamentos e meus desejos de compreender melhor as *Leis do Universo* e como poderíamos, de maneira natural e deliberada, trabalhar em harmonia com essas leis, a fim de cumprir o nosso propósito de estar na forma física. Foi assim que, há mais de 20 anos, sentei-me com Esther munido de um gravador cassete e pus-me a fazer centenas de perguntas a Abraham, basicamente abrangendo assuntos relacionados com a espiritualidade prática. Depois, à medida que outras pessoas começaram a ouvir sobre Abraham e demonstraram interesse em interagir conosco, escolhemos 20 dessas gravações e as lançamos no formato de um disco que abrangia dois assuntos especiais.

Ao longo dessas duas décadas, milhões de pessoas conheceram os ensinamentos de Abraham, através de muitos livros, fitas, CDs, vídeos, DVDs, grupos de estudo e apresentações no rádio e na televisão. Logo, vários outros autores começaram a usar os ensinamentos de Abraham em seus livros, em seminários, palestras, rádio e televisão. Eis que então, há alguns anos, uma produtora australiana de televisão nos procurou pedindo permissão para filmar um documentário sobre o nosso trabalho com Abraham. Ela e sua equipe de cinegrafistas nos acompanharam em uma das nossas excursões ao Alasca, filmaram a nossa palestra e saíram em busca de outras pessoas que usavam nossos ensinamentos para ajudar a compor o filme. O resto (como dizem) é história.

A produtora deu o nome de *O Segredo* ao seu documentário. O filme falava sobre o princípio básico dos ensinamentos de Abraham: a *Lei da Atração*. Em vez de ser exibido pela rede de televisão australiana, o documentário foi lançado diretamente em DVD e depois transcrito no formato de livro. Agora, graças ao sucesso de *O Segredo*, os conceitos sobre a *Lei da Atração* alcançaram muitos milhões de pessoas que buscavam uma vida melhor.

Este livro que você tem em mãos foi feito a partir da transcrição de cinco de nossas gravações originais de mais de 20 anos atrás. Esta é a primeira vez que tais transcrições são lançadas em livro. Elas não foram transcritas palavra por palavra porque Abraham revisou cada parte das gravações originais e as modificou, a fim de tornar mais fácil a sua compreensão pelo leitor, que poderá colocá-las em uso de imediato.

Há um ditado entre os professores: "Diga para eles o que você vai dizer para eles. Então, diga o que for dizer. Depois diga o que você acabou de dizer para eles." Por causa disso, se você decidir mergulhar de cabeça nestes ensinamentos, perceberá que muitos dos conceitos e frases se repetem ao longo do trabalho, pois a repetição é a melhor forma de fixarmos algo na mente. Não se pode manter velhos hábitos e padrões limitados de pensamento e conseguir resultados novos. Mas, por meio da repetição simples e prática, você pode ao longo do tempo desenvolver, de forma confortável, novos padrões para melhorar a sua vida.

No mundo da mídia também existe um ditado: "As pessoas preferem ser entretidas a ser informadas." Pois bem, a não ser que você costume se entreter aprendendo novas formas de ver a vida, provavelmente vai encontrar mais informação do que entretenimento neste livro. Em vez de ser um romance que você aprecia e depois coloca de lado, ele é mais uma espécie de livro-texto sobre os princípios de alcançar e manter a prosperidade, a saúde e a felicidade. É um livro para ser lido, estudado e colocado em prática.

Fui levado a estas informações a partir do meu desejo de ajudar os outros a se sentir melhor, especialmente na área de realização financeira. Por isso é que eu me sinto grato por *Dinheiro atrai dinheiro* ser o tipo de livro que se propõe ir ao encontro de muitas perguntas e conseguir respondê-las.

Este livro, *Dinheiro atrai dinheiro*, é o segundo de uma série de quatro livros que estão programados. Há dois anos nós publicamos *A Lei da Atração: Os ensinamentos básicos de Abraham*. O próximo tema será *Relacionamento e a Lei da Atração*; o livro final da série será sobre *Espiritualidade e a Lei da Atração*.

Revisitar este material transformador de vidas foi uma experiência maravilhosa para Esther e para mim, pois relembramos mais uma vez os princípios básicos tão simples que foram abordados por Abraham em nossos primeiros encontros.

Desde o princípio, Esther e eu tentamos aplicar em nossas vidas o que Abraham ensinava, e nossa experiência de jubiloso crescimento foi marcante: depois de duas décadas colocando em prática esses princípios, Esther e eu continuamos apaixonados um pelo outro. (Embora tenhamos acabado de construir esta nova casa na Califórnia e estejamos em plena construção de uma nova casa no complexo empresarial do Texas, gostamos tanto de estar em companhia um do outro que passaremos a maior parte do ano que vem viajando em nosso ônibus de 15 metros de comprimento, de seminário em seminário). Não temos problemas médicos (e também não contratamos seguro de nenhum tipo) há mais de 20 anos. Não temos nenhuma dívida e vamos pagar mais imposto de renda neste ano do que a soma de todos os rendimentos que ganhamos na vida até começarmos a ser orientados por Abraham. Embora nem todo o nosso dinheiro e nem toda a nossa boa saúde tenha o poder de nos *fazer* felizes, Esther e eu sempre encontramos modos de nos sentir felizes.

Portanto, é com uma extraordinária alegria que podemos garantir para vocês, por experiência pessoal: *Este método funciona!*

(*Nota do editor*: Uma vez que nem sempre existem palavras na linguagem comum para expressar à perfeição os pensamentos não físicos que Esther recebe, ela às vezes forma novas combinações de palavras ou utiliza velhas palavras com novos significados — colocando certas palavras e expressões em maiúsculas ou em itálico, por exemplo — a fim de expressar novas formas de encarar a vida).

Parte 1

Como girar o eixo e o livro dos aspectos positivos

A sua história e a *Lei da Atração*

Todos os elementos que constroem a sua experiência de vida foram e são atraídos até você pela poderosa resposta da Lei da Atração aos pensamentos que você mesmo alimenta e pela versão que enxerga da sua vida. O seu dinheiro e os seus recursos financeiros; o estado de saúde do seu corpo, sua clareza de pensamento, sua flexibilidade, seu peso e sua forma; o seu ambiente de trabalho, a maneira pela qual você é tratado, a satisfação com o seu trabalho e as suas recompensas — na verdade, a própria felicidade da sua experiência de vida de forma geral — tudo isso acontece a partir da sua versão de toda essa história. Se você transformar em principal objetivo a determinação de revisar e aprimorar o conteúdo da história que você conta sobre cada dia da sua vida, prometemos de forma absoluta que ela estará se aperfeiçoando gradativamente. Para a poderosa Lei da Atração as coisas têm de ser assim!

A vida às vezes parece injusta?

Você sempre desejou alcançar o sucesso e se aplicou muito bem para chegar lá, fazendo tudo o que as pessoas lhe disseram para fazer, mas

28　　　Dinheiro atrai dinheiro

o sucesso almejado está demorando a chegar. Especialmente no início você tentou, com vontade, aprender todas as coisas certas, estar nos lugares certos, fazer as coisas certas e dizer as coisas certas, mas, muitas vezes, as coisas não pareceram melhorar nem um pouco.

Quando você era mais jovem, ao colocar pela primeira vez o pé na estrada em busca do sucesso, você se sentia bem ao satisfazer as expectativas das pessoas que determinavam as regras para esse sucesso. Seus professores, seus pais e mentores que o rodeavam pareciam confiantes e convincentes ao determinar as regras para o sucesso: "Seja pontual; dê o melhor de si; lembre-se sempre de trabalhar com dedicação; seja honesto; lute para alcançar a grandeza; esforce-se um pouco mais; não há ganho sem sofrimento; e, o mais importante de tudo: nunca desista..."

Porém, ao longo do tempo, a satisfação por ter conseguido a aprovação dos que determinavam as regras foi diminuindo, pois os princípios de sucesso que você aprendeu, não importa o quanto tentasse, não lhe traziam os resultados prometidos. Mais desanimador ainda era quando você se afastava um pouco a fim de obter uma visão panorâmica de todo o quadro e percebia que esses princípios, na maioria dos casos, tampouco traziam sucesso verdadeiro *a eles*. Então, para piorar as coisas, você começou a encontrar outras pessoas (que claramente *não estavam* seguindo aquelas regras) que *alcançavam* o sucesso independentemente da fórmula que você se dedicou tanto a aprender e aplicar.

E você se viu perguntando a si mesmo: "O que está acontecendo aqui? Como é que os que estão trabalhando tanto estão recebendo tão pouco, enquanto os que parecem trabalhar tão pouco estão conseguindo tanto? Minha caríssima formação ainda não acabou de se pagar e, no entanto, aquele multimilionário acabou de sair do ensino médio. Meu pai trabalhou pesado todos os dias da sua vida e mesmo assim a minha família teve de pedir dinheiro emprestado para o seu funeral. Por que o meu trabalho duro não me oferece em troca o que devia? Por que tão poucos ficam ricos de verdade enquanto a maioria de nós luta para conseguir sobreviver? O que estou deixando passar despercebido? O que essas pessoas de sucesso sabem que eu não sei?"

"Dar o melhor de si" ainda não é bastante?

Quando você faz tudo o que é certo, dá o melhor de si para o que lhe garantiram que trará sucesso e esse sucesso não vem, é fácil se colocar na defensiva e até mesmo se sentir zangado diante dos que exibem provas do sucesso que você tanto deseja. Às vezes você até mesmo condena o sucesso dos outros simplesmente porque é muito doloroso vê-los saboreando o sucesso que continua a se esquivar de você. É por este motivo e em resposta à condição crônica das questões financeiras da nossa cultura, que nós oferecemos a você este livro.

Quando você chega ao ponto de condenar abertamente o sucesso financeiro alheio pelo qual você tanto anseia, não só esse sucesso financeiro pode nunca chegar, como também você se priva do direito divino à própria saúde e felicidade.

Muitas pessoas chegam mesmo à errônea conclusão de que os outros à sua volta formaram uma espécie de conspiração para evitar o seu sucesso. Essas pessoas acreditam, no fundo do coração, que fizeram tudo o que era possível para alcançar o sucesso, e o fato de ele não vir só pode significar que existem forças inimigas atuando e impedindo-os de alcançar o que desejam. Queremos lhe assegurar que nada desse tipo está na raiz da ausência do que você deseja, nem na presença de coisas que você gostaria de remover da sua vida. Ninguém tentou nem conseguiria impedir o seu sucesso (e nem fornecê-lo, diga-se de passagem). O seu sucesso depende unicamente de você. O controle de todo o processo é seu.

Este livro foi escrito para que, finalmente e de uma vez por todas, você entenda que o sucesso depende apenas do seu controle deliberado e consciente.

Tudo o que posso desejar, posso também conseguir

Já é hora de você retornar à verdadeira natureza do seu Ser e vivenciar de forma consciente o que a sua experiência de vida ajudou a transformar em foco de desejo. Assim, à medida que você relaxa deliberadamente, respira devagar e profundamente, continua a ler de forma constante, começará, de forma certa e gradual, a lembrar de como o sucesso acontece, pois você já entendeu isso de forma inerente e então certamente sentirá ecoar essas verdades absolutas à medida que as lê.

As eternas *Leis do Universo* são consistentes, confiáveis e cumprem sempre as suas promessas de expansão e de alegria. Elas lhe serão apresentadas neste livro em um poderoso ritmo de compreensão que surgirá aos poucos dentro de você e então se expandirá a cada página lida, até você tornar a despertar o conhecimento do seu propósito e o seu próprio poder pessoal, à medida que relembra como acessar o poder do Universo capaz de criar mundos.

Se a realidade espaço-tempo possui a capacidade de inspirar um desejo em você, é certo que essa mesma realidade espaço-tempo possui também a capacidade de promover a completa e satisfatória manifestação do desejo inspirado. Isso é Lei.

Alcançar o sucesso é o meu direito de nascença

A maioria das pessoas naturalmente assume que, se a sua vida não está indo do jeito que elas gostariam, algo externo deve estar im-

Como girar o eixo e o livro dos aspectos positivos   31

pedindo esse avanço, pois ninguém deliberadamente impede o próprio sucesso. Porém, embora colocar a culpa nos outros possa ser mais cômodo que assumir a responsabilidade pelas condições indesejadas, existe uma gigantesca repercussão negativa em crer que algo externo seja o motivo da sua falta de sucesso:

Quando uma pessoa credita ou culpa outra pelo seu sucesso ou pela falta dele, essa pessoa é impotente para realizar qualquer mudança.

Quando você almeja o sucesso mas, sob sua ótica, não o obtém, dá para reconhecer em níveis profundos do seu Ser que algo está errado. E, à medida que esse forte sentimento de desarmonia pessoal amplifica a sua percepção de que você não está conseguindo o que deseja, muitas vezes ele põe em movimento outras suposições negativas que trazem inveja dos que exibem mais sucesso que você; trazem ressentimentos contra uma multidão de pessoas que você gostaria de culpar por sua falta de sucesso; e trazem até mesmo autodepreciação, que é a mais dolorosa e contraproducente de todas as suposições. Afirmamos que essa desconfortável revolta não é apenas normal, mas também a resposta perfeita para seu sentimento de falta de sucesso.

Seu desconforto emocional é um poderoso indicador de que alguma coisa anda muito errada.

Você foi feito para o sucesso e os fracassos *devem* fazê-lo se sentir mal. Você foi feito para ser saudável, e a doença *não deve* ser aceita. Você foi feito para se expandir e a estagnação *é* intolerável. A vida deve correr bem para você, e quando isso não acontece é porque *existe* algo errado.

Mas o que está errado não é que uma injustiça aconteceu, nem que os deuses da boa fortuna não estão focados em você, nem que outra pessoa está usufruindo o sucesso que deveria ser seu. O que está errado é que *você* está em desarmonia com o seu Ser, com *quem-você-realmente-é*, com o que a vida fez você pedir, com o que você expandiu e com as sempre consistentes *Leis do Universo*.

O que está errado não é algo externo sobre o qual você não tem controle. O que está errado está dentro de você, e você tem controle. Assumir esse controle não é difícil quando você entende a base de quem-você-é, a base da Lei da Atração e o valor do seu Sistema de Orientação Emocional com o qual nasceu e que está sempre ativo, sempre presente e é fácil de compreender.

O dinheiro não é a raiz do mal nem a fonte da felicidade

Aqui está uma verdade importante: o *dinheiro* e o *sucesso financeiro* não são as "raízes de todos os males", como muitos dizem. E nem o caminho para a felicidade. Entretanto, como a questão do dinheiro toca a maioria das pessoas, de um jeito ou de outro, centenas e até milhares de vezes por dia, ela acaba se tornando um grande fator na sua estrutura vibracional e no seu ponto pessoal de atração. Portanto, quando você se tornar capaz de controlar algo que afeta a maioria das pessoas o dia todo e todos os dias, alcançará algo muito significativo. Em outras palavras: pelo fato de que uma porcentagem tão grande dos seus pensamentos em um determinado dia gira em torno do dinheiro e do sucesso financeiro, assim que você se tornar capaz de *deliberadamente* orientar seus pensamentos, não apenas é certo que o seu sucesso financeiro vai aumentar, mas também a prova *desse* sucesso irá preparar você para uma melhora deliberada em *todos os outros* aspectos da sua vida.

Se você tem interesse e é um estudante da *Criação Deliberada*, se deseja conscientemente criar a sua própria realidade, se deseja controlar a sua própria experiência de vida, se deseja cumprir a sua razão de existir, então a compreensão desses importantíssimos tópicos — *dinheiro e a Lei da Atração* — lhe será muitíssimo útil.

Sou eu que atraio todas as minhas experiências

Você foi feito para viver uma vasta, arrebatadora e empolgante experiência. Foi esse o seu plano quando você tomou a decisão de se focar no corpo físico, nesta realidade espaço-temporal. Você tinha a expectativa de que esta vida física seria excitante e gratificante. Em outras palavras, você sabia que o contraste e a variedade iriam estimulá-lo a ter desejos expandidos, e sabia que todos os seus desejos poderiam ser alcançados e facilmente realizados. Sabia também que não havia um limite para a expansão de novos desejos.

Você assumiu esse corpo cheio de empolgação com as possibilidades que esta experiência de vida poderiam lhe inspirar, e o desejo que você sentia no princípio não foi nem um pouco afetado por trepidações nem por dúvidas, pois você conhecia o seu poder e sabia que esta experiência de vida e todo o seu contraste se tornariam o campo fértil para uma maravilhosa expansão de si mesmo.

Acima de tudo, você sabia que estava vindo para esta experiência de vida com um Sistema de Orientação que o ajudaria a manter-se fiel às intenções originais, bem como às infindáveis melhoras de intenções que nasceriam a partir dessa própria experiência de vida. Em suma, você sentia uma avidez por esta realidade espaço temporal que quase desafia a descrição física.

Você não era um iniciante, apesar de ser recém-chegado ao seu diminuto corpo físico. Ao invés disso, você era um poderoso gênio criativo, recém-focado em um novo Ambiente de Vanguarda. Sabia que haveria tempo para ajustes durante o qual você redefiniria uma nova plataforma para, a partir dela, dar início ao seu processo de criação deliberada, e não estava nem um pouco preocupado com esse tempo de adaptação. Na verdade, você até mesmo gostava do ninho no qual nasceu e adorava aqueles que estavam lá para saudar a sua chegada a esse novo ambiente físico. Apesar de você ainda não ser capaz de falar a língua deles, e embora as pessoas que o saudaram tivessem uma percepção de você como alguém novo, inconsciente e que necessitava da orientação deles, você possuía uma estabilidade e um conhecimento que a maioria deles deixara para trás há muito tempo.

Você nasceu sabendo que é um Ser poderoso, bom, criador da própria experiência, e que a *Lei da Atração* é a base de toda a criação aqui em seu novo ambiente. Você lembrava, naquela época, que a *Lei da Atração* (cuja essência é a de que coisas iguais se atraem) constitui a base do Universo, e sabia também que isso lhe serviria bem. E era verdade.

Você, naquela época, ainda lembrava que *você mesmo* é o criador da sua própria experiência. Mais importante ainda, você lembrava que tudo é alcançado *através do pensamento, e não da ação*. Você não se sentia desconfortável em ser uma criança pequena que não agia nem falava, pois se lembrava do Bem-Estar do Universo, recordava as suas intenções ao vir para um novo corpo físico e sabia que haveria tempo suficiente para se aclimatar à linguagem e à maneira do seu novo ambiente. Acima de tudo, sabia que mesmo se você não fosse capaz de traduzir o vasto conhecimento do seu ambiente Não Físico diretamente em palavras e descrições físicas, isso não teria importância, pois as coisas fundamentais que levariam você a uma caminhada de criação prazerosa já estavam fortemente assentadas no lugar correto. Sabia que a *Lei da Atração* estava presente de forma consistente, e sabia que o seu *Sistema de Orientação* já se pusera imediatamente ativo. Acima de tudo, sabia que por tentativa e o que alguns chamam de "erro", você, com o tempo, se tornaria reorientado de forma completa e consciente naquele seu novo ambiente.

A consistência da *Lei da Atração*

O fato de a *Lei da Atração* permanecer constante e estável através de todo o Universo foi um fator importante para lhe assegurar confiança quando você veio para o seu novo ambiente físico, pois você sabia que o retorno fornecido pela própria vida iria ajudá-lo a lembrar de tudo e lhe serviria de base. Você lembrava que o fundamento de tudo é a *vibração* e que a *Lei da Atração* responde a essas vibrações e, em essência, as organiza, trazendo e juntando coisas de vibração semelhante ao mesmo tempo em que mantém distantes as que possuem vibrações diferentes.

Devido a isso, você não se mostrou preocupado com o fato de não conseguir articular esse conhecimento logo de imediato, nem de não saber explicar isso aos que estavam à sua volta e que, aparentemente, haviam se esquecido de tudo a respeito, pois você sabia que a uniformidade dessa poderosa *Lei* iria, em pouco tempo, se revelar a você por meio de exemplos em sua própria vida. Você sabia, na época, que não lhe seria difícil descobrir que tipos de vibração você estava oferecendo, porque a *Lei da Atração* traria a você evidências constantes dessas vibrações, quaisquer que fossem.

Em outras palavras, quando você se sente *derrotado e sobrecarregado*, por exemplo, as circunstâncias e as pessoas que poderiam tirar você desse sentimento de derrota não conseguem encontrar você, nem você consegue encontrá-los. Mesmo quando você tenta encontrá-los de forma determinada, não consegue. E as pessoas que *aparecem* não o ajudam e, em vez disso, aumentam o seu sentimento de derrota e sobrecarga.

Quando você se sente *injustiçado*, a justiça não consegue vir ao seu encontro. A sua percepção da injustiça e a subsequente vibração que você transmite (provocada pela sua percepção), impede qualquer coisa que você consideraria justa de vir em sua direção.

Quando você está soterrado em *desapontamento* ou *medo* de não ter os recursos financeiros dos quais julga precisar, o dinheiro — ou as oportunidades que traria o dinheiro — continua a lhe escapar pelos dedos. Não por você ser mau ou não merecê-los, mas porque a *Lei da Atração* junta as coisas iguais, não as desiguais.

Quando você se sente pobre, só coisas que têm a ver com pobreza aparecem na sua frente. Quando você se sente próspero, só coisas relacionadas com prosperidade acontecem na sua vida. Esta lei é consistente. Se você prestar atenção, ela mesma vai lhe ensinar, por meio da sua experiência de vida, como funciona.

Quando você lembra que sempre consegue a essência das coisas nas quais foca o pensamento, e em seguida repara nas coisas que está conseguindo, você obtém a chave para a Criação Deliberada.

O que queremos dizer ao falar de *vibração*?

Quando falamos de *vibração*, estamos na verdade chamando a sua atenção para a base da *sua* experiência, pois tudo tem base *vibracional*. Aqui nós poderíamos usar a palavra *Energia* de forma intercambiável, e existem muitos outros sinônimos no seu vocabulário que se aplicariam acertadamente a essa situação.

A maioria das pessoas compreende as características vibracionais do som. Algumas vezes, quando as notas mais baixas e profundas dos seus instrumentos musicais são tocadas em alto volume, dá até mesmo para *sentir* a natureza vibracional do som.

Queremos que você entenda que sempre que uma pessoa "ouve" alguma coisa ela está, na verdade, interpretando as vibrações do som que escuta. O que você ouve é a *sua* interpretação da vibração; o que você ouve é a sua interpretação *individual* da vibração. Cada um dos seus sentidos físicos de visão, audição, paladar, olfato e tato existe porque tudo no Universo está vibrando e os seus sentidos físicos estão "lendo" as vibrações e lhe fornecendo a percepção sensorial dessas vibrações.

Desse modo, quando você passa a compreender que vive em um Universo pulsante e vibratório, de harmonia avançada, e que no próprio núcleo do seu Ser você está vibrando no que só poderia ser descrito como perfeição em equilíbrio e harmonia vibracional, então começa a entender a *vibração* da forma que a estamos projetando.

Tudo o que existe no seu ar, no pó à sua volta, na sua água e no seu corpo é vibração em movimento — e toda ela é regida pela poderosa Lei da Atração.

Você não conseguiria classificar essa vibração mesmo que desejasse. E não há necessidade de você classificar nada, pois a *Lei da Atração* está fazendo essa classificação e continuamente juntando as coisas de vibração semelhante, enquanto as de naturezas vibracionais diferentes estão sendo repelidas.

Suas emoções, que na verdade constituem o mais importante e poderoso dos seus seis intérpretes vibracionais físicos, lhe fornece respostas constantes a respeito da harmonia dos seus pensamentos correntes (vibrações) ao mesmo tempo em que os compara com a harmonia do seu estado vibracional central.

O mundo não físico é vibração.

O mundo físico que você conhece é vibração.

Não há nada que exista fora dessa vibração natural.

Não existe nada que não seja regido pela *Lei da Atração*.

A sua compreensão da vibração o ajudará a formar uma ponte consciente entre esses dois mundos.

Você não precisa compreender a complexidade do nervo ótico nem estudar o córtex visual primário para conseguir enxergar. Não precisa entender de eletricidade para ser capaz de acender a luz, e também não precisa compreender as vibrações a fim de sentir a diferença entre harmonia e discórdia.

À medida que você aprender a aceitar a sua natureza vibracional e começar a utilizar de forma consciente os seus indicadores vibracionais emocionais, vai adquirir controle consciente das suas criações pessoais e dos resultados da sua experiência de vida.

Sempre que eu me sinto abundante, a abundância me encontra

Quando você faz uma correlação consciente entre o que sente e o que realmente existe em sua experiência de vida, adquire o poder de efetuar mudanças. Quando você não faz essa correlação e continua a projetar pensamentos de privação em relação às coisas que deseja, essas coisas continuarão a se esquivar de você.

As pessoas, muitas vezes interpretando de forma errônea esses conceitos, começam a atribuir poderes à coisa que as exclui a fim de explicar por que elas não estão prosperando da forma que gostariam: "Minha vida não vai pra frente porque eu nasci no ambiente errado. Não prospero porque meus pais não tinham prosperidade, então não puderam me ensinar a ser próspero. Não estou ganhando muito dinheiro porque aquelas pessoas ali, que estão enriquecendo, pegaram os recursos que deveriam ser meus. Não estou enriquecendo porque fui tapeado, porque não mereço, porque não vivi de maneira correta em uma vida passada, porque o governo ignora meus direitos, porque meu marido não faz a parte dele... porque, porque, porque..."

Queremos lembrar a você que a sua "falta de prosperidade" só ocorre porque você está atuando em uma vibração diferente da prosperidade.

Você não pode se sentir pobre (emitir vibrações de pobreza) e alcançar a prosperidade. A abundância não conseguirá achar você a não ser que você emita uma vibração de abundância.

Muitas pessoas perguntam: "Se eu não tenho prosperidade, como posso emitir uma vibração de prosperidade? Não preciso me tornar próspero antes de poder emitir vibrações de prosperidade?" Concordamos que certamente é mais fácil manter uma condição de prosperidade quando ela já faz parte da sua experiência pois, desse modo, basta reparar nas coisas boas que chegam e a própria observação delas garantirá a continuidade da sua vinda.

Mas se você sente falta de algo, deve encontrar um jeito de descobrir a essência desse algo antes mesmo de ele chegar, senão ele não chegará nunca.

Você não pode permitir que a sua oferenda vibracional surja unicamente em resposta ao *que é* para então mudar o *que é*. Você precisa descobrir um jeito de sentir a empolgação ou a satisfação dos seus sonhos atualmente irrealizados antes mesmo desses sonhos se transformarem em realidade. Descubra um jeito de imaginar deliberadamente um cenário para, a partir dele, emitir a sua vibração e fazer com que a *Lei da Atração* combine a sua vibração com a manifestação do desejo na vida real.

Quando você pede pela manifestação antes de emitir a vibração, está pedindo o impossível. Se você estiver disposto a emitir a vibração antes da manifestação, todas as coisas serão possíveis. Isso é Lei.

Em vez de viver a vida segundo os padrões, viva-a de forma deliberada

Nós lhe trouxemos este livro para lembrá-lo das coisas que você conhece em determinado nível, de forma a reativar o conhecimento vibracional que já existe dentro de você. Não lhe será possível ler estas palavras, que representam o entendimento que você possui a partir de sua Perspectiva mais Ampla, sem o reconhecimento dessa compreensão que começa a subir à superfície a partir de dentro.

Este é o momento do despertar — tempo de você se lembrar do seu poder pessoal e da sua razão de existir. Portanto, respire fundo, faça um esforço para se colocar confortável, leia lentamente as mensagens deste livro e use-as para restaurar a sua essência vibracional original...

Aqui está você, em um novo e maravilhoso estado de ser: já não é mais uma criança sob o controle dos outros; está, de certo modo, aclimatado ao seu ambiente físico e agora — por meio da leitura deste livro — retoma o reconhecimento do poder completo do seu Ser. Você já não está mais sendo levado de um lado para outro pela *Lei da Atração* como uma rolha que boia no oceano bravio; finalmente se lembrou do passado, readquiriu o controle do seu próprio destino e está guiando a sua existência, de forma definitiva e deliberada, dentro da *Lei da Atração*, em vez de deixar a vida rolar e aceitar as coisas como elas se lhe apresentam.

A fim de fazer isso você precisa contar uma história diferente. Deve começar a contar a história da sua vida como você quer *que ela seja, e deve interromper as narrativas de como ela* foi *ou de como é.*

Conte a história que você deseja vivenciar

Para viver de forma deliberada você precisa pensar de forma deliberada; e para conseguir isso você deve ter um ponto de referência, a fim de determinar a direção correta do seu pensamento. Neste instante, exatamente como aconteceu no momento do seu nascimento, os dois fatores necessários para isso já estão no lugar correto. A *Lei da Atração* (a lei mais poderosa e consistente do Universo) existe em abundância. E o seu *Sistema de Orientação* está dentro de você, enfileirado e pronto para lhe proporcionar *feedback* direcional.

Você tem apenas uma coisa a fazer, simples, mas capaz de modificar a sua vida: Você deve começar a contar a sua história de um novo jeito. Deve contá-la do jeito que você quer que ela seja.

À medida que você conta a história da sua vida (e você faz isso quase todo dia, com as suas palavras, pensamentos e ações) você deve se sentir bem ao fazê-lo.

A cada momento e em todos os assuntos e situações, você pode se focar de forma positiva ou negativa, pois em cada partícula do Uni-

verso — em cada momento do tempo e além dele — existem e estão pulsando tanto o que é desejado quanto a falta do que é desejado, e cabe a você escolher entre os dois.

À medida que essas escolhas constantes se lhe revelam, você tem a opção de focar no que quer ou na falta dele, com relação a qualquer assunto ou situação, pois cada questão dessas é, na verdade, duas: o que você deseja e a ausência do que você deseja. Dá para dizer, pela forma como você se sente, em qual das duas escolhas você está focado — e você pode mudar essa escolha o tempo todo.

Cada questão, na realidade, representa duas

A seguir temos alguns exemplos para ajudá-lo a ver como cada questão se compõe, na verdade, de dois opostos:

Abundância/Pobreza (ausência de abundância)
Saúde/Doença (ausência de saúde)
Felicidade/Tristeza (ausência de felicidade)
Clareza/Confusão (ausência de clareza)
Energia/Cansaço (ausência de energia)
Conhecimento/Dúvida (ausência de conhecimento)
Interesse/Tédio (ausência de interesse)
Posso fazer isso/Não posso fazer isso
Quero comprar aquilo/Não quero comprar aquilo
Quero me sentir bem/Não me sinto bem
Quero mais dinheiro/Não tenho dinheiro suficiente
Quero mais dinheiro/Não sei como conseguir mais dinheiro
Quero mais dinheiro/Aquela pessoa está conseguindo mais
     dinheiro do que lhe é devido
Quero ser magro/Sou gordo

Quero um carro novo/Meu carro é velho
Quero alguém que me ame/Eu não tenho alguém que me ame

À medida que você lê essa lista, saiba que é certamente óbvio qual das duas consideramos a melhor escolha para cada exemplo, mas há mais um detalhe simples e importante que talvez você esteja esquecendo. Existe uma tendência, ao lermos uma lista como essa, de querermos afirmar a verdade palpável sobre a questão ("dizer a coisa como ela é") em vez de afirmar o que você deseja. Só essa tendência já é a responsável por mais criação errônea e mais rejeição das coisas desejadas, em nível pessoal, que todas as outras coisas somadas. Desse modo, os exemplos e exercícios apresentados neste livro são feitos para ajudá-lo a se orientar na direção do que você quer, e não explicar o que já é.

Você precisa contar uma história diferente se quiser que a Lei da Atração lhe traga coisas diferentes.

Que história estou contando agora?

Uma forma muito eficiente de começar a contar essa nova história é ouvir as coisas que você está falando ao longo do dia e então, sempre que você se pegar no meio de uma afirmação que é contrária ao que deseja, deve parar e dizer: "Sei muito bem que eu não quero isso. O que eu quero de verdade?" Então, deliberada e enfaticamente, você deve declarar o seu desejo.

Odeio este carro velho, feio e pouco confiável.
Quero um carro novo, bonito e confiável.

Sou gordo.
Quero ser magro.

Como girar o eixo e o livro dos aspectos positivos 43

Meu patrão não reconhece meu trabalho.
Quero ser reconhecido pelo meu patrão.

Muitos vão protestar e dizer que a simples reconstrução de uma frase não vai fazer com que um carro novinho em folha apareça na porta da sua garagem, não transformará o seu corpo gordo em outro magro, nem muito menos fará com que o seu patrão subitamente mude de personalidade e passe a tratar você de forma diferente — mas eles estão errados. Ao focar de forma deliberada em um determinado ponto, muitas vezes proclamando as coisas do jeito que você quer que elas sejam, com o tempo você notará uma mudança verdadeira na forma como você se sente a respeito do assunto, o que indica uma mudança vibracional.

Quando a sua vibração muda, o seu ponto de atração também muda. Então, através da poderosa Lei da Atração, a sua evidência e o seu indicador de manifestação também se modificam. Você não pode falar de forma consistente das coisas que deseja ter na vida sem que o Universo traga a essência dessas coisas para você.

Modificar o eixo pode reorientar a minha vida

O *processo de modificar o eixo* é o reconhecimento consciente de que toda questão tem dois lados para, em seguida, falar ou pensar de forma deliberada no lado que a pessoa *deseja* ver manifestado. *Modificar o eixo* vai ajudar você a ativar, dentro de si mesmo, os aspectos mais desejáveis em todas as questões; uma vez conseguido isso, a essência das coisas que você deseja, em todos os assuntos, se manifestará em sua vida.

Há um importante esclarecimento que deve ser feito aqui: se você está utilizando palavras que falam de algo que você deseja ao mesmo tempo em que sente *dúvidas* sobre essas mesmas *palavras,* elas não atrairão o que você deseja, porque a forma como você está *sentindo* é a verdadeira indicação da direção criativa do seu pensamento vibracional.

A Lei da Atração não responde às suas palavras, e sim à vibração que está emanando de você.

Entretanto, uma vez que é impossível falar do que você *realmente* quer e do que *não quer* ao mesmo tempo, quanto mais você falar sobre o que quer, com menos frequência vai falar sobre o que não quer. E se você levar a sério a ideia de falar sempre como quer que a coisa seja em vez de como ela é, você irá, com o tempo (normalmente um intervalo de tempo muito curto), modificar o equilíbrio da sua vibração. Se você falar o que quer muitas vezes, vai acabar sentindo de verdade o que fala.

Mas existe uma coisa ainda mais importante sobre o processo de modificar o eixo do pensamento:

Quando a vida parece orientar você de forma negativa na direção da falta de algo que deseja, você deve se questionar: "Eu sei o que eu não desejo, mas o que, exatamente, eu desejo?" A resposta a essa pergunta será convocada a se manifestar dentro de você, e nesse exato momento uma mudança vibracional terá início. Modificar o eixo do pensamento é uma ferramenta poderosa que fará a sua vida melhorar de maneira instantânea.

Eu sou o criador da minha experiência de vida

Você é o criador da sua experiência de vida e, na qualidade de criador da própria vida, é importante compreender que não é pela virtude da sua ação e nem pela virtude do que você faz — nem mesmo pela virtude do que você diz — que algo pode ser criado. Na verdade, você cria tudo por meio da virtude dos pensamentos que emite.

Você não pode falar nem oferecer uma ação sem que um pensamento vibracional ocorra ao mesmo tempo; entretanto, muitas vezes você oferece um pensamento vibracional sem oferecer palavras ou atos. As crianças e os bebês aprendem a imitar as vibrações dos adultos que os rodeiam muito antes de aprender a imitar as palavras deles.

Todo pensamento que passa pela sua cabeça possui uma frequência vibracional específica. Cada pensamento que você emite, tenha ele vindo da sua memória, ou pela influência de outra pessoa, ou quem sabe pela combinação de algo que você andou pensando e algo que outra pessoa andou pensando — todo pensamento que você está emitindo no seu *agora* — está vibrando em uma frequência muito pessoal... e por meio da poderosa *Lei da Atração* (cuja essência é a de atrair as coisas semelhantes) esse pensamento estará agora atraindo outro pensamento que é o seu Par Perfeito Vibracional. Agora esses pensamentos combinados passarão a vibrar em uma frequência mais elevada do que a que existia antes. E eles atrairão, pela *Lei da Atração*, outro e outro e mais outro, até que, eventualmente, todos eles serão poderosos o bastante para atrair uma situação ou provocar uma manifestação na "vida real".

Todas as pessoas, circunstâncias, eventos e situações são atraídos para a sua vida pelo poder dos pensamentos que você está emitindo. Quando você perceber que está literalmente dando vida e vibração física às coisas, você descobrirá uma nova solução interior por meio da qual poderá, deliberadamente, direcionar seus próprios pensamentos.

Pensamentos alinhados oferecem uma sensação boa

Muitas pessoas acreditam que existem mais coisas na sua Existência do que a pessoa de carne, sangue e ossos que elas conhecem.

46　　Dinheiro atrai dinheiro

Ao tentar rotular essa parte maior de si mesmos elas muitas vezes usam palavras como *Alma, Fonte* ou *Deus.* Costumamos chamar essa parte maior, mais antiga e mais sábia de você de *Ser Interior,* mas o rótulo que você escolhe para descrever essa sua porção Eterna não tem importância. O que é extremamente importante é que você compreenda que o seu *Eu* maior existe, existirá eternamente e desempenha um papel muito importante na experiência que você está tendo aqui neste planeta chamado Terra.

Todos os pensamentos, palavras e atos que você emite acontecem sobre o pano de fundo de uma Perspectiva Mais Ampla. Na verdade, a cada momento em que você claramente sabe o que *não quer*, percebe com muita ênfase o que realmente *quer*, porque essa parte maior de você está totalmente focada e atenta ao o que você efetivamente *quer.*

Ao efetuar um esforço consciente para guiar mais os seus pensamentos, a cada dia que passa, na direção daquilo que *quer*, você começará a se sentir cada vez melhor, pois a vibração ativada pelo seu pensamento melhorado estará mais sintonizada com a vibração da sua parte Não Física. A sua determinação de pensar em coisas agradáveis lhe servirá de guia para você entrar em alinhamento com a Perspectiva Mais Ampla do seu *Ser Interior.* Na verdade, não lhe será possível se sentir realmente bem em um determinado momento, a não ser que os pensamentos que você emite nesse instante especial estejam em Harmonia Vibracional com os pensamentos do seu *Ser Interior.*

Por exemplo, o seu *Ser Interior* se foca unicamente no seu valor. Quando você identifica alguma falha em você mesmo, essa emoção negativa provoca resistência ou discórdia vibracional. O seu *Ser Interior* sempre escolhe focar somente as coisas nas quais sente amor. Ao focar algum aspecto de algo ou de alguém que você renega ou abomina, você se coloca fora de alinhamento vibracional com o seu *Ser Interior.* O seu *Ser Interior* foca unicamente o seu sucesso. Quando você escolhe encarar algo que faz como uma falha, você se coloca fora de alinhamento com o seu *Ser Interior*.

Ver meu mundo através dos olhos da fonte

Ao escolher pensamentos que o fazem se sentir bem e ao expressar em palavras mais e mais o que você *quer* e menos o que *não quer*, você se sintoniza consigo mesmo e se coloca em alinhamento vibracional com a perspectiva mais larga e mais sábia do seu *Eu Interior*. Estar em alinhamento vibracional com essa Perspectiva Mais Ampla ao mesmo tempo em que vive a sua própria experiência de vida é, verdadeiramente, ter o melhor de todos os mundos, pois ao alcançar o alinhamento vibracional com a sua Perspectiva Mais Ampla você passa a enxergar o seu próprio mundo a partir dessa mesma perspectiva.

Ver o seu mundo pelos olhos da Fonte é verdadeiramente a mais espetacular visão de vida, pois desse vantajoso ponto vibracional você estará em alinhamento — e, portanto, em uma situação de atrair — apenas o que considera como o melhor do seu mundo.

Esther, a mulher que traduz a vibração de Abraham para a palavra escrita ou falada, consegue fazer isso relaxando a mente e deliberadamente permitindo que a vibração do seu ser se eleve até se harmonizar com a vibração Não Física de Abraham. Ela faz isso há muitos anos e tal evento já se tornou uma coisa muito natural. Há muito tempo ela compreendeu a vantagem de manter o alinhamento da sua vibração para poder traduzir de forma eficiente o nosso conhecimento para os seus amigos no plano físico, mas não percebeu por completo outros dos benefícios maravilhosos desse alinhamento até uma linda manhã de primavera, em que seguia pelo caminho na frente da sua casa para abrir o portão para o seu companheiro, que estava para chegar de carro.

Ao ficar ali em pé, à espera, ela olhou para o céu e o achou mais maravilhoso do que nunca, mais lindo do que jamais lhe parecera antes. Havia uma cor mais rica e o contraste do tom forte de azul-celeste com o branco ofuscante das nuvens lhe pareceu surpreendente. Ela conseguiu ouvir o doce canto de pássaros tão longínquos que nem mesmo conseguia enxergá-los, mas a sua linda canção a fez estremecer de emoção ao ouvi-los. Os pássaros soavam como se estivessem pouco acima da sua cabeça, ou pousados em seu ombro. Em seguida, ela se tornou mais consciente das muitas deliciosas e diferentes fragrâncias que vinham das plantas, das flores e da terra, movendo-se no vento e envolvendo-a docemente. Ela se sentiu viva, feliz, apaixonada por aquele mundo maravilhoso e disse, em voz alta: "Não pode haver, em todo o Universo, um momento mais maravilhoso do que este, aqui e agora!"

Em seguida ela perguntou: "Abraham, isto tudo é *você*, não é?" E nós sorrimos através dos lábios dela, pois Esther percebera que estávamos vendo tudo por meio dos seus olhos, ouvindo pelos seus ouvidos, sentindo os aromas pelo seu nariz e sentindo por meio da sua pele.

"De fato", confirmamos, "nós estamos aproveitando as delícias do seu mundo físico por intermédio do seu corpo".

Aqueles momentos especiais na sua vida em que você sente uma euforia indescritível são os momentos de alinhamento completo com a Fonte de tudo que existe em seu interior. Nos momentos em que você sente uma atração irresistível por uma ideia, ou um forte interesse em algo são também momentos de alinhamento completo. Na verdade, quanto mais Bem-estar você sente, mais alinhado você se encontra com a sua Fonte — com *quem-você-realmente-é.*

O alinhamento com a sua Perspectiva Mais Ampla vai não apenas permitir que você alcance mais rapidamente as coisas grandiosas que deseja obter na vida — tais como relacionamentos significativos, carreiras satisfatórias e os recursos para fazer as coisas que realmente deseja — como também este alinhamento consciente intensificará todos os momentos do seu dia.

À medida que você se sintoniza com as perspectivas do seu Ser Interior, *os seus dias serão povoados por momentos maravilhosos de clareza, satisfação e amor. Essa é verdadeiramente a forma como você deveria viver a vida neste lugar maravilhoso, neste tempo maravilhoso e neste corpo maravilhoso.*

Eu posso deliberadamente escolher me sentir melhor

O motivo de Esther ser capaz de permitir que essa perspectiva mais completa de Abraham fluísse através dela, fornecendo-lhe tantas experiências deliciosas, foi o fato de ela ter começado aquele dia procurando motivos para se sentir bem. Ela buscou pela primeira coisa que a fizesse se sentir bem enquanto ainda estava deitada na cama, antes mesmo de se levantar, e essa sensação de bem-estar atraiu outra, outra, outra e mais outra, até o instante em que ela alcançou o portão (fato que ocorreu mais ou menos duas horas depois). Graças à sua escolha *deliberada* de bons pensamentos, ela elevou sua frequência vibracional a um nível tão alto que alcançou a esfera do seu próprio *Ser Interior*, que conseguiu então interagir facilmente com ela.

O pensamento que você está escolhendo neste exato momento atrairá o próximo pensamento, e depois o seguinte, e também o posterior... E assim por diante. Além disso, ele fornece a base para o alinhamento com o seu Eu Interior. À medida que você pensa e fala mais, e de forma deliberada, das coisas que quer e menos das coisas que não quer, você vai se descobrir cada vez mais em alinhamento com a essência pura e positiva da sua Fonte e, sob essas circunstâncias, sua vida será muito mais agradável.

A doença poderia ser provocada por emoções negativas?

A experiência de Esther junto do portão foi intensificada de modo marcante pelo alinhamento vibracional que ela mantinha com a sua Fonte e, por conseguinte, com o seu Bem-Estar absoluto. Mas também é possível uma pessoa experimentar o oposto dessa experiência intensificada quando ela está *desalinhada* com a sua Fonte e o seu Bem-Estar. Em outras palavras, as enfermidades, as doenças e a falta de Bem-Estar ocorrem quando você destrói o alinhamento vibracional com a sua Fonte do Bem-Estar.

Sempre que você vivencia *emoções negativas* (medo, dúvida, frustração, solidão e assim por diante) esses sentimentos negativos resultam em pensamentos que não vibram na mesma frequência harmônica do seu *Ser Interior*. Ao longo de todas as suas experiências de vida, físicas e não físicas, o seu *Ser Interior*, o seu *Ser Total*, evoluiu até um ponto que ele *sabe das coisas*. Portanto, sempre que você foca conscientemente um pensamento que não se harmoniza com o que o seu *Eu Interior* sabe e conhece — o sentimento resultante é uma emoção negativa.

Se você sentasse em cima do próprio pé e cortasse o fluxo do sangue para lá, ou se alguém colocasse um torniquete em volta do seu pescoço e lhe restringisse o fluxo de oxigênio, você sentiria na mesma hora as manifestações dessa restrição. Do mesmo modo, quando você tem pensamentos que não estão em harmonia com os do seu *Ser Interior*, o fluxo da *Força da Vida*, ou *Energia* que vem para o seu corpo físico se mostra sufocado ou restrito — e o resultado dessa restrição é que você sente emoções negativas.

Quando você permite que as emoções negativas se mantenham por um longo período, muitas vezes isso acaba em deterioração do seu corpo físico.

Lembre-se que toda questão tem, na verdade, dois lados: *o que você quer* e a *falta do que você quer*. É como pegar um lápis com duas pontas. Uma ponta representa o que você *quer* e a outra representa o que você *não quer*. Assim, esse lápis denominado "Bem-estar Físico" exibe a "saúde física" de um lado e a "doença" do outro. Entretanto, as pessoas não vivenciam a "doença" só por estarem olhando para o lado negativo do lápis do "Bem-Estar Físico", e sim porque olham para o lado do "eu sei que *não quero* isso" de muitos e *muitos* lápis à sua volta.

Quando a sua atenção está sempre voltada para as coisas que você *não quer* (ao mesmo tempo em que a atenção do seu *Ser Interior* está focada nas coisas que você quer), isso provoca, ao longo do tempo, uma separação vibracional entre você e o seu *Ser Interior*, e é exatamente isso que a doença é: a separação (causada pela sua escolha de sentimentos) entre *você* e o seu *Ser Interior*.

Modifique o eixo: em vez de se sentir mal, sinta-se bem

Todos querem se sentir bem, mas a maioria das pessoas acha que tudo à sua volta precisa estar de acordo com elas e satisfazendo as suas necessidades *antes* de elas se sentirem bem. Na verdade, a maioria das pessoas se sente de determinado modo, em um dado momento, por causa de algo que observam. Se o que elas observam as satisfaz, elas se sentem bem, mas se o que observam não as satisfaz, elas se sentem mal. Quase todo mundo se sente impotente quanto a se sentir constantemente bem porque todos acreditam que, para se sentir bem, as condições à sua volta devem mudar. Além disso, as pessoas acreditam que não possuem o poder de mudar muitas dessas condições.

Entretanto, a partir do momento em que você descobre que toda questão na verdade se divide em duas partes — o que é desejado e a falta dele — é fácil aprender a ver mais dos aspectos positivos no evento ao qual você está dando atenção.

É exatamente essa a definição do Processo de Modificação do Eixo: buscar de forma deliberada um ângulo mais positivo, um jeito de se sentir melhor, ao analisar tudo à sua volta.

Ao enfrentar uma situação não desejada e se sentir mal por causa dela, se você perguntar: "Eu sei o que eu *não quero*... O que eu *quero*?" a vibração do seu Ser, que é afetada pelo seu ponto de foco, se modificará um pouco, fazendo com que o seu ponto de atração também se modifique ligeiramente. Essa é a forma de você começar a contar uma versão diferente da sua vida. Em vez de dizer: "Nunca tenho dinheiro suficiente", você diz: "Quero ganhar mais dinheiro". Essa é uma versão muito diferente — uma vibração muito diferente e um sentimento muito diferente que, com o tempo, lhe trará um resultado também diferente.

Ao continuar a se perguntar, a partir da sua posição privilegiada sempre mutante, "O que eu quero de verdade?" você, em algum momento, vai notar que se encontra em uma posição muito agradável, pois você não pode continuar a se perguntar continuamente o que quer de verdade sem que o seu ponto de atração se modifique e tome aquela direção... O processo é gradual, mas a sua aplicação continuada vai lhe proporcionar resultados maravilhosos em poucos dias.

Estou em harmonia com o meu desejo?

Portanto, o *Processo de Modificação do Eixo* consiste, simplesmente, em colocar em prática o seguinte: Sempre que você reconhecer que está sentindo uma emoção negativa (a falta de harmonia com algo que você quer), o óbvio a fazer é parar e dizer:

Estou com uma emoção negativa, o que significa que eu não estou em harmonia com algo que eu quero. O que eu quero de verdade?

A qualquer momento em que você sinta uma emoção negativa, está em uma posição excelente para identificar o que está querendo naquele momento — pois você nunca vê com mais clareza o que *quer* do que no momento em que vivencia o que não *quer*. Portanto, pare exatamente nesse momento e diga para si mesmo:

Tem algo importante aqui, porque estou sentindo uma emoção negativa. O que é que eu quero?

E então você simplesmente volta a atenção para o que quer.

... No instante em que você voltar a atenção para o que realmente quer, a atração negativa parará; e no instante em que a atração negativa parar, a atração positiva terá início. E nesse exato momento o seu sentimento vai se modificar de "não estou bem" para "estou ótimo". Esse é o Processo de Modificação do Eixo.

O que eu quero e por quê?

Talvez a mais forte resistência que as pessoas têm quanto a começar a contar uma versão diferente da sua própria vida é a crença de que devem sempre expressar "a verdade" sobre onde estão e devem se referir "às coisas como elas realmente são", desse modo perpetuando mais da história que estão contando. Você pode decidir que, na verdade, é interesse seu contar uma história diferente, uma história que combine com a vida que você quer levar *agora*. Ao reconhecer o que *não quer* e se perguntar "O que eu quero de verdade?" você começa uma mudança gradual na versão da sua nova história e entra em um ponto de atração melhorado.

É sempre bom lembrar que você obtém a essência do que pensa — quer queira quer não — porque a Lei da Atração é infalivelmente consistente. Portanto, você está não apenas contando a história de "como ela é agora". Você também está contando a versão da experiência futura que você está criando nesse exato momento.

Às vezes as pessoas interpretam de forma errada o *Processo de Modificação do Eixo* porque imaginam, incorretamente, que *mo-*

dificar o eixo significa olhar para algo *não desejado* e tentar convencer a si mesmas de que aquilo *é desejado*. Elas acham que estamos pedindo que elas olhem para algo que claramente percebem como *errado* e que o afirmem como *certo*, ou que isso seja apenas uma forma de *enganá-las*, levando-as a aceitar algo indesejado. Só que você nunca está em posição de *enganar* a si mesmo a respeito do que sente, porque o jeito como você sente é sempre o resultado dos pensamentos que escolheu.

É maravilhoso que, pelo próprio processo de viver a vida e observar as coisas à sua volta que você *não deseja*, você possa ser capaz de chegar a conclusões claras sobre o que deseja de verdade. E quando você se importa em como você se sente, pode com facilidade aplicar o *Processo de Modificação do Eixo* e direcionar mais da sua atenção para os aspectos *desejados* e menos para os *indesejados*. E então, como a *Lei da Atração* responde aos seus pensamentos pouco a pouco melhorados, você perceberá a sua vida se transformando e tentando se combinar aos aspectos mais *desejados*, enquanto os indesejados vão, pouco a pouco, desaparecendo de cena.

Ao aplicar deliberadamente o Processo de Modificação do Eixo, você passa a escolher os pensamentos, ou seja, você escolhe deliberadamente o seu ponto de atração vibracional e, também, escolhe a forma como a sua vida se desenvolve. A Modificação do Eixo é o processo de deliberadamente focar a atenção com a finalidade de direcionar sua vida.

Eu posso me sentir melhor agora mesmo

As pessoas muitas vezes argumentam que seria muito mais fácil focar em algo positivo se isso já estivesse acontecendo em suas vidas. Elas observam que é muito mais fácil se sentir bem a respeito de alguma coisa boa quando essa coisa já está acontecendo.

Certamente nós não discordamos que é mais fácil se sentir bem ao reparar nas coisas que você considera boas. Mas se você acredita que só tem capacidade de focar no que está acontecendo e o que *está* acontecendo não é agradável, então talvez você espere a vida inteira, pois a sua atenção nas coisas *não desejadas* está impedindo que as coisas que *você quer* que cheguem.

Você não precisa esperar que uma coisa boa aconteça para se sentir bem, pois possui a habilidade de direcionar os pensamentos no rumo das coisas melhoradas, independentemente do que esteja vivenciando atualmente. E quando você se preocupa com a forma como sente as coisas, está disposto a modificar o eixo e voltar a atenção na direção de pensamentos positivos, você rapidamente começa a transformação deliberada e positiva de toda a sua vida.

As coisas que surgem na sua vida chegam como resposta à sua vibração. Você emite essa vibração por meio dos pensamentos e consegue identificar, pelo próprio jeito de sentir, quais os tipos de pensamentos que está emitindo. Encontre pensamentos bons e manifestações igualmente boas virão em seguida.

Muitas pessoas dizem: "Seria muito mais fácil eu me sentir feliz se estivesse em um lugar diferente; se o meu relacionamento amoroso fosse melhor; se o meu companheiro ou companheira fosse uma pessoa de convivência mais fácil; se meu corpo não doesse; se eu tivesse outra aparência; se o meu trabalho fosse gratificante; se eu tivesse mais dinheiro... Se as condições da minha vida fossem melhores eu iria me sentir melhor. E então seria mais fácil pensar apenas em coisas positivas."

Ver coisas boas é ótimo, e é mais fácil se sentir bem quando algo de bom acontece bem na sua frente, mas você não pode pedir às pessoas em torno que orquestrem as suas realidades unicamente a fim de tornar as coisas agradáveis para você. Esperar que os outros forneçam o ambiente perfeito para você não é uma boa ideia por muitas razões:

(1) Não é responsabilidade deles lhe preparar um bom ninho;

(2) Não é possível para eles controlar as condições que você mesmo criou à sua volta;

(3) O mais importante de tudo: você estaria abrindo mão do poder de criar sua própria experiência.

Tome a decisão de procurar apenas os aspectos agradáveis do que quer que você esteja focando, busque apenas coisas boas para apreciar e os aspectos positivos de sua vida aumentarão constantemente.

A atenção às coisas indesejadas atrai mais coisas indesejadas

Para cada coisa agradável existe um equivalente desagradável, pois dentro de cada partícula do Universo existe o que é desejado tanto quanto a falta do que é desejado. Ao focar nos aspectos não desejados de algo, em uma tentativa de se afastar dele, ao invés disso você o chama para mais perto, pois recebe aquilo no qual coloca a atenção, seja algo desejado ou não.

Você mora em um Universo que é baseado na "inclusão". Em outras palavras, não existe algo como "exclusão" neste Universo "baseado em inclusão". Quando você vê algo que deseja e diz "sim" para esse algo, isso é o mesmo que dizer: "Sim, é isso que eu desejo, por favor, venha para mim." Quando vê algo que não deseja e quer gritar "não" para esse algo, isso equivale a dizer: "Venha para mim, coisa indesejada!"

Dentro de tudo o que o rodeia está *o que você quer* e *o que você não quer*. Depende de você focar a atenção apenas naquilo que é desejado. Encare o seu ambiente como um bufê de muitas opções e escolha de forma deliberada as coisas nas quais pensa. Se você sempre fizer escolhas que sejam boas para você e se esforçar para contar uma versão diferente da sua vida, das pessoas e das expe-

Como girar o eixo e o livro dos aspectos positivos 57

riências que estão nela, verá que ela começará a se transformar, combinando-se com a essência dos detalhes da nova e melhorada versão que você está contando.

Estou focado no que quero ou no que não quero?

Às vezes você acha que está focado no que quer quando, na verdade, é o oposto. Só porque as palavras soam positivas ou seus lábios sorriem enquanto você as diz, isso não significa que você está fazendo vibrar o lado positivo do lápis de duas pontas. Só prestando atenção a como você está se *sentindo* no momento em que pronuncia tais palavras é que você poderá ter certeza de estar, de fato, emitindo vibrações sobre o que *quer de verdade*, e não sobre o que *não quer*.

Foco na solução, e não no problema

No meio do que o meteorologista da tevê classificou de "seca gravíssima", nossa amiga Esther foi caminhar por uma das trilhas de sua propriedade em Texas Hill Country, reparou a aridez do solo e da grama e sentiu preocupação genuína pelo bem-estar das lindas árvores e arbustos, que já começavam a mostrar sinais de estresse devido à falta de chuva. Ela notou que o bebedouro dos passarinhos estava vazio, embora ela o tivesse enchido de água poucas horas antes, e pensou no cervo sedento que provavelmente pulara a cerca para beber o restinho de água do bebedouro. Enquanto pensava na gravidade da situação ela parou, olhou para o alto e então, com um tom de voz muito positivo e palavras embebidas de determinação, proclamou: "Abraham, eu quero uma chuvinha."

Na mesma hora nós lhe respondemos: "E você acha que por meio dessa atitude de carência você vai conseguir alguma chuva?"

"O que estou fazendo errado?", ela perguntou.

"*Por que* você deseja a chuva?", perguntamos.

"Porque ela vai refrescar a terra", respondeu Esther. "Eu quero chuva porque ela vai trazer água e todas as criaturas que vivem nos arbustos poderão beber dela. Quero chuva porque ela vai fazer a grama ficar verdinha; porque a água é gostosa em contato com a minha pele e fará com que todos nós nos sintamos melhor".

"Agora, sim, você está atraindo chuva", respondemos.

A nossa pergunta "por que você deseja a chuva?" ajudou Esther a afastar a mente do *problema* e direcioná-la para a *solução*. Ao considerar o *porquê* de você desejar alguma coisa, a sua vibração normalmente se move e *modifica o eixo* na direção do seu desejo. Sempre que você considera *como* aquilo vai acontecer, ou *quando*, ou *quem* vai trazê-lo, a sua vibração faz com que você volte ao problema.

Quando nós afastamos a atenção de Esther do que estava errado ao lhe perguntar o *porquê* de ela desejar chuva, ela conseguiu modificar o *eixo do pensamento*. Começou a pensar não apenas no *que* queria, mas *por que* queria. Ao longo desse processo ela começou a se sentir melhor. Na mesma tarde a chuva caiu e no jornal da noite o meteorologista relatou "pancadas isoladas e inesperadas em Hill Country".

Seus pensamentos são poderosos e você possui muito mais controle sobre a sua própria experiência do que supõe.

O que eu quero é me sentir bem

Um jovem pai estava desesperado porque seu filhinho molhava a cama todas as noites. Não só ficava frustrado pelo aborrecimento

Como girar o eixo e o livro dos aspectos positivos   59

físico de ver os lençóis e roupas manchados a cada manhã, como também se preocupava com as ramificações emocionais dessa situação, se ela perdurasse por mais tempo. No fundo, ele estava envergonhado pelo comportamento do filho.

— Ele é muito crescido para isso — reclamou conosco.

— Quando você entra no quarto pela manhã, o que acontece? — perguntamos

— Bem, assim que eu coloco os pés no quarto já dá para sentir, pelo cheiro, que ele molhou a cama mais uma vez — respondeu.

— E como você se sente nesse exato momento? — quisemos saber.

— Impotente, zangado e frustrado. Isso já vem acontecendo há muito tempo, e já não sei mais o que fazer.

— O que você diz para o seu filho?

— Eu digo para ele tirar as roupas molhadas e entrar no banho. Lembro que ele já está muito grande para fazer isso e que já conversamos muito a respeito do problema.

Contamos ao pai que ele estava, na realidade, perpetuando o problema. Explicamos: *Quando a maneira como você se sente é controlada por uma condição específica, você nunca consegue provocar uma mudança nessa condição; mas quando você se mostra capaz de controlar o jeito como se sente em relação a uma questão qualquer, então você tem poder para promover uma mudança nela.* Por exemplo, ao entrar no quarto do seu filho e perceber que algo indesejável aconteceu, se você parar por um instante para reconhecer qual foi a coisa que aconteceu que você *não quer*, perguntar a si mesmo o que você *quer de verdade* e modificar a equação de forma a reforçar a modificação do eixo perguntando a si mesmo o *porquê* de você querer aquilo — não só *você* imediatamente vai se sentir melhor, como logo começará a perceber os resultados da sua influência positiva.

— O que você *quer*? — perguntamos.

— Quero que meu filho acorde feliz, seco e orgulhoso de si mesmo, sem se sentir embaraçado — foi a resposta.

Esse pai se sentiu aliviado ao focar dessa maneira nas coisas que queria porque, ao fazer esse esforço, percebeu a harmonia do seu desejo. Nós lhe dissemos:

— À medida que você está emitindo esse tipo de pensamentos, o que transpira de você entra em harmonia com o que você *quer*, em vez de se harmonizar com o que você *não quer*, e é assim que você vai poder influenciar o seu filho de modo positivo. As palavras que começarão a sair da sua boca serão: "Tudo bem, filho, isso faz parte do processo de crescimento. Todos nós já passamos por isso e você está crescendo bem depressa. Agora tire essas roupas e entre no banho."

O jovem pai ligou pouco tempo depois e nos contou, feliz, que seu filho tinha deixado de molhar a cama...

Sempre que me sinto mal, atraio o indesejado

Apesar de quase todo mundo conseguir reconhecer a forma como se sente, em diversos níveis, são muito poucos os que compreendem a importante orientação que os seus sentimentos e emoções promovem na sua vida. Falando de forma simples:

Quando você se sente mal, está em pleno processo de atrair algo que não deseja. Sempre, e sem exceção, a razão para as emoções negativas é o fato de você estar focado em algo que não quer ou na ausência de algo que deseja.

Muitas pessoas encaram as emoções negativas como algo que não desejam, mas nós preferimos vê-las como um guia importante para nos ajudar a compreender a direção do seu foco, por meio dele a direção da sua vibração e, por conseguinte, o que

Como girar o eixo e o livro dos aspectos positivos **61**

você está atraindo. Você pode chamar isso de "sino de alerta", porque ele certamente serve para lhe fornecer um sinal que informa a hora de modificar o eixo, mas nós preferimos chamá-lo de "sino-*guia*".

As suas emoções são o *Sistema de Orientação* que lhe presta assistência na compreensão de que você está em pleno processo de criação a partir de todo pensamento que emite. Muitas vezes as pessoas que estão começando a compreender o poder do pensamento e a importância de focar a atenção em coisas que lhes tragam satisfação sentem-se desapontadas ou até mesmo zangadas consigo mesmas quando se pegam em meio a uma emoção negativa. Porém, não há razão para ficar zangado consigo mesmo por você possuir um *Sistema de Orientação* em perfeito funcionamento.

Sempre que você perceber a presença de uma emoção negativa, congratule-se por estar tão alerta ao seu Sistema de Orientação. Em seguida, tente aos poucos melhorar esse sentimento negativo por meio de uma escolha de pensamentos que o façam se sentir melhor. Chamaríamos a isso de um Processo de Modificação do Eixo muito sutil, por meio do qual você cuidadosamente escolhe pensamentos mais agradáveis.

Sempre que você sentir uma emoção negativa, diga a si mesmo: "Estou com uma emoção negativa e isso significa que vou atrair algo que não quero. O que eu realmente quero?"

Muitas vezes o simples fato de reconhecer que você "quer se sentir bem" vai ajudá-lo a reorientar os pensamentos na direção positiva. Mas é importante compreender a distinção entre "*querer se sentir bem*" e "*não querer se sentir mal*". Tem gente que acha que essas são duas formas de dizer a mesma coisa, mas na realidade tais afirmações são exatamente opostas e possuem gigantescas diferenças vibracionais.

Se você começar a orientar seus pensamentos olhando com determinação para as coisas que o fazem se sentir bem, começará a desenvolver padrões de pensamentos ou crenças que o ajudarão a criar vidas magníficas e cheias de bem-estar.

Meus pensamentos se concatenam com pensamentos semelhantes e mais fortes

Sempre que seus pensamentos estão focados em algo, seja uma lembrança do passado, um detalhe que você está observando no presente ou algo que está planejando para o futuro, esses pensamentos estão ativos dentro de você no exato momento em que são emitidos, e estão atraindo outros pensamentos e ideias que lhes são similares. Não só os seus pensamentos atraem outros que lhes são de natureza familiar como também quanto mais você focar neles, mais fortes eles se tornarão e mais poder de atração vão acumular.

Nosso amigo Jerry comparou essa imagem à das cordas que ele certa vez observou ao ver um gigantesco navio ser atracado em um porto. A embarcação precisava ser presa ao cais por uma corda que era muito grande, grossa e volumosa demais para ser atirada do navio ao longo da superfície da água. Em vez disso, eles atiraram sobre a doca uma bola de corda com apenas três fios. Essa corda fina foi amarrada a uma corda um pouquinho mais grossa e forte, que foi presa a outra ainda mais resistente a qual, por sua vez, foi ligada a outra muito mais forte, até que, por fim, a pesadíssima corda inicial pôde ser facilmente puxada por sobre a água e o navio foi amarrado ao cais com segurança. Isso é muito semelhante à forma como os seus pensamentos se ligam uns aos outros, conectando-se sucessivamente.

Em alguns casos, pelo fato de você ter puxado a corda negativa durante muito tempo, é fácil sair pela tangente e acabar diante de uma situação negativa. Em outras palavras, basta um "empurrãozinho" de negatividade vindo de alguém, provocado pela lembrança de algo desagradável ou por uma sugestão contrária, que isso pode levá-lo à perda do controle sobre a negatividade, na mesma hora.

O seu ponto de atração acontece, de forma predominante, a partir das coisas e pequenos pensamentos do dia a dia que você está emitindo ao longo das horas, mas você possui o poder de direcionar esses pensamentos de forma positiva ou negativa. Por exemplo: Você está em uma mercearia e percebe que um produto que costuma comprar regularmente aumentou de preço de maneira abrupta e absurda, e se sente muito incomodado por isso. Você pode muito bem achar que o seu choque foi provocado pelo aumento súbito de preço e, como você não tem poder sobre quanto o comerciante cobra pelos produtos da loja, não lhe resta mais nada a não ser sentir esse desconforto. Entretanto, queremos assinalar que o seu sentimento de desconforto não foi devido à atitude do comerciante em aumentar os preços das mercadorias, mas sim por causa da direção que seus pensamentos tomaram.

Exatamente como na analogia da cordinha que é atada à corda mais forte e depois a outra ainda maior, os seus pensamentos são amarrados uns aos outros e viajam rapidamente a pontos de vibração elevadíssimos. Por exemplo:

"Puxa, o preço deste produto está muito mais alto do que na semana passada... Este preço é absurdo... Não é nem um pouco razoável este nível de ganância no mercado de alimentos... As coisas estão escapando ao controle... Não sei aonde nós vamos parar... Não dá para continuarmos deste jeito... Nossa economia está em apuros... Meu dinheiro não consegue acompanhar estes preços inflacionados... Mal consigo esticar o salário até o fim do mês... Acho que não vou ter dinheiro suficiente para acompanhar o aumento do custo de vida..."

64 Dinheiro atrai dinheiro

É claro que essa fileira de pensamentos poderia muito bem seguir em várias direções. Você pode culpar o dono da mercearia, a economia como um todo ou o governo, mas a coisa geralmente volta sempre à forma como você acha que essa situação vai prejudicar a sua vida, porque tudo que você observa parece atingi-lo pessoalmente. E tudo, para falar a verdade, *é* realmente pessoal, pois ao emitir uma vibração a respeito do fato você afeta o que está sendo atraído por sua escolha de pensamentos.

Se você tem consciência de como está se sentindo e compreende que suas emoções indicam a direção dos pensamentos, você poderá guiá-los de forma deliberada. Por exemplo:

"Puxa, o preço deste produto está muito mais alto do que na semana passada... Mas eu não prestei atenção aos outros itens do meu carrinho... Pode ser que os preços deles estejam inalterados... Ou quem sabe até baixaram... Eu não estava prestando atenção... Só este aqui chamou minha atenção por estar muito mais caro... Mas os preços sofrem flutuações, mesmo... Eu sempre consegui comprá-los... Talvez as coisas tenham aumentado um pouco, mas a coisa funciona assim... Tenho à minha disposição um maravilhoso sistema de distribuição que torna uma imensa variedade de produtos acessível a todos nós..."

Ao descobrir que você curte se sentir bem, perceberá que se tornará cada vez mais fácil escolher de forma consistente uma direção mais agradável para seus pensamentos.

Quando o seu desejo de se sentir bem está em pleno funcionamento, uma inspiração consistente na direção dos pensamentos agradáveis se fará presente, e você vai ver que será cada vez mais fácil conduzir os pensamentos em uma direção produtiva. Sua mente contém um enorme poder de atração e de criatividade que você só utilizará de forma plena ao emitir de forma consistente pensamentos agradáveis. Quando a sua mente se move para frente e para trás entre o desejado e o não desejado, entre os prós e os contras, entre as vantagens e as desvantagens, você perde o benefício do momentum *do seu pensamento puro e positivo.*

Criando um livro de aspectos positivos

No primeiro ano do trabalho de Esther e Jerry Hicks conosco, eles usavam pequenas salas de reunião em hotéis em várias cidades que ficavam, no máximo, a 500 quilômetros de sua casa no Texas, a fim de oferecer às pessoas um local confortável onde elas pudessem se reunir para nos fazer perguntas pessoais. Havia um hotel na cidade de Austin que sempre esquecia que eles estavam chegando para promover reuniões. Isso acontecia sempre, apesar de Esther confirmar antecipadamente as reservas com o hotel, assinar contratos e até mesmo ligar dias antes para confirmar o evento. O hotel sempre acabava conseguindo acomodá-los (embora no momento da chegada todos se mostrassem surpresos ao vê-los). Essa situação era desagradável para Jerry e Esther, que sempre se viam apressando os funcionários do hotel para que eles aprontassem a sala a tempo para a chegada dos convidados.

Por fim, Esther resolveu:

"Acho que devíamos procurar outro hotel."

E nós respondemos:

"Talvez seja uma boa ideia, mas lembrem-se que *vocês vão carregar a vocês mesmos para o novo hotel*".

"O que querem dizer com isso?", perguntou-nos Esther, meio na defensiva.

Nós explicamos:

"Se vocês agirem com base na perspectiva de falta de alguma coisa, a ação será sempre contraproducente. Falando francamente, é muito provável que o novo hotel trate vocês exatamente da mesma forma que este."

66 Dinheiro atrai dinheiro

Jerry e Esther riram muito ao ouvir a nossa resposta porque eles já tinham trocado de hotel antes pela mesma razão.

"O que devemos fazer então?", eles perguntaram. Nós os incentivamos a comprar um caderninho de notas e escrever em letras grandes na capa: MEU LIVRO DE ASPECTOS POSITIVOS. Na primeira página do livro escrevam: "Aspectos Positivos do Hotel_____ em Austin".

Então, Esther começou a escrever no caderninho:

"Este hotel possui instalações maravilhosas. É imaculadamente limpo. É muito bem localizado. Fica junto à rodovia interestadual e o local é bem sinalizado. Oferece quartos de diversos tamanhos que servem para acomodar bem os nossos convidados, cada vez mais numerosos. Os funcionários do hotel são muito simpáticos..."

À medida que Esther escrevia tudo isso, seus *sentimentos* a respeito do hotel foram se modificando de negativos para positivos, e no instante em que ela começou a se *sentir* melhor, o foco de *atração* do hotel mudou.

Ela não escreveu: "Eles estão sempre prontos e à nossa espera", porque não fora essa a sua experiência verdadeira. Escrever tal coisa evocaria um sentimento de contradição, defesa ou justificativa por parte dela. Ao desejar se sentir bem e decidir mudar, deliberadamente, o foco da sua atenção e colocá-lo mais nas coisas do hotel que a satisfaziam, o ponto de atração de Esther em relação ao hotel também mudou, e algo interessante aconteceu: o hotel nunca mais esqueceu que eles estavam vindo. Esther achou divertido descobrir que eles não esqueciam a reserva e o contrato por serem descuidados ou desorganizados. Os funcionários do hotel simplesmente estavam sendo influenciados pelo pensamento dominante de Esther a respeito deles. Resumindo: eles não conseguiam sobrepujar a corrente de pensamentos negativos de Esther.

Ela curtiu tanto o seu *Livro de Aspectos Positivos* que começou a criar páginas para diversos assuntos da sua vida. Nós a incentivamos a não apenas escrever a respeito das coisas nas quais percebia melhoras consideráveis, mas também detalhar as coisas sobre as quais já se sentia mais positiva, só para criar o hábito de pensar sempre coisas positivas e agradáveis, e também unicamente pelo prazer de vivenciá-las. Esse é um jeito gostoso de levar a vida.

A *Lei da Atração* fornece poder aos pensamentos

Muitas vezes, ao vivenciarmos uma situação indesejada, sentimos necessidade de explicar o porquê de aquilo ter acontecido em uma tentativa, talvez, de justificarmos o fato de estarmos ali, em tal situação.

Quando você está defendendo, justificando ou racionalizando alguém ou alguma coisa, se mantém em um ponto de atração negativa.

Cada palavra que pronuncia ao explicar por que algo não está do jeito que você quer, mantém a atração negativa, pois é impossível você se focar no que deseja e, ao mesmo tempo, explicar o *porquê* de vivenciar algo que *não* deseja.

É impossível estar focado nos aspectos negativos e nos positivos ao mesmo tempo.

Muitas vezes, em um esforço para determinar onde o seu problema começou, você se mantém durante mais tempo no ponto de atração negativa, perguntando a si mesmo: Qual é a fonte do meu problema? Qual o motivo de eu não estar onde deveria? É natural que você queira uma melhora na sua vida e, portanto, é igualmente lógico que você busque uma solução... Mas existe uma grande diferença entre buscar seriamente uma solução e enfatizar o problema para justificar a necessidade dessa solução.

A percepção de que algo não está como você deseja é um primeiro passo muito importante, mas depois de identificar isso, quanto

68 Dinheiro atrai dinheiro

mais rápido você voltar a atenção rumo a uma solução, melhor será, pois continuar a explorar o problema vai impedi-lo de achar a solução. O problema tem sempre uma frequência vibracional diferente da solução.

Ao se tornar mais consciente do valor do *Processo de Modificação do Eixo* e buscar a identificação do que não é desejado para, de imediato, voltar a atenção para o que é desejado, você vai perceber que está rodeado basicamente por coisas maravilhosas, pois há muito mais coisas dando certo no seu mundo do que dando errado. Além disso, a utilização diária do *Livro dos Aspectos Positivos* irá ajudá-lo a se tornar orientado de maneira mais positiva. Ele vai ajudar você a gradualmente fazer pender a balança dos pensamentos para o lado do que você quer *de verdade*.

Quanto mais você focar a sua atenção no objetivo de encontrar pensamentos crescentemente *satisfatórios*, mais você perceberá que existe uma grande diferença entre pensar no que você quer e pensar na ausência disso. Sempre que você sentir *desconforto* no instante em que falar ou pensar na melhora de algo que deseja — seja uma melhor condição financeira, um melhor relacionamento ou melhores condições físicas — você estará, nesse momento, se impedindo de alcançar tal melhora.

O *Processo de Modificação do Eixo* e o *Livro dos Aspectos Positivos* lhe estão sendo oferecidos para ajudá-lo a reconhecer, ainda nos estágios iniciais e sutis da sua criação, que você está puxando as pontas da sua bola de corda fina a fim de, logo em seguida, substituí-la pela verdadeira corda do pensamento positivo.

É muito mais fácil partir de um pensamento que o faz se sentir um pouco melhor, para então partir para outro ainda mais agradável, e assim sucessivamente, do que se lançar diretamente em busca de um pensamento maravilhosamente satisfatório, porque todos os pensamentos (ou vibrações) são afetados ou regidos pela Lei da Atração.

Vou começar o dia com pensamentos agradáveis

Quando você está focado em alguma coisa que realmente não quer, é mais fácil manter o foco no ponto indesejado (e até mesmo achar outras evidências que deem apoio a esse ponto negativo) do que se direcionar para uma perspectiva mais positiva, porque os *pensamentos semelhantes se atraem*. Portanto, se você tentar saltar de um ponto indesejado e verdadeiramente negativo para um que seja positivo e agradável, relacionado com algo muito desejado, você não conseguirá dar esse pulo, pois haverá uma disparidade vibracional muito elevada entre os dois pensamentos. A determinação de se desviar gradualmente e com firmeza na direção das coisas desejadas é, realmente, a melhor estratégia para melhorar a sua vibração pessoal.

Ao acordar pela manhã, depois de várias horas de sono (portanto, em um estado de afastamento vibracional das coisas indesejadas), você se encontra no momento de vibração mais positiva em todo o decorrer do dia. Se você der início ao seu dia, antes mesmo de sair da cama, observando um punhado de aspectos positivos na sua vida, você já se levantará dali com um estado de espírito mais positivo e os pensamentos que a *Lei da Atração* lhe fornece como trampolim para cada novo dia serão muito mais satisfatórios e benéficos.

Em outras palavras, todas as manhãs você tem a chance de estabelecer uma base vibracional (uma espécie de ponto de referência) que determinará o tom geral dos pensamentos para o resto do dia. Apesar de sempre existir a possibilidade de alguns eventos ao longo do dia desviarem você do ponto de partida, com o tempo você perceberá que conseguiu estabelecer um controle completo dos seus pensamentos, da sua vibração, do seu ponto de atração — da sua vida!

O momento de dormir é a hora do realinhamento das energias

Quando você está dormindo — ou durante o tempo em que não está conscientemente focado no seu corpo físico — a atração que você tem por ele é interrompida. O sono é o momento em que o seu *Ser Interior* pode realinhar as energias, e é também um período de revigoramento e reabastecimento do corpo. Ao colocar a cabeça no travesseiro, todas as noites, diga para si mesmo:

"Hoje eu vou descansar bem. Sei que toda a minha atração por este corpo vai ser interrompida, e quando eu despertar amanhã de manhã vou literalmente ressurgir na minha experiência física."

Ao fazer isso, você receberá o maior dos benefícios proporcionados pelos momentos de sono.

Acordar pela manhã não é muito diferente de nascer. Não é muito diferente do dia em que você emergiu em seu corpo físico pela primeira vez. Portanto, assim que você abrir os olhos de manhã, diga:

"Hoje eu vou buscar motivos para me sentir bem. Nada é mais importante do que eu me sentir bem. Nada é mais importante do que eu escolher pensamentos que atraiam outros pensamentos os quais, por sua vez, elevarão a minha frequência vibracional a um ponto em que eu possa reverberar os aspectos positivos do Universo."

A sua vibração sempre está exatamente onde você a deixou pela última vez. Sendo assim, se você se recostar na cama para dormir preocupado com uma situação qualquer, ao acordar você vai começar o dia exatamente no ponto onde a sua mente e a sua vibração estavam na noite anterior, e os seus pensamentos para o novo dia serão lançados dessa base negativa. A partir daí, a *Lei da Atração* vai continuar a lhe trazer outros pensamentos semelhantes. Mas se você fizer um esforço e for para a cama tentando enumerar os aspectos positivos da sua vida e então, propositadamente, liberar esses pensamentos, lembrando que durante o sono você

Como girar o eixo e o livro dos aspectos positivos 71

vai se desconectar, se reabastecer e descansar e, ao acordar, abrirá os olhos para dizer: *"Hoje eu vou buscar motivos para me sentir bem..."*, acabará adquirindo controle sobre os pensamentos e toda a sua vida.

Em vez de se preocupar com os problemas do mundo ou pensar nas coisas que você tem de fazer durante o dia, simplesmente fique deitado na cama e observe os aspectos positivos daquele momento:

"Como esta cama está gostosa! Como o tecido dos lençóis é suave! Como o meu corpo está se sentindo bem e revigorado! Como este travesseiro é macio! Como o ar que estou respirando é refrescante. Como é bom estar vivo!..."

Você precisa começar, logo cedo, a puxar o seu cordão de pensamentos agradáveis e positivos.

A Lei da Atração é como uma lente que amplifica o que está à sua volta. Portanto, se você acordar buscando algum motivo (muito imediato) para se sentir bem, a *Lei da Atração* vai lhe oferecer outro sentimento semelhante a esse, e depois outro, outro e mais outro. E é isso o que realmente podemos chamar de levantar da cama com o pé direito.

Com um pouco de esforço e o desejo de se sentir bem, você poderá direcionar seus pensamentos para cenários cada vez mais agradáveis, até modificar por completo os seus hábitos de pensar, bem como o seu ponto de atração — e os resultados da melhoria de seus pensamentos vão começar a aparecer quase imediatamente.

Exemplo de um processo de aspectos positivos para a hora de dormir

A sua orientação de ação na vida faz com que você acredite que é muito difícil fazer com que as coisas aconteçam, mas, ao aprender a direcionar seus pensamentos de forma deliberada, você vai descobrir que existe uma tremenda força de alavanca e poder na mente. Quando você passar a se focar de forma mais consistente na direção do que deseja em vez de diluir o poder do pensamento ao pensar no *desejado* e logo em seguida no *indesejado*, você vai compreender, por experiência própria, o que estamos dizendo. Devido à sua orientação de *ação* você muitas vezes tenta com vontade e trabalha com vontade. Como resultado disso, a maior parte do que você traz para si mesmo é a atenção no que está errado (ou presta mais atenção ao que precisa ser consertado) em vez de direcionar a atenção para o que deseja.

Aqui vai uma boa sugestão de aplicação do *Processo de Aspectos Positivos* na hora de dormir:

Assim que estiver na cama, tente lembrar algumas das coisas mais agradáveis que aconteceram durante o dia. Já que muitas coisas sem dúvida aconteceram, talvez você precise analisá-las por algum tempo, e pode ser que se lembre de coisas nada agradáveis que sucederam. Mesmo assim, mantenha-se firme em sua determinação de achar coisas boas e, ao encontrá-las, medite sobre essas coisas.

Encha o seu tanque de positividade dizendo coisas como: *Uma coisa que me agradou a respeito disso foi que... Minha parte favorita disso foi...* Complete com qualquer exemplo positivo que você encontrar, relembrando as melhores partes do seu dia; então, ao sentir os efeitos benéficos dos seus pensamentos positivos, foque-se na sua intenção dominante para esse momento exato: *conseguir uma boa noite de sono e acordar revigorado pela manhã.*

Diga a si mesmo:

"Vou dormir agora; enquanto estiver dormindo os meus pensamentos ficarão inativos, a atração vai ser interrompida e meu corpo físico ficará completamente revigorado em todos os níveis."

Volte a sua atenção para as coisas que estão à sua volta, como o conforto da sua cama, a maciez do seu travesseiro, o bem-estar do seu momento. Então, projete na mente, suavemente, a sua intenção:

"*Vou dormir bem e acordar renovado e com outro ponto positivo e agradável de atração.*"

Nesse momento, desligue-se do mundo e durma.

Exemplo de um processo de aspectos positivos para a manhã

Ao acordar na manhã seguinte, você vai se sentir naquele local positivo e de bem-estar, e os seus primeiros pensamentos serão algo como:

"*Muito bem, estou acordado. Voltei ao mundo das sensações físicas...*"

Fique deitado ali mais um pouco, curta o conforto da sua cama e então emita um pensamento do tipo:

"*Hoje, não importa aonde eu vá, não importa o que eu faça nem com quem estiver fazendo, a minha intenção principal será buscar coisas que me tragam bem-estar. Quando eu me sinto bem, estou em harmonia com o que eu considero bom. Quando estou bem, sinto-me no clima de atrair coisas que me agradarão ao chegar lá. E quando eu me sinto bem, eu fico ótimo!*"

(Tudo bem se a sensação de bem-estar for simplesmente devida ao momento, pois você perceberá que vai receber muito mais que isso.)

Fique deitado na cama por mais dois ou três minutos (isso é o bastante), e procure aspectos positivos no ambiente que o rodeia. Depois, ao longo do dia, comece a reconhecer aspectos positivos adicionais e busque motivos para se sentir bem, não importa qual seja o objeto da sua atenção.

Nos primeiros instantes de qualquer emoção negativa — o que provavelmente irá acontecer, pois embora tenha começado o dia procurando motivos para se sentir bem sempre existe, com relação a determinados assuntos, um certo *momentum* de negatividade já em ação — você deve parar. Ao primeiro sinal de qualquer emoção negativa, interrompa tudo e diga:

"Quero me sentir bem. Sinto algumas emoções negativas, que mostram que estou focado em algo que não quero. O que eu quero de verdade?".

Volte imediatamente a sua atenção para o que você quer, mantenha-se focado nesse novo pensamento positivo o tempo que for necessário para sentir a Energia positiva começar a fluir novamente pelo seu sistema.

Ao desempenhar suas atividades ao longo do dia, procure mais motivos para rir e mais razões para se divertir.

Quando você quer se sentir bem, não leva as coisas demasiadamente a sério; quando não leva as coisas demasiadamente a sério fica menos vulnerável à percepção da falta das coisas que deseja; quando não foca a atenção na falta do que deseja, sente-se melhor, e, ao se sentir melhor, atrai mais daquilo que quer e a sua vida segue cada vez melhor.

Assim, ao chegar à noite e recostar a cabeça no travesseiro, você terá muitas coisas maravilhosas sobre as quais meditar enquanto se deixa levar suavemente para um estado de sono calmo, reparador; e acordará no dia seguinte sentindo-se ainda melhor.

Eu sei como eu quero me sentir

Às vezes, ao se encontrar em meio a uma situação desconfortável, você luta para descobrir *algum* aspecto positivo no problema. Algumas coisas são intoleráveis; certas coisas são tão complicadas e tão ruins que lhe parece impossível achar alguma coisa boa nelas, mas isso é porque você quer dar um salto grande demais do horror da situação na qual está focado para a solução que deseja. Em outras palavras: se você deseja achar uma solução que conserte o problema, mas está em posição tal que nenhuma ação lhe parece apropriada, lembre que, apesar de talvez não existir nenhuma possibilidade positiva de ação nesse momento e apesar de não saber qual ação *tomar* ou como poderia se sentir melhor, *você sabe sempre, em todas as circunstâncias, como quer se sentir.*

É uma situação parecida com alguém dizer:

"Acabei de saltar de um avião e estou sem paraquedas. O que devo fazer?"

Existem situações onde, devido a circunstâncias específicas, não existe ação ou pensamento que, naquele instante, faça diferença no resultado que se aproxima velozmente. E, do mesmo modo que às vezes você não encontra nenhuma *ação* que conserte as coisas, também não existe nenhum *pensamento* que as faça mudar de imediato.

Mas se você compreender o poder da mente, a incrível capacidade de alavancagem que os pensamentos agradáveis emitidos de forma consistente fornecem e começar a escolhê-los deliberadamente utilizando sentimentos e emoções como guia, você poderá transformar facilmente a sua vida em uma experiência recheada de bons momentos através do foco no sentimento melhorado.

Se você for capaz de achar nem que seja um mínimo sentimento de alívio em um pensamento deliberadamente escolhido, o seu suave caminhar rumo à solução terá início.

O que fazer em determinadas situações pode não lhe parecer muito claro, e pode ser que, às vezes, você não consiga nem mesmo identificar exatamente o que deseja ter, mas nunca há uma situação em que você seja incapaz de identificar, de algum modo, como quer se sentir.

Em outras palavras, você sabe que preferia se sentir *alegre* em vez de *triste*, *descansado* em vez de *exausto*, *revigorado* em vez de *enfraquecido*. Você sabe que prefere se sentir *produtivo* em vez de *improdutivo*, *livre* em vez de *preso*, *em crescimento* e não *estagnado* e assim por diante.

Não existe ação suficiente que contrabalance um pensamento desalinhado, mas quando você começa a obter controle sobre a forma como se sente — ao deliberadamente escolher a direção dos pensamentos — descobre o poderoso poder de alavancagem deles.

Ao se colocar de forma deliberada em posição de obter mais controle do próprio pensamento, você alcança um estado de controle completo da própria experiência de vida.

Nada é mais importante do que se sentir bem

Tornar-se mais determinado a respeito das coisas que você pensa não é difícil. Você quase sempre é específico a respeito do que come, do carro que dirige e das roupas que usa; virar um pensador determinado não exige mais deliberação de escolha do que isso. No entanto, aprender a direcionar deliberadamente os seus pensamentos rumo ao que lhe é mais agradável tem um impacto muito maior na melhoria da sua vida do que a comida que você escolhe, as roupas que usa ou o carro que dirige.

Ao ler estas palavras e senti-las ecoar dentro de você com significado e poder, você nunca mais vivenciará nenhuma emoção negativa sem perceber a importante orientação que recebe dela, uma ajuda que o fará guiar seus pensamentos em uma direção mais produtiva e benéfica.

Em outras palavras, você nunca mais sentirá emoções negativas sem compreender que elas avisam que você está atraindo algo *indesejado*. Uma mudança significativa acontece em seu interior no instante em que você percebe conscientemente as emoções e a orientação que elas fornecem, porque antes, mesmo ignorando o que uma emoção negativa significava, você continuava atraindo mais negatividade. Portanto, compreender as suas emoções lhe fornece o controle da sua vida.

Sempre que você não se sentir bem, deve parar e dizer:

"Nada é mais importante do que me sentir bem. Quero encontrar neste instante um motivo para me sentir bem."

Você vai descobrir um pensamento melhorado que vai levar a outro, a outro e a mais outro. À medida que você desenvolve o hábito de procurar pensamentos bons e agradáveis, as circunstâncias à sua volta começarão a melhorar. A *Lei da Atração* exige isso. Quando você se sente bem, vivencia a sensação de que as portas estão se abrindo e o Universo está cooperando com você; e quando você se sente mal, é como se as portas se fechassem e a cooperação cósmica fosse interrompida.

Sempre que você sentir uma emoção negativa estará resistindo a algo que deseja, e essa resistência cobrará um preço na sua vida. Ela cobrará um preço no seu corpo físico e cobrará um preço na quantidade de coisas maravilhosas que você poderia permitir que viessem para a sua vida.

Através desse processo de viver a vida plenamente e reparar nas coisas desejadas e nas indesejadas, você cria uma espécie de *Reserva Vibracional*, o qual, de certo modo, separa para você as coisas desejadas que você já identificou até emitir um Correspondente Vibracional que lhe permita receber a manifestação completa dos desejos. Mas até que você encontre um modo de se sentir bem com esses desejos (mesmo que eles ainda não tenham se manifestado em sua vida), talvez lhe pareça que eles estão do lado de fora de uma porta que você não consegue abrir. Entretanto, à medida que você começa a buscar mais aspectos positivos nas coisas que ocupam a sua mente e à medida que escolhe, de livre e espontânea vontade, o lado positivo do lápis de possibilidades mentais e questões que dominam os seus pensamentos — essa porta vai se abrir e tudo o que você desejar fluirá com facilidade na sua vida.

Quanto melhor as coisas estiverem, melhor elas ficarão

Quando você escolhe aspectos positivos do que quer que esteja no âmbito da sua atenção você, de certo modo, entra em sintonia com os aspectos mais positivos de tudo. É claro que você pode se sintonizar negativamente também. Muitas pessoas lutam contra uma atitude de autocrítica resultante de comparações negativas que lhes foram direcionadas por pais, professores ou colegas, e não há nada mais prejudicial para a sua capacidade de atrair positivismo do que uma atitude negativa em relação a si mesmo.

Muitas vezes, portanto, ao escolher um tema sobre o qual você tenha menos pensamentos negativos, é possível sintonizar uma frequência mais satisfatória; então, a partir desse local mais gratificante, você redireciona os pensamentos e encontra mais aspectos positivos sobre si mesmo do que normalmente aconteceria.

Ao encontrar mais aspectos positivos no mundo à sua volta você também descobre mais coisas positivas em si mesmo. E quando isso acontece, achar mais aspectos positivos à sua volta se torna cada vez mais fácil.

Ao encontrar coisas a respeito de si mesmo das quais não gosta, você também encontrará mais dessas mesmas coisas nos outros. E dirá:

"Quanto pior as coisas estiverem, pior elas ficarão."

Mas ao focar a atenção, deliberadamente, nas coisas positivas que você vê em si mesmo e nos outros, mais coisas positivas descobrirá e se pegará dizendo: "Quanto melhor as coisas estiverem, melhor elas ficarão".

É de vital importância valorizar sempre a busca pelos aspectos mais positivos de tudo e focar as coisas desejadas, porque tudo que vem para você depende dessa premissa simples:

Você consegue mais e mais do que mentaliza — quer queira, quer não.

Meu universo é equilibrado positivamente e negativamente

Eis então o ponto-chave: Você é o criador da sua própria experiência. Poderíamos dizer que *você atrai a própria experiência*. O ato de criar não trata de identificar algo, correr atrás disso e obtê-lo. O ato de criar tem a ver com focar um objeto de desejo, sintonizando os pensamentos de forma mais precisa nos aspectos da questão que você gostaria de vivenciar e permitindo, então, que a *Lei da Atração* os traga até você.

Não importa se você está se *lembrando* de algo do passado, *imaginando* algo para o futuro ou *observando* um ponto do presente, você está constantemente emitindo pensamentos vibracionais aos quais a *Lei da Atração* responde. Você pode se referir aos próprios pensamentos como *desejos* ou *crenças* (uma crença é simplesmente um pensamento continuado), mas seja qual for o foco da sua atenção você está estabelecendo o seu ponto de atração.

Como toda questão se compõe, na verdade, de duas opções — *o que é desejado* e *a falta do que é desejado* — é possível você acreditar que está focado no lado positivo quando, na verdade, está focado no lado negativo. As pessoas podem dizer: "Eu quero mais dinheiro", mas o que estão focando, na verdade, é o fato de não terem tanto dinheiro quanto necessitam. A maioria das pessoas fala da sua vontade de ter saúde quando se sentem doentes. Em outras palavras, a atenção ao que não querem é a força propulsora das observações sobre o que querem, mas na maioria dos casos, embora elas possam dizer coisas que parecem indicar que estão focadas no desejo, não estão.

Somente através do reconhecimento consciente de como você está se sentindo ao falar é que se torna possível saber se você está atraindo coisas positivas ou negativas. Embora você não consiga enxergar provas imediatas daquilo que atrai, o que você pensa está reunindo pensamentos, vibrações e energias compatíveis, até que, em um determinado momento, a evidência do que você atraiu será óbvia.

Meu universo responde à atenção que eu dedico a...

A maioria das pessoas acredita, ou deseja acreditar, que tudo no Universo responde às suas palavras mais ou menos do mesmo modo que as pessoas à sua volta podem ser treinadas a reagir e a se comportar. Quando você diz a uma pessoa "Venha para mim", você espera que ela venha. Quando você diz: "Afaste-se de mim", você espera que ela se afaste. Só que você vive em um Universo baseado em atração (um Universo baseado em inclusão, como já dissemos), o que significa, em termos simples, que não existe um conceito de "não".

Quando você dedica a sua atenção a algo desejado e diz: "Sim, venha para mim", você inclui essa ideia na vibração e a *Lei da Atração* começa o processo de trazer o que você quer. Mas quando você olha para algo e diz: "Não, eu não quero isso — vá embora!", o Universo atrai o que foi focado, do mesmo modo.

É a atenção que você dedica ao objeto do desejo e não o seu alinhamento vibracional com ele que provoca a resposta. Não são as palavras em si.

Desse modo, ao dizer: "Saúde Perfeita, eu busco isso... Quero isso em minha vida... Eu banho todo o meu ser na ideia da saúde perfeita", você está atraindo saúde. No entanto, se você disser: "Não quero ficar doente" você estará atraindo doença. Ao dizer "Não, não, não", o que você rejeita se aproxima cada vez mais, pois quanto mais você luta contra algo que não deseja, mais você se torna absorvido por ele.

Muitas pessoas acreditam que quando encontrarem o par perfeito, alcançarem o peso que desejam ter ou acumularem dinheiro suficiente, aí sim, *de uma vez por todas*, encontrarão também a felicidade que tanto buscam... Mas acontece que não há lugar nem situação alguma onde existam apenas aspectos positivos. O equilíbrio perfeito do Universo determina que o positivo e o negativo (o desejado e o indesejado) existam em todas as partículas do Universo. Quando você, na qualidade de quem cria, escolhe, define e decide, opta pelo aspecto positivo, isso se transforma no que você vivencia em *todos* os aspectos da existência. Você não precisa circular por aí esperando que a coisa perfeita apareça e lhe traga uma resposta positiva. Em vez disso você treina de forma positiva os seus pensamentos e vibrações, os *atrai* e se torna *criador* deles.

Incentivamos você a começar cada dia, pela manhã, com a seguinte declaração:

"Hoje, não importa aonde eu vá, não importa o que eu faça e não importa com quem eu faça, a minha intenção dominante é pro curar o que eu quiser ver".

Lembre-se de que quando você acorda, a cada manhã, é como se renascesse. Enquanto você dormiu, todas as atrações foram interrompidas. Esse afastamento provocado por algumas horas de sono — momento em que a sua consciência não atraía nada — lhe proporciona um novo e revigorante recomeço. Portanto, a não ser que você acorde de manhã e comece a ruminar todos os problemas que o atormentavam na véspera, nada daquilo vai perturbar o seu novo dia, o seu novo nascimento, o seu novo começo.

A decisão de se sentir bem atrai bons sentimentos

Uma mulher nos procurou e disse:

"Há poucos dias percebi que teria de ir a três ou quatro festas de fim de ano, e assim que me dei conta disso, comecei a pensar: *'Puxa, Mary vai estar nessas festas, e parecerá maravilhosa como sempre.'* Na mesma hora comecei a me comparar com as outras pessoas. Gostaria de parar de fazer isso, gostaria de me sentir bem comigo mesma e simplesmente curtir os eventos, independentemente de quem estivesse lá. Será que vocês poderiam me ajudar a aplicar o *Processo de Modificação do Eixo* com relação às minhas inibições. Por mim eu nem compareceria a essas festas."

Nós lhe explicamos o seguinte:

Apesar de o seu sentimento de inibição se amplificar sempre que você se lembra das festas, não é a festa em si nem Mary que provoca esse desconforto. Muitas vezes parece complicado avaliar nossos relacionamentos com outras pessoas, mesmo quando tentamos analisar esses sentimentos negativos no passado, rastreando-os até o tempo de criança; não adianta nada fazer isso. Você tem a capacidade, no lugar em que está, de encontrar aspectos positivos e negativos, pensar no que deseja e no que não deseja. Tanto faz que você comece o processo agora mesmo ou poucos dias antes da primeira festa, o trabalho vai ser igual: *Busque coisas positivas ao focar sua atenção nelas.*

Como você adquire mais controle sobre o que é ativado dentro da sua cabeça, geralmente é muito mais fácil achar os aspectos positivos de uma situação antes de você se ver nela. Se você imaginar a situação exatamente do jeito que deseja que ela seja, e se você treinar a sua resposta positiva à situação que tem pela frente, ao chegar à festa você vai perceber o controle que colocou em movimento desde vários dias antes.

Não se pode sentir bem e mal ao mesmo tempo. Não se pode focar no que é desejado e no que é indesejado ao mesmo tempo. Se você treinar os pensamentos para o que considera bom ou desejado antes de chegar à festa, a Lei da Atração vai trazer exatamente as coisas que você quer e são agradáveis. É simples assim!

Se você quer se sentir diferente nas próximas festas, se você deseja se sentir melhor do que nas festas dos anos anteriores, deve começar a criar mentalmente uma história diferente. A história que você criou para si mesma é algo assim:

"Só me convidam para essas festas por causa do meu marido. Ninguém se importa de verdade se eu compareço a elas ou não, porque eu não faço parte desse ambiente de trabalho e não entendo nada das coisas pelas quais todos se interessam. Sou uma estranha no ninho. Mary não parece um peixe fora d'água como eu. Sua

Como girar o eixo e o livro dos aspectos positivos **83**

confiança é óbvia no jeito que ela se veste e se comporta. Eu sempre me sinto mais feia do que ela, menos inteligente e inferior a ela em tudo, quando estou ao seu lado. Eu odeio me sentir assim. Quem dera não precisasse ir."

Aqui vai um exemplo de uma história mais agradável:

"Meu marido é muito respeitado em sua empresa. É ótimo que a sua companhia de vez em quando ofereça oportunidades para que as pessoas que trabalham lá incluam os maridos e esposas e todos tentem se conhecer melhor. Ninguém espera que eu esteja por dentro de todos os assuntos do trabalho. Na verdade, esse é o tipo de festa em que eles provavelmente vão preferir falar de coisas diferentes do trabalho. A vida é muito maior do que o escritório do meu marido. Como nunca estou lá, talvez lhes pareça uma brisa renovadora, pois não estou bitolada pelos problemas diários deles. Mary parece ter a cabeça leve, e é uma pessoa agradável. Certamente também não é bitolada pelos problemas internos nem pela política do escritório. É divertido observá-la. Onde será que ela compra suas roupas? Ela sempre veste coisas lindas."

Viu só? Não é preciso que você escolha todas as inseguranças que sente na vida e use essa festa no escritório do seu marido para resolvê-las. Simplesmente encontre algo positivo onde focar a atenção e sinta os benefícios de ter feito isso. Com o tempo, Mary vai deixar de lhe parecer um problema e talvez até se torne sua amiga. Em qualquer dos casos, a decisão é sua, e também é sua a prática vibracional para fazer tudo acontecer.

Como não sentir a dor?

Nosso amigo Jerry nos perguntou:

"A maior parte do desconforto que eu sinto vem do fato de eu observar a dor alheia. Como usar o *Processo de Modificação do Eixo* para não sofrer pela dor dos *outros*?"

Nós explicamos:

Qualquer que seja o foco da sua atenção, ele contém coisas que você deseja ver e também coisas que você não quer ver. A dor que você sente não vem do fato de a pessoa que você está observando sentir dor. Sua dor decorre do fato de você ter escolhido olhar para o aspecto das pessoas que lhe causa dor. Há uma grande diferença.

É claro que se essa pessoa não estivesse com dor, e, em vez disso, estivesse alegre, seria muito mais fácil para você sentir alegria, mas você não deve depender de condições instáveis para controlar a forma como se sente. Deve, em vez disso, melhorar a sua capacidade de focar as coisas positivas, independentemente das condições. Para fazer isso, ajuda lembrar que toda questão possui um ponto desejado e um ponto indesejado, ao mesmo tempo, dentro dela. Se você tiver determinação, sempre poderá encontrar algo que o faça se sentir melhor.

Obviamente, é mais fácil simplesmente observar coisas boas que estão bem diante dos seus olhos do que buscar deliberadamente coisas que você preferiria ver. Entretanto, quando o que realmente lhe importa é se sentir bem, você se sente menos disposto a simplesmente ficar parado olhando tudo de forma descuidada, pois o seu desejo de se sentir bem vai inspirar você com uma determinação insuperável para buscar apenas os aspectos positivos. Além do mais, quanto mais você buscar apenas coisas boas nas quais focar a atenção, mais coisas boas e agradáveis a *Lei da Atração* lhe proporcionará, até o ponto em que você estará orientado de forma tão positiva que simplesmente não perceberá as coisas que não combinam com a sua orientação positiva.

Uma mãe nos disse, certa vez, quando a aconselhamos a ignorar os problemas do seu filho:

"Mas ele não vai achar que eu o abandonei? Eu não deveria estar lá enfrentando tudo por ele?"

Como girar o eixo e o livro dos aspectos positivos   85

Explicamos a ela que não existe nenhum "abandono" em focar a atenção dela nos aspectos positivos da vida do filho, e lhe garantimos que há uma força poderosíssima em abandonar qualquer pensamento que não lhe traga Bem-estar. Dissemos a essa mãe:

"Você nunca ajuda ninguém quando serve como caixa de ressonância para seus problemas e reclamações. Ao manter uma imagem de melhora completa na vida do seu filho você o ajuda a superar os problemas. Aí sim, você estará *lá* por ele e o *chamará* para um lugar mais feliz."

Quando a sua intenção deliberada é se sentir bem e você realmente se importa com a forma como se sente, você descobre cada vez mais ideias a respeito de cada vez mais assuntos que trazem bem-estar. A partir desse ponto, você se mostra mais preparado para interagir com os outros, que podem estar se sentindo bem ou mal. Como quer se sentir bem, você terá preparado por antecipação a sua experiência com os outros em seu caminho, e lhe será muitíssimo mais fácil focar de forma positiva no problema deles, não importa o quanto eles estejam encrencados. Mas se você não estiver cuidando da própria energia e não estiver mantendo de forma consistente os bons pensamentos e as boas vibrações, então você será sugado pelos problemas deles e poderá sentir grande desconforto.

Queremos apenas enfatizar o fato de que você não está sentindo a *dor deles*, provocada pela situação em que se encontram, mas sim *a própria dor, trazida por sua maneira de pensar*. Existe um grande controle nesse conhecimento e, de fato, uma verdadeira liberdade.

Ao descobrir que você pode controlar o seu jeito de pensar através do controle dos pensamentos, você está livre para se mover de forma descontraída e alegre por todo o planeta, mas quando você acredita que o seu modo de sentir depende do comportamento e da situação dos outros, e percebe que não possui controle algum sobre os comportamentos e as situações relacionadas com eles, você não se sente livre. Essa, na verdade, é a "dor" que você descreveu.

Minha compaixão não tem valor para ninguém?

Jerry nos disse:

"Então, quando eu afasto a minha atenção das pessoas que têm problemas *eu me sinto* bem. Mesmo assim, isso não as faz se sentir melhor. Em outras palavras, eu não resolvi o problema, estou apenas evitando-o."

Respondemos:

"Se você não focar a atenção no problema delas, poderá continuar a se sentir bem, mas elas continuarão a ter o problema. Isso é verdade, a princípio. Mas lembre que se *focar a sua* atenção no problema delas você vai se sentir mal e elas continuarão a se sentir mal, e ainda se manterão com o problema ao mesmo tempo. Entretanto, se você não focar nos problemas delas mas, em vez disso, imaginar a solução para esses problemas sob uma ótica positiva, você se sentirá melhor e ainda haverá a possibilidade de influenciá-las, levando-as a obter pensamentos e resultados mais positivos."

Em termos simples: Você nunca terá valor positivo para outra pessoa (e também nunca oferecerá uma solução efetiva) enquanto sentir emoções negativas, pois a presença dessas emoções negativas dentro de você significa que você está focado na falta do que é desejado, em vez de no que é desejado de verdade.

Portanto, se alguém está passando por uma experiência ruim e aparece na sua frente envolto por uma poderosa capa de negatividade, se você ainda não tiver obtido de forma deliberada o seu alinhamento com o "sentir-se bem", poderá ser arrastado por essa onda de negatividade do outro; então se tornará parte dessa corrente de dor e talvez até mesmo passe o seu desconforto para outra pessoa, que em seguida passará isso para mais outra, e assim por diante.

Por outro lado, se você tiver determinado o tom positivo do seu dia colocando a cabeça sobre o travesseiro a cada noite e dizendo:

"Esta noite, enquanto eu estiver dormindo, toda atração vai parar, e amanhã eu experimentarei um novo começo; amanhã eu vou buscar o que quero ver e ter porque desejo me sentir bem, e também porque me sentir bem é a coisa mais importante!"

Ao acordar, pela manhã, você estará trilhando um novo caminho, sem trazer nenhuma negatividade do dia anterior. E então, ao entrar em uma sala e ver alguém com dor se dirigindo a você, à medida que essa pessoa se aproximar com a sua dor você não se tornará parte dela e, em vez disso, fornecerá um exemplo melhor de felicidade, pois o que você sente é o que irradia.

Agora uma coisa importante: Provavelmente não acontecerá que, só pelo simples fato de você se sentir e permanecer feliz, todas as outras pessoas entrarão imediatamente em sua aura de felicidade. Na verdade, sempre que existir uma grande disparidade entre a forma como você se sente e a forma como os outros se sentem, você terá dificuldade para se relacionar com eles; com o tempo, porém, se você mantiver a sua postura vibracional positiva, eles acabarão por se unir a você em seu ponto de positividade, ou vibrarão melhor a partir da sua experiência. A única maneira pela qual as pessoas infelizes continuarão na sua vida é se você fornecer atenção contínua a elas.

Se você e mais duas pessoas estivessem caminhando pela beira de um penhasco, e você não estivesse prestando atenção onde pisa, tropeçasse, caísse e ficasse pendurado por uma corda muito fina. Se um dos seus amigos fosse forte e estivesse com os pés firmes no chão e o outro fosse desastrado e sem foco, qual dos dois você gostaria que o segurasse? Buscar os aspectos positivos é uma forma de conseguir firmeza nos pés. Trata-se de *quem-você-é* a partir de uma Perspectiva Interior. E à medida que você se alinha de forma consistente com sentimentos pouco a pouco mais agradáveis, os poderosos recursos do Universo se tornam disponíveis para você.

Ter compaixão pelos outros significa focar a própria atenção na situação do próximo e sentir o mesmo que ele. Uma vez que todas as pessoas possuem a capacidade de se sentir maravilhosas ou péssimas, seja obtendo sucesso na conquista de seus desejos ou falhando nisso, você tem várias opções a respeito dos desejos com os quais mais se identifica. Incentivamos você a tentar manter a sintonia com os melhores sentimentos das outras pessoas que encontrar. Ao fazer isso, você poderá influenciá-las e levá-las a uma condição melhor.

Como não magoar as pessoas ainda mais quando elas já se sentem magoadas?

Certa vez, um homem perguntou:

"Como terminar um relacionamento sem se sentir magoado pelo fato de a outra pessoa estar magoada? Se você decide que está na hora de seguir em frente e a outra pessoa não está pronta para isso e se sente arrasada, como equilibrar uma situação dessas?"

Respondemos:

"Quando você se orienta a prestar atenção à forma como alguém se sente a respeito dos seus atos, torna-se impotente, pois não tem poder para controlar as perspectivas dele ou dela e, portanto, não consegue alcançar nenhuma melhora consistente na sua vibração, no seu ponto de atração e nem na forma como se sente. Se você decidiu sair do relacionamento antes de ter feito o

Como girar o eixo e o livro dos aspectos positivos **89**

trabalho vibracional de se focar *no que* quer e *por que* quer, qualquer atitude que você tome poderá lhe proporcionar mais do mesmo desconforto que sentia antes. Mesmo depois de o relacionamento ter terminado, você já está sozinho ou entrando em outro relacionamento com outra pessoa diferente, a persistência das vibrações negativas não permite um desenrolar agradável da situação. Falando de forma simples, é muito melhor encontrar o seu equilíbrio vibracional *antes* da separação efetiva, senão você talvez vivencie um tempo maior de desconforto".

Vamos examinar os componentes dessa situação e esclarecer um pouco quais as suas opções: Você chegou à conclusão de que, como anda infeliz no relacionamento há algum tempo, seria melhor terminá-lo. Em outras palavras, acha que a sua chance de ser feliz é muito maior fora do relacionamento do que dentro dele. Ao comunicar isso ao seu parceiro ou parceira, ele se torna ainda mais infeliz. Então, ao ver seu parceiro mais infeliz, você também se torna mais infeliz.

Uma das opções é ficar e dizer:

"Deixe para lá, não fique infeliz. Mudei de ideia e vou ficar com você".

O que acontece, porém, é que agora ambos estão infelizes; você tomou a decisão de ir embora e isso deixou seu parceiro infeliz; depois, recuou da decisão e o seu parceiro não lhe pareceu tão infeliz quanto antes, mas o fato é que nenhum dos dois ficou feliz. Portanto, nada mudou, exceto o fato de as coisas terem ficado mais intensas por algum tempo, mas basicamente você continua insatisfeito e infeliz no relacionamento.

Outra opção é simplesmente ir embora. Você pode focar a atenção em todas as coisas que o fizeram sentir desconforto no relacionamento e usá-las como justificativa para a partida. Só que apesar de o foco negativo nas coisas negativas lhe fornecer a convicção de ir embora, você não se sente muito melhor. Apesar de se sentir, talvez, um pouco mais aliviado por se ver menos infeliz do lado de fora, você continua a sentir necessidade de justificar a partida, e isso o mantém em um estado de insatisfação. O fato é que, mesmo depois de se afastar das coisas que realmente o incomodavam, você continua chateado.

A verdade é que não há nada que você possa *fazer* para impedir os outros de se sentirem mal, pois eles não se sentem mal pelo *seu* comportamento. Não existe armadilha maior nos relacionamentos ou na vida do que tentar manter os outros felizes observando as emoções *deles* e tentando compensá-las com as *suas* ações.

A única forma de você ser feliz é decidir ser feliz. Ao tomar sobre os ombros a responsabilidade pela felicidade dos outros, você está tentando alcançar o impossível e preparando para si mesmo um grande foco de discórdia interna.

Vamos agora considerar a opção da *Modificação do Eixo* e também a dos *Aspectos Positivos*: Fique onde está por agora e não promova mudanças no seu modo de agir nem no seu comportamento. Em outras palavras, se vocês estão morando juntos, continue assim. Caso estejam apenas passando algum tempo um com o outro, continuem desse jeito. Essa opção trata de mudanças no seu processo de *pensamento*, e não no seu processo de *ação*. Esses processos são designados para ajudá-lo a focar tudo por um ângulo diferente e começar a contar a história do seu relacionamento e da sua vida de forma mais agradável e poderosa.

Por exemplo:

Ando pensando em cair fora deste relacionamento porque acho que não sou feliz nele. Só que ao pensar em ir embora, percebo que quando eu for levarei a mim mesmo, e se eu for embora por estar infeliz, vou levar uma pessoa infeliz comigo. O motivo de eu querer ir embora é o fato de eu querer me sentir bem. Seria possível eu me sentir bem sem ir embora? Será que existe algo no nosso relacionamento no qual eu possa focar e que me pareça agradável?

Lembro-me bem de quando conheci essa pessoa e do quanto gostei disso. Lembro-me de ter sentido atração por ela e da ânsia de ir em frente para ver o que mais poderíamos descobrir juntos. Gostei desse sentimento de descoberta. Gostei muito do nosso relacionamento, no início. Sei que quanto mais tempo passávamos juntos, mais nós dois percebíamos que não formávamos um par perfeito. Creio que nenhum dos dois tem culpa disso. Não formar um par perfeito com outra pessoa não significa que algum dos dois esteja errado, mostra apenas que existem outros parceiros potencialmente melhores para cada um de nós.

Existem coisas sobre essa pessoa das quais eu gosto muito, e qualquer um saberia apreciá-las: ela é inteligente e tem interesse em muitas coisas; ri com facilidade e adora se divertir... Estou contente por termos estado juntos e tenho certeza de que o tempo que passamos um com o outro sempre terá valor para ambos.

Então, a nossa resposta para a sua importante pergunta é:

Você não tem poder de controlar a dor que os outros sentem modificando o *seu* comportamento. Você tem o poder, no entanto, de controlar a sua dor direcionando os pensamentos até que a dor ceda e seja substituída por sentimentos melhores.

Ao dar atenção ao que deseja, você sempre começa a se sentir bem. Quando permanece focado na falta do que deseja, sempre se sente mal. E se der atenção à carência de outra pessoa se sentirá igualmente mal.

As pessoas são tão orientadas a ações como Seres físicos que realmente acham que precisam consertar tudo *neste exato momento*. O seu parceiro não chegou até esse ponto de repente. Ele não chegou lá nem mesmo ao longo do seu relacionamento. Isso vem de muito longe. O *momentum* do que aconteceu foi se formando ao longo do caminho. Portanto, não espere que a conversa que vocês dois estão tendo neste momento vá fazer alguma diferença. Veja a si mesmo como alguém que está plantando uma semente.

Uma semente muito forte, certa e poderosa. Você a plantou de forma perfeita e a alimentou durante algum tempo com palavras, de modo que muito tempo depois de você ter ido embora essa plantinha crescerá e florescerá do jeito que deve.

Existem muitos relacionamentos que não são apropriados para ir em frente, mas nunca devemos sair de um caso amoroso nos sentindo zangados, culpados ou na defensiva. Faça o trabalho vibracional, comece a se sentir bem e só então vá embora. Desse modo, o que virá a seguir não será uma repetição do que acabou de acontecer.

Não sou o responsável pela criação dos outros

Você não deve aceitar a responsabilidade pelo que os outros estão fazendo com as suas próprias vidas. Veja-os como se estivessem emergindo dessa situação de carência por algo, mas sabendo que as coisas serão melhores depois, e só então *você* começará a se sentir melhor. Você poderá até mesmo inspirá-los, em seu estado semiadormecido, a seguir uma direção melhor. Ao pensar na pessoa da qual se afastou, imagine-a feliz. Não reviva, em sua mente, as conversas tristes que vocês tiveram, nem o momento da separação. Imagine que ela está seguindo em frente com a sua vida, do mesmo modo que você está seguindo em frente com a sua.

Tenha confiança de que ela encontrará uma Orientação interior para achar o seu próprio caminho.

O que impele tantos de vocês, na tentativa de ajudar os outros, é a crença de que *eles precisam da sua ajuda porque não podem ajudar a si mesmos.* Essa crença, porém, lhes é muito prejudicial, porque bem lá no fundo elas sabem muito bem o que *podem* fazer, e na verdade já estão *querendo* fazê-lo.

Comece a dizer ao seu ex-parceiro, ou ex-parceira, coisas tais como:

"Você é uma pessoa fantástica. Embora eu saiba que não conseguimos uma ligação forte em tantos níveis quanto gostaria, sei que existe um parceiro perfeito para você lá fora, à sua espera, e eu vou deixar você livre para seguir rumo a essa maravilhosa oportunidade. Corra atrás disso! Não quero que você fique amarrada aqui, presa a algo que nenhum de nós deseja. Quero que nos sintamos livres para buscar o que realmente queremos. Não estou lhe dizendo adeus para sempre, estou apenas dizendo: 'Vamos levar este relacionamento a um novo nível de compreensão entre nós, uma compreensão que seja inspirada por paixão, desejos positivos e não forçada por medo de possíveis consequências.'"

Em seguida, diga para a pessoa:

"Quando eu penso em você, sempre lembro que, apesar de se sentir triste agora, você vai se sentir feliz mais tarde. Escolho ver você feliz porque é assim que eu gostaria de vê-lo(a), e sei que é isso, que é assim que você preferiria estar também".

Sei que isso parece duro ou frio, mas nenhuma outra opção fará sentido.

Ouvir a orientação interna ou buscar bons sentimentos?

Você tem a capacidade de modificar o eixo de toda e qualquer situação. Não importa o quanto ela pareça incrivelmente negativa, você tem capacidade para fornecer atenção aos aspectos positivos dela. A única coisa que poderá atrapalhar isso são os seus velhos hábitos, ou talvez algumas fortes influências de outras pessoas.

A maioria das pessoas é, por natureza, ligada a hábitos. Seus padrões de comportamento são de tal forma marcados que, às vezes, o meio mais rápido de alcançar a alegria que elas buscam é modificar o eixo da própria vida enquanto dormem, para então acordarem em um novo dia já na direção do que realmente desejam alcançar. Ao buscar pensamentos agradáveis antes de dormir, vivenciar os benefícios de uma mente calma durante o sono e, por fim, acordar e, na mesma hora, se voltar para os pensamentos positivos, você conquistará a mais perfeita experiência de modificação do eixo. Bastam alguns dias seguindo esse padrão e você perceberá grandes mudanças nos seus hábitos de pensamentos e no seu ponto de atração, e descobrirá também melhoras substanciais em praticamente todos os aspectos da sua vida.

E se eu fizesse o jogo do *"E se...?"*

Quando incentivamos você a fazer o possível para descobrir aspectos positivos, não importa o problema que esteja à sua frente, muitas vezes as pessoas perguntam:

"E quanto a um homem que acabou de perder o emprego, tem mulher e cinco filhos para sustentar, o aluguel vence daqui a dois dias e ele não tem dinheiro para pagar? Ou a mulher que está com a Gestapo batendo na sua porta e se vê prestes a ser morta na câmara de gás? Como essas pessoas poderiam modificar o eixo?"

Diante dessas situações extremas, nós respondemos:

"É como quando você pula de um avião a uma altitude de sete mil metros, sem paraquedas e se pergunta: 'E *agora*, o que eu faço?'"

A verdade é que normalmente nós não nos vemos diante de circunstâncias tão extremas para as quais não existem escapatórias possíveis ou confortáveis. Entretanto, mesmo nas situações desesperadoras, com todo o drama e o trauma que elas trazem, você tem o poder, por meio do foco apropriado, de promover resultados que alguém que esteja assistindo de fora considerará espantoso ou até mesmo milagroso.

Em outras palavras, não existe uma situação a partir da qual você não possa achar uma solução positiva, mas você tem de ser

Como girar o eixo e o livro dos aspectos positivos   **95**

capaz de focar de forma poderosa a fim de alcançar tal solução. A maioria das pessoas que se vê em situações extremas como essas não conhecem esse tipo de foco, e este é o motivo de estarem vivenciando a tal situação negativa, para começo de conversa.

Quando você está envolvido em situações extremas, surge um poder de dentro e a intensidade do seu desejo levará você a um novo platô a partir do qual, se mantiver o foco, você poderá vivenciar uma grande elevação. Em outras palavras, aqueles que se encontram muito doentes estão em uma posição de se sentir *melhor* até do que a maioria dos outros, porque o *desejo* deles pela melhora está muito amplificado. Mas a não ser que eles sejam capazes de modificar o eixo (dirigir a atenção para o desejo de estar bem e longe das preocupações relacionadas com a doença) eles não se sentirão melhor.

Poderíamos incentivar você a fazer o jogo do "E se...?" para buscar aspectos positivos em qualquer situação. Em outras palavras, em vez de olhar para a sociedade em busca de exemplos de pessoas em desespero total, sem controle sobre as circunstâncias da sua vida, crie uma história que lhe forneça uma sensação de poder. Em vez de criar um relato de vítimas impotentes e, a partir disso, amplificar o próprio sentimento de ser uma vítima, crie uma história diferente.

Por exemplo:

"*E se* essa mulher, antes de a Gestapo aparecer batendo na sua porta, tivesse dado ouvidos aos rumores de um iminente holocausto, que já circulavam pela comunidade havia várias semanas? *E se* ela tivesse abandonado a comunidade, como muitos outros fizeram? *E se* ela não tivesse medo de enfrentar o desconhecido? *E se* ela não tivesse se agarrado à vida que lhe parecia tão familiar? *E se* ela tivesse tomado a decisão de recomeçar a vida em outro país, em companhia de sua irmã, sua tia e seu tio duas semanas antes e já não estivesse em casa quando a Gestapo bateu à sua porta?

Parte 2

Atraindo dinheiro e manifestando a abundância

(*Nota do Editor*: Nas seções onde há um diálogo contínuo entre Jerry e Abraham, o nome do interlocutor aparece repetido no início de cada segmento, para facilitar a clareza da mensagem).

Quando você jogar o jogo do *E se...?*, procure por coisas que você *realmente* deseja ver. Procure por aquilo que faz você sentir-se melhor.

Nunca há uma situação em que não há saída. De fato há milhares de escolhas práticas pelo caminho mas, por costume, as pessoas continuam escolhendo a falta de perspectiva nas situações, até elas eventualmente se encontrarem em um lugar não desejado, onde parece não haver mais escolhas.

Quando você se obriga a procurar por evidências de Bem-estar, prosperidade, sucesso e felicidade, você se ajustará às vibrações de tais coisas. E então aquela espécie de sensação boa irá dominar sua vida.

Hoje, não importa aonde eu estou indo ou o que estarei fazendo, é minha intenção dominante procurar por aquilo que estou com vontade de ver.

Quando você observar que você não é um mero observador de seu mundo, mas um contribuinte deliberado e positivo para o seu próprio mundo, encontrará um grande prazer no seu envolvimento com esse mundo e com o seu planeta. Quando você testemunhar coisas que você deseja que aconteça em seu mundo, sua nação, sua vizinhança, sua família, ou em seu corpo físico, e lembrar que você tem o poder de contar uma história diferente, além de saber que há um grande poder em contar histórias diferentes, você irá, então, voltar ao conhecimento exuberante que você possuía dentro de você ao tomar a decisão de ir adiante e nascer neste planeta, para começo de conversa.

Você não pode estar em um lugar diferente do que está agora, mas tem o poder de começar a expressar a sua perspectiva sobre onde você está de forma progressivamente melhor. E quando fizer isso de forma consciente e deliberada, verá a evidência do poder do seu foco em todo assunto que chamar a sua atenção.

Quando você toma a decisão de se sentir bem e conscientemente procura por aspectos positivos nos assuntos com os quais está envolvido todos os dias, e quando deliberadamente identifica e foca as coisas que realmente quer em relação a esses assuntos, você se coloca em um caminho de felicidade e satisfação eterna.

Esses processos são simples de entender e aplicar, mas não deixe a simplicidade deles fazer você subestimar seus poderes. Aplique-os de maneira consistente e mostre a si mesmo a alavancagem do poder de uma mente e um pensamento ordenados. Descubra o poder da Energia que cria o mundo, o poder ao qual você sempre teve acesso mas só agora entende como aplicar, e foque-o em suas criações pessoais.

Atraindo dinheiro e manifestando a abundância

Embora o dinheiro não seja absolutamente essencial à sua experiência de vida, para a maioria das pessoas o *dinheiro* e a *liberdade* são sinônimos. Uma vez que existe uma percepção estabelecida de forma intensa sobre o seu direito a ser livre, e essa percepção está sempre no centro do que você é, a consequência disso é que a sua relação com o dinheiro é um dos assuntos mais importantes da sua existência. Não é de espantar que você tenha tantos sentimentos fortes e definidos a respeito de dinheiro.

Embora algumas pessoas tenham descoberto a liberdade de permitir que imensas quantidades de dinheiro fluam para as suas vidas, o que vemos mais frequentemente é que, pelo fato de vocês terem muito menos dinheiro do que precisam ou desejam, a maioria de vocês não se sente livre. A nossa intenção aqui é demonstrar claramente o porquê dessa disparidade financeira, para que você permita que a abundância que você deseja e tanto merece surja na sua vida. Portanto, à medida que você lê estas palavras e conforme for começando a ressoar estas verdades que foram baseadas na lei, você juntará seu desejo com a abundância de seu mundo, e a evidência do seu recém-encontrado alinhamento irá, em breve, se tornar aparente para você e para os outros que o observam.

Se você é daqueles que tem trabalhado para conquistar abundância financeira por muitos anos ou se é um jovem que está apenas começando esse caminho, a jornada do Bem-estar financeiro não precisa estar longe de onde você está agora. Não são necessários muito tempo ou esforço físico para captar isso, pois vamos explicar a você de uma maneira simples e fácil de se entender como utilizar a alavanca de Energia que está ao seu alcance. Queremos mostrar a você a correlação absoluta entre os pensamentos que você tem emitido a respeito de dinheiro, o modo como você se sente quando você tem esses pensamentos e o dinheiro que corre por sua experiência de vida. Quando você conseguir, conscientemente, fazer essa correlação e decidir, deliberadamente, direcionar os seus pensamentos de forma correta, você terá acesso ao poder do Universo e, então, verá como o tempo e o esforço físico são um tanto irrelevantes ao seu sucesso financeiro.

Então comecemos com a simples premissa de seu Universo e do seu mundo:

"Você consegue aquilo sobre o qual pensa."

Frequentemente as pessoas nos dizem: "Isso não pode ser verdade, pois eu quis e pensei em ter mais dinheiro desde que me

102 Dinheiro atrai dinheiro

conheço por gente, mas continuo me esforçando e sem dinheiro suficiente." O que dizemos a elas é a coisa mais importante para você entender, caso queira melhorar a sua situação financeira:

O assunto "dinheiro" é composto, na verdade, por dois assuntos:

(1) o dinheiro, a abundância, o sentimento de liberdade e as facilidades que o dinheiro pode trazer;

(2) a ausência de dinheiro, não haver dinheiro o suficiente, o sentimento de medo e o desapontamento que a ausência do dinheiro traz.

Muitas vezes as pessoas assumem que unicamente por estarem pronunciando as palavras "eu quero mais dinheiro", elas estão pensando de forma positiva em dinheiro. Entretanto, quando você fala de dinheiro (ou de qualquer outra coisa) e está sentindo medo ou desconforto enquanto fala, você não está falando do assunto dinheiro. Essa diferença é muito importante, porque o primeiro caso traz dinheiro e o segundo o afasta.

É importante ficar alerta sobre o valor que você deve dar ao que você está *pensando* e, mais importante, *sentindo* com relação a dinheiro. Se você está pensando ou dizendo coisas do tipo "ah, isso é muito bonito, mas eu não posso comprar", não está numa posição vibracional que permite a abundância que deseja. A sensação de desapontamento que está presente na medida em que você admite que não pode pagar é o indicador de que o equilíbrio de seu pensamento está mais voltado para a falta do que você deseja do que para o que você realmente quer. *A emoção negativa que você sente quando admite não poder pagar por algo que deseja é uma das formas de entender o equilíbrio dos seus pensamentos, e a quantidade de abundância que você está realmente experimentando é outra forma de saber isso.*

Muitas pessoas continuam perpetuando a experiência do "não é suficiente" em suas vidas simplesmente porque não pensam além da realidade que vivenciam. Em outras palavras, se elas estão sentindo falta de dinheiro, estão cientes disso e costumam falar do

Atraindo dinheiro e manifestando a abundância **103**

assunto, estão se mantendo em uma posição crônica de escassez. Muitas pessoas não aceitam quando lhes explicamos o poder de contar a história das suas finanças do jeito que elas querem que seja, e não do jeito que é "na realidade", pois elas acreditam que devem ser factuais e "verdadeiras" sobre o que está acontecendo em suas vidas.

Porém, queremos que entenda que se você continuar a olhar para *o-que-é* e falar sobre *o-que-é*, você não encontrará a melhora que deseja. Você pode ver um desfile de rostos diferentes, lugares diferentes, mas a sua experiência de vida não mostrará essencialmente nenhuma melhora. Se você deseja efetuar uma mudança substancial em sua vida, deve emitir vibrações substancialmente diferentes, o que significa que deve emitir pensamentos que lhe *pareçam* diferentes ao ser emitidos.

Falta de ação não vale a pena

Jerry: Há muitos anos eu ganhei um motel perto de El Paso, no Texas, e H. L. Hunt, que naquele tempo era um dos mais bem-sucedidos homens dos Estados Unidos (um multibilionário), me chamou. Ele havia comprado o Ojo Caliente, um pequeno resort em Rio Grande, Texas, que estava financeiramente falido, mas ele ouvira falar que eu poderia ter algumas informações úteis para ajudá-lo a reverter a situação. Enquanto ele visitava a minha pequena cafeteria, eu estava com dificuldades para manter o foco na conversa, porque simplesmente não conseguia entender o motivo de um homem tão bem-sucedido ainda estar descontente e procurando jeitos de ganhar mais dinheiro. Eu tinha curiosidade em saber por que ele simplesmente não vendia o lugar (por qualquer preço) e seguia em frente com sua vida, aproveitando o dinheiro que já havia acumulado.

Eu tenho outro amigo que está na classe dos multibilionários. Estávamos no Rio de Janeiro, caminhando pela praia, e ele falava sobre uns problemas que ele estava tendo em seus negócios. Fiquei chocado ao ver que aquele homem tão rico poderia ter *algum* tipo de problema. Mas o que aprendi de você, Abraham (e já aprendi muito), é que o nosso sucesso na vida nada tem a ver com a quantidade de dinheiro que possuímos nem com a posse de objetos, certo?

Antes de qualquer coisa, devo encontrar o meu equilíbrio vibracional

Abraham: As coisas que você possui e as coisas que você *faz* têm a finalidade de melhorar o seu estado de *ser*. Em outras palavras, o importante é a forma como você se sente, e a forma como você se sente é baseada em alcançar um alinhamento com *quem-você-realmente-é*. Quando você tende, antes de qualquer coisa, a alcançar esse alinhamento, as coisas que você adquire e as ações que desempenha ajudam a melhorar o seu estado de Bem-estar... Mas se você não encontra aquele equilíbrio vibracional antes de qualquer coisa, e tenta se sentir melhor trazendo mais coisas à sua experiência de vida ou participando de mais atividades para se sentir melhor, fica cada vez mais afastado desse equilíbrio.

Nós não estamos dizendo que você não deva acumular coisas nem deixar de agir, porque tudo isso é parte essencial da sua experiência física. Em outras palavras, você tinha como objetivo a maravilhosa experiência de explorar os detalhes de seu mundo físico a fim de que isso o ajudasse a determinar pessoalmente o seu próprio crescimento jubiloso e a sua expansão, mas quando você tenta se mover para frente a partir de uma base desequilibrada isso é sempre desconfortável.

Se você começar identificando como deseja se sentir ou ser, e deixar a sua inspiração se acumular ou vir desse ponto central, não apenas irá manter o seu equilíbrio, mas também aproveitará as coisas que você possui e as coisas que faz.

A maioria das pessoas projeta a maior parte dos desejos a partir de um estado de carência. Querem coisas, muitas vezes, simplesmente porque não as têm, logo o fato de obter tais coisas não as satisfaz, no fundo, porque sempre existe alguma coisa mais que elas não têm. E então isso se torna uma luta interminável a fim de tentar trazer essa coisa a mais (essa coisa a mais que não irá satisfazê-las) para a sua experiência:

Pelo fato de eu não ter isso, eu quero.

As pessoas realmente pensam que obtendo isso irão preencher o vazio, mas isso desafia a *Lei.*

Qualquer ação que seja tomada a partir de um estado de carência é improdutiva e sempre leva a mais sentimentos de carência.

O vazio que essas pessoas sentem não pode ser preenchido por coisas nem satisfeito por ações, porque o sentimento de vazio tem a ver com a discórdia vibracional entre os desejos e os hábitos crônicos dos pensamentos delas.

Oferecer pensamentos mais satisfatórios, contar uma história diferente, procurar aspectos positivos, modificar o eixo e alinhá-lo com algo que você realmente deseja fazer, procurar por elementos positivos do tipo "*E se...?*", todas essas são formas de preencher o vazio. E quando você fizer isso, uma coisa interessantíssima vai ocorrer na sua vida: as coisas que você desejava vão começar a aparecer. Mas essas coisas que você desejava irão fluir *não* para preencher o seu vazio, pois ele não existe mais. Elas irão fluir *pelo fato* de o seu vazio não existir mais.

Certamente você conseguirá reunir muitas coisas magníficas em sua experiência de vida.

Nossa mensagem não é que você pare de desejar, de possuir ou de fazer. Nossa mensagem é para você desejar, acumular e fazer tudo isso, mas a partir de um estado de felicidade.

Nem dinheiro nem pobreza trazem alegria

Jerry: Abraham, existe um ditado segundo o qual dinheiro não traz felicidade. Por outro lado, notei que a pobreza também não traz felicidade. Mesmo assim é obvio que dinheiro não é o *caminho* para a felicidade. Então, se a *ideia* de conquistar algo traz felicidade, isso significa que a *conquista* é um objetivo apropriado a ser alcançado? Como uma pessoa mantém o seu sentimento de felicidade quando a conquista de um objetivo está lhe tomando muito tempo e energia? Muitas vezes parece que há uma escalada que devemos efetuar para chegar a esse objetivo, e então existe uma pequena pausa para descanso, mas quase imediatamente outra subida tediosa aparece diante de nós, e temos de efetuar uma nova escalada até o próximo objetivo.

Como uma pessoa consegue manter todas essas escaladas em direção aos objetivos de forma jubilosa, para não ter de fazer aquele esforço, esforço, esforço, e então: "Uau! Você conseguiu!" Para depois fazer um pouco mais de esforço, esforço, esforço e: "Uau! Consegui novamente"?

Abraham: Você está correto! Dinheiro não é o caminho para a felicidade e, como você observou, a pobreza certamente também não é o caminho para a felicidade.

É muito importante lembrar que quando você oferece qualquer ação com o propósito de alcançar a felicidade está, na verdade, indo pelo caminho errado. Em vez disso, utilize a sua habilidade para focar os pensamentos e as palavras naquilo que o faz se

Atraindo dinheiro e manifestando a abundância 107

sentir cada vez melhor. Uma vez que você tenha deliberadamente alcançado o estado de felicidade, não apenas as ações maravilhosas serão mais *inspiradas*, como resultados maravilhosos aparecerão logo em seguida.

A maioria das pessoas tem a sua atenção voltada para qualquer coisa que esteja acontecendo em suas experiências em um determinado momento, o que significa que, se os resultados as agradam, elas se sentem bem, mas se não as agradam, elas se sentem mal. Só que isso é viver do jeito mais difícil. Se você tem apenas a habilidade de ver *o-que-é*, então as coisas não podem melhorar. Você precisa encontrar uma maneira de olhar para frente de forma otimista, para alcançar e perceber qualquer melhoramento que surja em sua experiência.

Quando você aprende como focar deliberadamente os pensamentos em sentimentos satisfatórios, não é tão difícil encontrar e manter a felicidade, antes mesmo de o seu objetivo ser alcançado. O sentimento de esforço que você descreveu acontece por causa da comparação contínua de onde você está em um determinado instante em relação ao objetivo que tenta alcançar. Quando você confere a sua posição o tempo todo e se foca na distância que ainda precisa ser cumprida, amplia a distância, amplia as tarefas e amplia os esforços. É por isso que você sente como se estivesse escalando uma montanha.

Quando você cuida de como está se sentindo e escolhe os pensamentos com base em como eles o fazem se sentir, você desenvolve um padrão de pensamentos baseados em boas expectativas. Então, do mesmo modo que a *Lei da Atração* responde a esses pensamentos satisfatórios, você consegue resultados igualmente satisfatórios.

Muito esforço nunca leva a um final feliz. Isso desafia a Lei. "Quando chegar lá, então estarei feliz" não é uma tendência produtiva, porque, a não ser que você esteja feliz, você não pode chegar lá. Primeiro você deve decidir ficar feliz para, só então, chegar lá.

Estou aqui para ser um criador jubiloso

Abraham: Vocês estão aqui, não como acumuladores, ou transbordadores. Estão aqui como criadores. Quando você vê o fim de um caminho, exagera no sentimento de carência entre você e aquele lugar final, e esse hábito de pensar pode não apenas desacelerar o processo de sua criação, mas também fazer parte de você indefinidamente.

Você é quem atrai sua experiência. Quando você procura aspectos positivos e se esforça para encontrar pensamentos bons, a atração positiva fará parte de você e o que você quiser virá mais rápido.

O escultor de uma obra de arte não tem a maior gratificação profissional no fim do trabalho. É o processo de criação, a ação de esculpir aquele último pedaço, que lhe dá prazer. Esta é a forma como gostaríamos de ver a sua experiência física de criação: *contínua, uma transformação prazerosa.* Quando você foca sua atenção naquilo que o faz se sentir bem e conquista um estado consistente de felicidade, está em posição de atrair mais daquilo que bem quiser.

De vez em quando as pessoas reclamam que parece injusto elas terem de se sentir felizes antes de obter as coisas que lhes trazem felicidade. Elas acreditam que, quando estão tristes, elas "precisam" que eventos alegres aconteçam, mas quando já estão felizes, tais eventos são desnecessários. Só que isso seria desafiar a *Lei da Atração*.

Você precisa encontrar um meio de sentir a essência do que deseja antes que os detalhes desse desejo cheguem até você. Em outras palavras, você deve sentir-se próspero antes de a prosperidade vir, para que ela venha em mais abundância.

Muitas vezes as pessoas nos contam que querem mais dinheiro, e quando perguntamos a elas o que elas pensam sobre o dinheiro, elas dizem quem têm uma atitude muito positiva em relação ao dinheiro. Mas, se entramos mais profundamente na ques-

Atraindo dinheiro e manifestando a abundância

tão, perguntando como elas se sentem quando vão pagar as contas, elas costumam perceber que, apesar de tentar parecer positivas sobre o assunto, elas, na verdade, estão expressando um grande sentimento de preocupação ou até mesmo de medo quando o assunto é dinheiro. Em outras palavras, sem que normalmente percebam, a maior parte dos seus pensamentos está no lado da *insuficiência*, e não no lado da *abundância*.

O poder de gastar dinheiro vibracional de forma vibracional

Abraham: Aqui está um processo que pode ajudar você de forma rápida a transferir o equilíbrio dos seus pensamentos para um lugar onde você pode começar a deixar o dinheiro correr facilmente em sua experiência: Coloque 100 dólares em seu bolso e mantenha-o com você o tempo todo. No desenrolar do seu dia, note a quantidade de coisas você poderia ter comprado com esses 100 dólares. "Eu poderia comprar isso. Eu poderia fazer aquilo."

Alguém lembrou que 100 dólares não são suficientes para comprar muitas coisas na economia atual, mas explicamos que se você gastar mentalmente esses 100 dólares mil vezes hoje, você gastou de forma vibracional 100.000 dólares. Esse tipo de foco positivo irá mudar de forma dramática o seu equilíbrio vibracional sobre o dinheiro. Esse processo de gasto vibracional irá fazer você se sentir de forma diferente sobre o dinheiro, e quando isso acontece, o seu ponto de atração se modificará, e mais dinheiro entrará em sua experiência. Esta é a *Lei*.

Alguém nos disse uma vez:

"Abraham, eu não tenho os 100 dólares, mas posso colocar um 'vale' no meu bolso."

Explicamos que isso é acabar com o processo, pois a pessoa que faz isso está andando com um *sentimento* de dívida no bolso, o que é exatamente o oposto do que ela realmente deseja. Você deseja sentir prosperidade. Então, mesmo se forem apenas 20 ou 50 dólares, ou se forem 1.000 ou 10.000 dólares que você tenha no bolso, *utilize-os efetivamente para ajudar você a perceber o quanto as coisas são boas, neste momento*. Porque reconhecendo sua prosperidade *agora*, ela se tornará maior.

A necessidade de dinheiro não vai atrair esse dinheiro

Jerry: Abraham, um dos meus maiores desapontamentos enquanto eu trabalhava para ajudar as pessoas a ter maior sucesso financeiro é que aqueles que *mais precisavam* de dinheiro eram justamente os que tinham *menos* sucesso com o que eu ensinava, enquanto os que precisavam *menos* do dinheiro tinham *mais* facilidade para alcançar o sucesso. Isso sempre me pareceu esquisito: eu achava que aqueles que precisavam mais do dinheiro iriam trabalhar mais e, em algum ponto do futuro, acabariam tendo sucesso em consegui-lo.

Abraham: Todos os que estão em uma posição de carência, não importa quanta ação ofereçam, atraem mais carência. Ou seja, o sentimento é *poderoso*, e é *mais importante* do que qualquer *ação* que eles tomem. *Toda ação tomada a partir de um lugar de carência é sempre contraprodutiva*. Aqueles que não sentiam necessidade não estavam em um lugar de carência, e por isso as suas ações foram produtivas. Suas experiências estavam em absoluta harmonia com a *Lei da Atração* — assim como em qualquer experiência. Não existe um único pedaço de prova contrária ao que estamos falando, em todo o Universo.

Jerry: Outra coisa que notei que quase sempre acontecia era o seguinte: aqueles que não conseguiam muito sucesso ou não eram

Atraindo dinheiro e manifestando a abundância **111**

muito interessados em ouvir sobre como alcançar o sucesso, eram pessoas que aprenderam desde criança que desejar dinheiro é maléfico ou imoral, e a melhor coisa para elas fazerem era se manter como estavam, mesmo que não tivessem tudo o que gostariam de ter.

Abraham: A razão para que muitos tenham atingido um lugar onde não desejam mais é que eles já desejaram, desejaram e desejaram. Não entenderam que toda questão se divide em duas partes e deram mais atenção à falta do que queriam ao que, de fato, queriam. Então, continuaram a atrair a carência do que desejavam. E então, eventualmente, eles se esgotaram. Quando uma pessoa começa a relacionar o desejo com o que não tem, desejar não é mais uma atitude prazerosa, e ele ou ela dizem "não vou mais desejar nada porque sempre que desejo fico nessa situação de desconforto, então é mais fácil eu parar de desejar de uma vez por todas".

E se um "pobre" não se sentir pobre?

Jerry: Se as outras pessoas que estão reparando em você e estão comparando você com elas chegarem à conclusão de que você é pobre mas não se *sente pobre*, neste caso você não estaria em um estado de carência de alguma coisa e, portanto, seria capaz de se mover com rapidez na direção de obter mais abundância, correto?

Abraham: Correto. A avaliação dos outros não tem influência sobre o seu ponto de atração, a não ser que você se incomode com a opinião deles. Comparar a sua experiência com a dos outros pode amplificar um sentimento de perda dentro de você, caso você chegue à conclusão que eles alcançaram mais sucesso do que você, pois nesse caso você ativa dentro de si mesmo uma sensação de ser "menos do que fulano ou sicrano". Do mesmo modo, reparar na falta de prosperidade das experiências de vida dos outros também não o colocará em uma posição de atrair mais prosperidade para você, pois você já receberá aquilo que tem em mente.

O que você atrai para si mesmo (ou mantém longe de si mesmo) não tem nada a ver com o que as outras pessoas estão fazendo.

Um sentimento de prosperidade aumentada, mesmo que a sua realidade atual não justifique tal sentimento, sempre lhe trará mais prosperidade. Prestar mais atenção à maneira como você sente a respeito de dinheiro é uma atividade muito mais produtiva do que reparar em como os outros estão se saindo.

Permitir que mais dinheiro flua para a sua vida requer muito menos do que a maioria das pessoas imagina. Tudo o que se exige é que você alcance o equilíbrio vibracional dos próprios pensamentos. Se você deseja mais dinheiro, mas duvida que possa alcançá-lo, você não está em equilíbrio. Se você deseja mais dinheiro, mas acredita que há algo de errado em ter muito dinheiro, você não está em equilíbrio. Se você deseja mais dinheiro, mas tem raiva dos que possuem mais dinheiro, você não está em equilíbrio. Quando você sente tais emoções de inadequação, insegurança, ciúme, injustiça, raiva e assim por diante, o seu *Sistema de Orientação Emocional* mostra que você está em desalinho com o próprio desejo.

A maioria das pessoas não desempenha esforço algum para entrar em alinhamento quando o assunto é dinheiro. Em vez disso, essas pessoas passam anos de suas vidas e, às vezes, a vida inteira, apontando ou percebendo injustiças, tentando definir o certo ou o errado nesse assunto, e até mesmo tentando criar leis a fim de orquestrar o fluxo de dinheiro na civilização. No entanto, um esforço muito menor, quando comparado com a tentativa impos-

Atraindo dinheiro e manifestando a abundância **113**

sível de controlar todas essas circunstâncias externas, lhes proporcionaria um retorno enorme.

Nada é mais importante do que você se sentir bem, pois, quando você se sente bem, automaticamente se coloca em harmonia com o seu objetivo maior.

Muita gente acredita que trabalhar duro e lutar dia a dia não são apenas a única exigência para se alcançar o sucesso, mas também formas mais honradas de alguém ganhar a vida. Esses tempos duros de luta certamente ajudam muito na definição daquilo que você deseja, mas até você se libertar dos sentimentos de luta, aquilo que você deseja não poderá se manifestar na sua experiência de vida.

Muitas vezes as pessoas se sentem como se precisassem provar o seu valor e acham que, conseguindo isso, só então as recompensas lhes serão dadas. Nós, porém, queremos que você entenda que já possui um valor intrínseco e que se mostrar mais valoroso é não apenas impossível como também desnecessário. O que é realmente necessário para receber as recompensas ou os benefícios que você busca é se alinhar com a essência desses benefícios. Antes de qualquer coisa, você precisa se colocar em alinhamento vibracional com as experiências que deseja vivenciar.

Reconhecemos que simples palavras não ensinam e que o nosso conhecimento relacionado às *Leis do Universo* e ao seu valor não significa, necessariamente, que agora que você leu as nossas palavras conhecerá o próprio valor. Entretanto, ao considerar as premissas que estamos colocando para você aqui, e ao dar início à aplicação dos processos que estamos sugerindo, sabemos que a resposta do Universo à sua vibração melhorada lhe provará a existência dessas *Leis*.

Não levará muito tempo nem será necessária uma excessiva aplicação deliberada do que você está lendo aqui antes de você se dar conta e se convencer da sua habilidade de criar qualquer coisa que deseje. A principal razão para as pessoas não acreditarem em seu próprio valor é que elas, muitas vezes, não conseguiram achar um meio de obter o que desejam e então, de forma incorreta, assumem que alguém de fora não as aprova e esse alguém está, de certo modo, retendo a sua recompensa. Isso nunca é verdade. Você é o criador de sua própria experiência.

Faça declarações do tipo:

Quero ser o melhor que conseguir ser. Quero fazer, ter e viver de forma que esteja em harmonia com a minha ideia de bem maior. Quero me harmonizar fisicamente aqui neste corpo com o que eu acredito que seja a forma certa ou melhor de viver.

Se você fizer tais declarações e não tomar nenhuma atitude que não lhe traga Bem-estar, certamente estará se movendo continuamente em harmonia com a sua ideia do que é bom.

Qual é a minha história de "abundância financeira"?

Abraham: A crença em uma determinada carência é o motivo de muitas pessoas não permitirem a si mesmas a abundância financeira que tanto desejam. Quando você crê que existe uma quantidade finita de abundância e ela não é suficiente para suprir os que estão em volta e, por causa disso, sente injustiça quando uns têm mais que outros, acreditando que pelo fato de eles terem tanto, outros estão despojados dela, você mesmo está se mantendo longe da abundância. Não é o fato de o outro ter alcançado o sucesso que é o responsável pelo seu insucesso na obtenção daquilo, e sim a comparação negativa e a atenção que você dedica à *falta* do que deseja. Quando você sente a emoção negativa que surge ao acusar outros de serem injustos, de esbanjar riquezas ou de acumulá-las — ou simplesmente acredita que não existe o bastante por aí — se coloca na posição de negar a sua própria possibilidade de melhorar de condição.

O que outra pessoa possui ou não possui não tem nada a ver com você. A única coisa que afeta a sua experiência é a forma como você utiliza a sua Energia Não-Física nos seus pensamentos. A sua abundância ou a falta dela na sua vida não tem nada a ver com o que outra pessoa está fazendo ou tendo. Tem a ver unicamente com a sua perspectiva. Tem a ver unicamente com a sua emissão de pensamento. Se você quer que a sua sorte mude, deve começar a contar uma história diferente.

Muitas pessoas criticam os que vivem bem, os que vivem em abundância, os que acumulam terras, dinheiro e coisas, e essa crítica é sintomática dos seus próprios hábitos de carência. Eles querem se sentir melhor, criticando os que vivem bem de maneira incidente, limitando os seus objetivos — mas nunca se sentirão melhor, porque a atenção que dedicam à carência perpetua a própria carência em todo lugar para onde olhem. Eles não se sentiriam desconfortáveis em ver a realização de outra pessoa se esse desejo pela mesma realização também não estivesse presente neles próprios. E essa crítica que mantêm muitas vezes viva dentro de si serve unicamente para mantê-los na discórdia vibracional em relação ao que querem.

Em outras palavras, se alguém telefonasse para você e lhe dissesse: "Alô, você não me conhece, mas eu estou lhe telefonando para dizer que nunca mais tornarei a ligar", você não se sentiria negativo a respeito da ausência da pessoa que ligou na sua vida, porque a presença dele ou dela não era algo que você desejasse, para começo de conversa. Mas se alguém com quem você se importa lhe telefonasse para dizer isso, você sentiria uma fortíssima emoção negativa, porque o seu desejo e a sua crença estariam em campos opostos.

Quando você sente uma emoção negativa a respeito de algo, isso sempre significa que você possui um desejo que nasceu a partir da experiência de vida pessoal à qual você está, agora mesmo, fazendo oposição com outros pensamentos.

116   Dinheiro atrai dinheiro

A discórdia vibracional é sempre a razão para as emoções nega-tivas. E as emoções negativas são sempre um guia para ajudá-lo a redirecionar seus pensamentos e encontrar alinhamento vibracional com quem-você-realmente-é *e com seus desejos atuais.*

E quando os pobres criticam os ricos?

Jerry: Quando eu era criança convivia basicamente com pessoas po-bres, e nós costumávamos fazer pouco dos que eram ricos — criticá-vamos as pessoas que dirigiam carros de luxo, por exemplo. Depois, ao me tornar adulto, em uma época em que gostaria de possuir um Cadillac, não conseguia me convencer a dirigir ou a comprar um, pois achava que as pessoas fariam pouco de mim, como eu tinha feito dos ricos no passado. Então eu dirigia um Mercedes porque, tempos atrás, as pessoas achavam que eles eram carros "econômicos".

A única forma de eu conseguir me convencer a comprar um Cadillac, o que acabei fazendo, foi formar uma ponte com os meus pensamentos, dizendo a mim mesmo:

"Bem, ao comprar este carro estou dando trabalho a todas as pessoas que o construíram. Estou criando empregos para todas as pessoas que forneceram as peças e materiais — o couro, o metal, os vidros — e também os artífices e assim por diante..."

Com essa justificativa, fui capaz de comprar o carro. Portanto, de algum modo eu descobri um processo para servir de ponte aos meus pensamentos, e isso me ajudou a trazer aquele símbolo de sucesso para a minha experiência de vida.

Abraham: Esse seu processo de formar pontes com pensamen-tos é muito eficiente. Quando você quer se sentir bem e insiste gradualmente em alcançar pensamentos que o levarão a se sentir cada vez melhor, está se colocando em alinhamento com o seu

Atraindo dinheiro e manifestando a abundância

desejo e, por conseguinte, se livra da resistência que o impede de alcançar condições melhores.

Focar a atenção nas opiniões negativas dos outros nunca é produtivo, pois isso sempre provoca discórdia dentro de você, o que também impede a sua condição de melhorar. Sempre haverá pessoas que discordam de você, e voltar a atenção para elas provocará um contínuo desacordo vibracional com seus próprios desejos. Ouça o seu Sistema de Orientação — preste sempre atenção a como você está se sentindo — a fim de determinar a adequabilidade dos seus desejos e comportamentos.

Sempre haverá alguém, não importa de que lado você esteja ou que assunto escolha, que não se harmoniza com você. É por isso que falamos com tanta firmeza e acentuamos tantas vezes este ponto: o seu esforço maior é encontrar harmonia com quem *você--realmente-é*. Se você confiar em si mesmo — se acreditar que por meio de tudo o que você viveu já atingiu uma plataforma de conhecimento sólido, e puder confiar na forma como você sente como uma espécie de Guia sobre a adequação ou inadequação do que pretende fazer, então você estará utilizando o seu *Sistema de Orientação* do jeito para o qual ele foi idealizado.

E se o nosso dinheiro perder valor?

Jerry: Abraham, no passado, o nosso dinheiro consistia basicamente de moedas — um metal que tinha um valor próprio, por si mesmo. Como no caso das moedas de 20 dólares, onde o ouro que havia ali valia 20 dólares. A prata nas moedas de prata também tinha o mesmo valor de face que vinha escrito na moeda. Era muito simples compreender o valor das moedas. Mas agora o nosso dinheiro, por si mesmo, não tem valor real algum; o papel e as moedas são essencialmente inúteis.

Eu sempre apreciei muito a conveniência do dinheiro como forma de troca por mercadorias, talentos e serviços, em vez de trocarmos uma galinha por um litro de leite ou por uma cesta de batatas. Agora, porém, que o nosso dinheiro está sendo desvalorizado artificialmente, está se tornando cada vez mais difícil compreender realmente o valor de um dólar. Em outras palavras, isso me faz lembrar a busca pelo meu próprio valor: "Quanto valem os meus talentos? Quanto eu deveria exigir em troca do meu tempo e da minha energia ao executar um trabalho?" Agora eu estou aprendendo, através de você, que não devemos considerar o nosso valor desse modo. Temos de considerar o que queremos para então nos permitirmos alcançá-lo.

Tenho consciência de que muitas pessoas se sentem inseguras a respeito do seu futuro financeiro porque acreditam que não têm controle sobre o que possa acontecer ao valor do dólar — é sempre um punhado de pessoas que controla e manipula isso. Muita gente também se preocupa com o fato de que vai haver mais inflação, ou até mesmo se haverá outra depressão. Eu gostaria que as pessoas compreendessem as coisas que você está nos ensinando a respeito da *Lei da Atração*, para que essas pessoas não se preocupem tanto com coisas que estão fora do seu controle, como o valor do dólar, por exemplo.

Abraham: Você tocou aqui em um ponto essencial com relação à questão do dinheiro, e você tem razão: muita gente reconhece que os dólares de hoje não valem tanto quanto valiam no passado. Essa é uma posição de perda e carência sobre a qual elas muitas vezes se posicionam com tanta firmeza que isso as impede de atrair a abundância que pertence a elas.

Queremos que vocês compreendam que o dólar e o valor que lhe é designado não são tão importantes para a sua experiência quanto vocês acreditam, e que vocês poderiam direcionar a sua atenção sobre o que desejam em termos de *ser*, e depois de *possuir* e então de *fazer*, para que todo o dinheiro, ou os outros meios que venham a lhes trazer o que vocês querem, possam então fluir com facilidade e sem grandes esforços para a sua experiência de vida.

Sempre voltamos à mesma terminologia:

A partir da sua posição de carência, você não pode atrair o oposto dela. Assim, basta apenas ajustar a mente para que os seus pensamentos se harmonizem com o que você sente de bom dentro do peito.

Todo pensamento que você emite vibra, e é por meio dessa vibração que você atrai tudo. Se você emite um pensamento de perda ou de falta de algo, esse pensamento vibra em um lugar que é tão distante do que seu *Ser Interior* conhece que ele não consegue ressoar com tal pensamento, de forma alguma — e o sentimento resultante dentro de você é o de emoção negativa. Quando, por outro lado, você emite pensamentos elevados, de abundância ou de Bem-estar, tais pensamentos se harmonizam com o que o seu *Ser Interior* reconhece como real. E, sob essas condições, você se preenche com um sentimento de emoção positiva.

Você pode confiar cegamente no que sente como indicador de que lado da questão (sempre há dois lados) você está posicionado.

Seja uma questão de dinheiro ou falta dele, de saúde ou falta dela, de um relacionamento ou falta dele, sempre que você se sentir bem, estará na posição de atrair aquilo que deseja.

Como reverter uma espiral descendente?

Jerry: Quando eu via pessoas passando por problemas financeiros eu costumava me preocupar muito com elas. Eu as observava descendo em sua espiral de perdas, descendo, descendo cada vez mais, até que finalmente elas quebravam e abriam falência. Mas logo depois, num curto período de tempo, elas já estavam novamente com um barco novo, um carro luxuoso zero quilômetro e outra casa linda. Ou seja, nenhuma das pessoas que eu acompanhava parecia permanecer no fundo por muito tempo. Mas por que elas não conseguiram parar a espiral descendente em algum ponto antes do fundo do poço, a fim de começar a retomada mais cedo? Por que razão tantas dessas pessoas precisavam ir até o fundo antes de se levantar e começar a subir novamente?

Abraham: O motivo de qualquer espiral descendente é o foco da atenção na perda. Em seu medo de perder alguma coisa e ao direcionar a atenção às coisas que estavam perdendo, essas pessoas estavam focadas na falta do que queriam; quanto mais o seu foco de atenção na perda se intensificava, mais elas perdiam e só mais perdas atraíam. À medida que elas se colocavam em guarda, ou na defensiva, ou à medida que começavam a justificar, racionalizar ou culpar, continuavam no lado de perda da equação, e só mais perdas poderiam advir dessa experiência.

No entanto, assim que atingiam o fundo do poço, já não estavam mais em posição de salvaguardar nada, pois não havia mais nada a perder. Então a sua atenção mudava e a sua vibração também mudava — fazendo com o que o seu ponto de atração também se modificasse. Atingir o que elas consideravam o fundo do poço as obrigou a olhar para cima. Podemos dizer que isso as forçou a dar início a uma história diferente.

Sua experiência de vida o levou a pedir muitas coisas maravilhosas que estão chegando à sua vida, mas a sua preocupação, dúvida, medo, ressentimento, culpa, ciúme (ou qualquer outra emoção negativa) indicavam que os pensamentos predominantes que você emitia estavam mantendo essas coisas distante. Era como se você as tivesse trazido até diante da sua porta, mas a porta estivesse fechada. À medida que você começa a contar uma história

Atraindo dinheiro e manifestando a abundância **121**

diferente das coisas que poderia comprar com uma nota de 100 dólares, por exemplo; à medida que você relaxa e foca mais nos aspectos positivos da vida; à medida que você escolhe deliberadamente sentir-se bem, agitando o lado positivo do seu bastão vibracional, essa porta se abrirá e você será inundado pelas manifestações de todas as coisas, experiências e relacionamentos.

Uma guerra contra a guerra também é uma guerra

Abraham: Reconhecer que você é o criador da sua própria experiência e aprender a deliberadamente fazer isso direcionando os seus pensamentos representa um grande ajuste para a maioria das pessoas, porque quase todas elas acreditam que podem *fazer* as coisas acontecerem através da *ação*. Você não apenas foi levado a acreditar, erroneamente, que é a ação que faz as coisas acontecerem como também acreditou que se aplicar pressão nas coisas indesejadas elas desaparecerão da sua vida. É por isso que as pessoas empreendem a "guerra contra a pobreza", a "guerra contra as drogas", a "guerra contra a aids" e a "guerra contra o terrorismo".

E embora você possa acreditar que lutar contra essas coisas indesejadas fará com que elas desapareçam da sua vida, não é assim que as *Leis do Universo* funcionam, e também não é essa a prova da sua experiência, pois todas essas guerras estão se tornando cada vez maiores.

A atenção à falta do que se deseja faz com que todas essas coisas indesejáveis aumentem e cheguem mais perto de você, do mesmo modo que focar a atenção sobre as coisas que são desejadas as faz aumentar de tamanho e chegar mais perto de você.

Quando você relaxa e entra em seu estado natural de Bem-estar; quando você faz afirmações do tipo: "Busco abundância e confio nas *Leis do Universo* — já identifiquei as coisas que desejo

122   Dinheiro atrai dinheiro

e agora vou relaxar e permitir que elas surjam na minha vida", mais daquilo que você deseja acaba surgindo. Se a sua situação financeira lhe parece uma luta constante, você está afastando o seu Bem-estar financeiro para longe, cada vez mais para longe, mas quando você começa a se sentir leve e tranquilo em relação ao dinheiro, você permite que mais abundância flua para a sua experiência de vida. Não há mistério, é simples assim.

Portanto, quando você observa outros se sobressaindo em relação ao dinheiro que atraem e sente uma emoção negativa com relação a esse fato, isto é um sinal de que o seu pensamento atual não está permitindo que a abundância que você deseja seja precipitada em sua experiência de vida.

Quando você se percebe criticando uma pessoa quanto à forma pela qual ela tenha atraído ou esteja usando o dinheiro, você está afastando o dinheiro de si mesmo. Mas quando você percebe que o que os outros fazem com o próprio dinheiro não tem nada a ver com você, e que a sua tarefa principal é pensar, falar e fazer o que lhe faz bem, então você se colocará em alinhamento não apenas com a questão do dinheiro, mas também com todas as outras questões relacionadas com a sua experiência física.

Podemos ser bem-sucedidos sem ter talento?

Jerry: Que importância têm o talento, as capacidades pessoais e as habilidades para trazer abundância ou dinheiro para as nossas vidas?

Abraham: Muito pouca. Tudo o que você citou são basicamente *ações*, e a sua *ação* é responsável por uma parcela minúscula do que chega a você. Seus *pensamentos* e *palavras* (palavras são *pensamentos* articulados) são a razão de ser da sua vida enquanto ela acontece.

Atraindo dinheiro e manifestando a abundância 123

Jerry: Então você diria que até mesmo as pessoas sem habilidades nem talentos negociáveis podem receber toda a abundância financeira que desejam para suas vidas?

Abraham: Certamente que sim, a não ser que, ao se compararem com os outros (e concluírem que não possuem talentos nem habilidades negociáveis), elas se sintam diminuídas e, a partir disso, destruam sua vida com as próprias expectativas negativas.

A habilidade mais valiosa que uma pessoa pode desenvolver na vida é a capacidade de direcionar os pensamentos na direção do que ela deseja — ter a aptidão de avaliar com presteza todas as situações e então, de forma rápida, chegar à conclusão do que elas mais querem para assim dedicarem sua atenção unicamente a isso. Saber direcionar os próprios pensamentos é uma habilidade fabulosa que trará resultados que não podem ser comparados aos que são obtidos por meras ações.

Podemos conseguir algo sem dar nada em troca?

Jerry: Como é que as pessoas podem deixar de lado a crença de que devem *dar* um dólar, ou algo nesse valor a fim de *conseguir* alguma coisa que tenha o mesmo valor?

Abraham: O seu conhecimento de todas as coisas surge unicamente através da experiência de vida, mas essa experiência de vida surge como resultado dos pensamentos que você emite. Assim, apesar de você desejar alguma coisa há muito tempo, se os seus pensamentos estão focados na ausência de tal coisa, pode ser que ela jamais chegue para você. Assim, por essa experiência pessoal você chegará à conclusão de que isso *não é* possível, ou que *é* uma eterna luta. Em outras palavras, você chega a muitas conclusões válidas a respeito de coisas serem difíceis quando levou uma vida difícil.

Nosso desejo é ajudar você a compreender o que está no centro dessa sua luta autocriada. Queremos ajudar você a partir de uma premissa diferente e compreender as *Leis* e a base de todas as coisas. Uma nova compreensão das *Leis do Universo* e uma determinação forte para começar a contar uma história diferente lhes trarão resultados também diferentes, e esses resultados diferentes lhe proporcionarão crenças ou conhecimentos novos.

Você é o único que pode avaliar a eficácia disso. Ninguém mais possui a habilidade de discernir onde você está em relação ao ponto onde deseja estar, e mais ninguém pode decidir onde você deveria estar, só você.

Eles querem uma sorte do tipo "ganhar na loteria"

Jerry: Muitas pessoas vivem à espera de que algum inesperado golpe de sorte surja em suas vidas, que isso os liberte das dívidas e os livre de trabalhar em algo que eles não apreciam ou os liberte de um trabalho que realizam unicamente para ganhar dinheiro. A coisa que eu ouço com mais frequência é que eles querem ganhar na loteria para obter abundância em troca de alguém que perderá a sua.

Abraham: Se as *expectativas* das pessoas estivessem em um lugar que lhes permitisse alcançar isso, então a loteria seria uma forma de o dinheiro vir a elas. Mas todos sabem o quanto são pequenas as chances de isso acontecer e, portanto, a sua *expectativa* de ganhar na loteria não é nem um pouco poderosa.

Jerry: Então, o que a *esperança* de *ganhar* tem a ver com a *expectativa* de *ganhar*?

Atraindo dinheiro e manifestando a abundância   125

Abraham: Do mesmo modo que *ter esperança* é mais produtivo do que ter *dúvidas*, criar *expectativas* é muito mais produtivo do que simplesmente *esperar*.

Jerry: Então, como é que as pessoas podem começar a esperar algo que a sua experiência de vida ainda não lhes trouxe? Como você pode ter expectativa do que você ainda não vivenciou?

Abraham: Você não precisa ter dinheiro para atrair dinheiro, mas você não pode *se sentir pobre* e atrair dinheiro. A chave é que você precisa encontrar meios de melhorar a sua forma de sentir bem no início, a partir do lugar onde você está, antes de as coisas começarem a mudar.

Ao diminuir a atenção que você dedica às coisas que dão errado e ao começar a contar histórias que tendem mais na direção do que você quer em vez de na direção do que você tem, a sua vibração vai mudar, o seu ponto de atração vai mudar e você obterá resultados diferentes. Em um curto período de tempo, devido aos diferentes resultados que você conquistará, você obterá crenças ou conhecimentos sobre abundância que vão perpetuar e atrair mais do mesmo, com facilidade. As pessoas costumam dizer: "Os ricos ficam cada vez mais ricos e os pobres cada vez mais pobres" e essa é a razão de isso acontecer.

Busque motivos para se sentir bem, identifique as coisas que você quer e mantenha seus pensamentos em um lugar que pareça bom.

Viver em abundância não é "mágica"

Abraham: Conforme nós explicamos, a partir da nossa perspectiva da natureza abundante do seu Universo e do potencial para a abundância que estão sempre disponíveis para você, entendemos perfeitamente que o *nosso* conhecimento não se torna o *seu* conhecimento simplesmente por você ter lido ou ouvido as nossas palavras. Se fôssemos pedir para você confiar no que dizemos ou aconselhássemos você a "simplesmente tentar" compreender tudo isso, você não poderia adotar essa compreensão como uma experiência própria — pois é somente a sua própria experiência de vida que pode lhe trazer o conhecimento.

As crenças que você mantém como resultado da própria experiência são muito fortes. Nós sabemos que você não pode se libertar delas de imediato e substituí-las por outras, embora saibamos que existem outras crenças que você pode abraçar e que lhe serão muito mais produtivas. Mas existe algo que podemos fazer a partir de hoje e que fará uma gigantesca diferença na forma como a sua vida se desdobrará. E isso não exigirá uma libertação imediata das crenças que você atualmente mantém:

Comece a contar uma história mais positiva, uma história mais agradável a respeito da sua vida e das coisas que são importantes para você.

Não escreva a sua história como um documento factual, pesando todos os prós e os contras da sua experiência. Em vez disso, conte a inspiradora, imaginária e mágica história das maravilhas da sua vida atual e observe o que acontece. Vai parecer um passe de mágica, pois a sua vida começará a se transformar diante dos seus olhos, mas isso não acontecerá por mágica. Acontecerá pelo poder das *Leis do Universo* e do seu alinhamento vibracional deliberado com essas *Leis*.

Trocar liberdade por dinheiro?

Jerry: Bem, eu sei que nós demos a este livro o título de *Dinheiro atrai dinheiro*, mas na verdade nós estamos tratando mais, aqui, de atrair *abundância* para todas as áreas das nossas vidas. Desde a

Atraindo dinheiro e manifestando a abundância   127

minha infância, aqui nos Estados Unidos, vejo que estamos lutando constantemente contra o crime. E existe muito mais crime agora do que quando eu era criança. Li recentemente que o nosso país possui uma porcentagem da população em presídios que é maior do que a de qualquer outro país no chamado mundo "livre".

Temos lutado contra as doenças e, no entanto, existem mais hospitais, e mais pessoas doentes do que nunca. Existe muito mais sofrimento físico nesta nação, em termos percentuais, do que eu jamais vi em toda a minha vida.

Estamos lutando contra a guerra em nossa busca por um mundo de paz, mas mesmo assim parece que foi ontem que todo mundo, empolgado, comemorava, dizendo: "Não é maravilhoso que [com a queda do muro de Berlim] nós possamos finalmente ter paz?" Mal tínhamos acabado de respirar e entramos em outra série de guerras, e agora *estamos* colocando ainda mais muros em torno dos Estados Unidos.

Também ouço falar muito de abusos contra crianças e maus tratos a outras pessoas. No entanto, quanto mais aumenta a luta contra o abuso infantil, mais eu ouço falar de crianças que sofrem tais abusos.

Parece que tudo aquilo que estamos tentando fazer para colocar um ponto final nas coisas ruins não está funcionando. Mas a área em que este país continua seguindo na direção positiva é a da abundância. Temos tanta comida e dinheiro que somos capazes de doar ao mundo um pouco do nosso excesso de abundância. Hoje em dia eu vejo mais coisas materiais nas mãos de mais pessoas neste país do que quando eu era criança, então certamente estão acontecendo muitas mudanças positivas nessa área.

O problema é que muitas pessoas, na sua busca por abundância financeira, parecem estar perdendo um pouco da liberdade pessoal, como se a estivessem oferecendo como troca pelo dinheiro conseguido. Em alguns momentos, parece que há muita gente com mais tempo sobrando, mas essas pessoas têm tão pouco dinheiro que não conseguem aproveitar o tempo livre. E há também os que têm mais dinheiro, mas pouco tempo para usufruir dele. Raramente eu encontro alguém que tem dinheiro em abundância e tempo para gozá-lo. Abraham, você poderia fazer alguns comentários a respeito dessas minhas observações?

Abraham: Não importa se você está focando a sua atenção na falta de dinheiro ou na falta de tempo, a verdade é que você continua focado na falta de alguma coisa que deseja e, portanto, se mantém em uma posição de resistência às coisas que realmente quer. Não importa se a sua emoção negativa é provocada pelo sentimento de falta de tempo ou se ela surge em resposta ao sentimento de falta de dinheiro. O fato é que você continua sentindo essa emoção negativa e continua no estado de resistência. Portanto, está mantendo longe o que realmente quer.

À medida que você sente que não tem tempo suficiente para realizar todas as coisas que precisa ou quer realizar, a sua atenção a essa falta provoca um impacto negativo muito maior do que você imagina.

O sentimento de estar sobrecarregado é o indicador claro de que você está negando a si mesmo o acesso às ideias, aos encontros, às condições e a todas as formas de cooperação que poderiam lhe ser úteis, se você não os estivesse rejeitando. Trata-se de um ciclo extremamente desconfortável, onde você sente uma diminuição de tempo, foca a atenção na agenda sobrecarregada e se sente igualmente soterrado — e durante todo esse processo você oferece uma vibração que torna qualquer melhora impossível.

Você precisa começar a contar uma história diferente, pois não pode simplesmente continuar a comentar e reclamar sobre o quanto precisa fazer, pois a ajuda permanecerá distante. Existe um Universo disposto a cooperar, e ele está ao alcance da sua mão, pronto

Atraindo dinheiro e manifestando a abundância   **129**

e capacitado a ajudar você de mais formas do que lhe é possível imaginar, mas você sistematicamente nega a si mesmo esse benefício sempre que reclama da própria sobrecarga e do muito que tem a fazer pela frente.

Quando você sente que não tem dinheiro suficiente, a sua atenção a essa suposta falta de dinheiro desloca as vias que poderiam lhe trazer mais dinheiro — você não pode olhar para o oposto do que quer e obter o que deseja. Você precisa começar a contar uma história diferente para si mesmo. Precisa descobrir um modo de criar um sentimento de abundância *antes* de a abundância chegar.

À medida que você começar a se sentir mais livre em relação aos seus gastos de tempo e de dinheiro, pessoas aparecerão para ajudá-lo, ideias novas e interessantes lhe chegarão à cabeça, e as circunstâncias e eventos vão se desdobrar de forma positiva. Quando você modifica a sua maneira de sentir, acessa a Energia que cria mundos. Ela está lá, pronta para ser acessada a qualquer tempo.

Sentindo-se negativo em relação ao dinheiro ou ao câncer?

Jerry: Então, qual é a diferença entre uma pessoa ter sentimentos negativos a respeito do dinheiro e, devido a isso, não obtê-lo e essa mesma pessoa dizer: "*Não quero* ter câncer", mas acabar desenvolvendo a doença?

Abraham: A coisa funciona da seguinte forma: você consegue a essência daquilo que pensa. Portanto, se você está pensando na *falta de saúde*, tudo o que vai conseguir é *falta de saúde*. Quando você pensa em falta de dinheiro, tudo o que consegue é falta de dinheiro. Dá para reconhecer, pela sua maneira de *sentir*, se você está emitindo pensamentos que atraem os aspectos positivos ou os aspectos negativos da questão.

O Universo não escuta a palavra *não*. Quando você diz: *"Não, eu não quero a doença"*, a atenção dedicada à questão da doença é a que prevalece e você está dizendo, na verdade: *"Sim, traga para mim esta coisa que eu não quero"*.

Qualquer coisa à qual você dedique a sua atenção representa um convite à essência dela. Quando você diz: *"Eu quero dinheiro, mas ele não virá"*, a sua atenção está voltada para a ausência dele, e isto é o mesmo que dizer: *"Venha para mim, ausência do dinheiro, que eu não quero"*.

Quando você está pensando no dinheiro de um jeito que o fará vir para você, sempre se sente bem. Quando você pensa no dinheiro de um jeito que evita que ele chegue, você sempre se sente mal. Esse é o melhor modo de descobrir a diferença.

Então você deve estar se perguntando: "Se eu posso ter câncer focando a atenção na falta de saúde, então por que não poderia ganhar dinheiro focando na falta dele?" O recebimento do dinheiro, *que você realmente quer*, é a mesma coisa que o recebimento da saúde, que também é o que você *realmente quer*. O recebimento do câncer, que é uma coisa que *você não quer*, é o mesmo que o recebimento de nenhum dinheiro, que também é o que você *não quer*.

Certifique-se sempre que os pensamentos que você emite, quaisquer que sejam eles, ou as palavras que você pronuncia, quaisquer que sejam elas, surjam a partir da sua emoção positiva, pois então você estará no ponto de atrair o que *realmente quer*. Quando a emoção negativa está presente, você se coloca no ponto de atrair algo que *não quer*.

Ele não lutou para conseguir dinheiro?

[O que se segue é o exemplo de uma pergunta feita por uma pessoa da plateia em um dos seminários Abraham-Hicks]

Atraindo dinheiro e manifestando a abundância

Pergunta: Tenho uma amiga que basicamente sustentou o marido por quase dez anos. Ela trabalhava muito e cuidava dele durante todo esse tempo, muitas vezes lutando para conseguir dinheiro suficiente para manter o padrão de vida de ambos. Por fim, ela se cansou da falta de disposição do marido para trabalhar e contribuir financeiramente para a manutenção da casa, e eles se separaram. O marido, que nunca demonstrou muita importância ao dinheiro, acabou de receber uma herança de mais de um milhão de dólares e não quer dar uma parte desse dinheiro para a ex-esposa (minha amiga) que o sustentou por tantos anos.

Não me parece justo que ela, que se preocupava tanto com o dinheiro e sempre trabalhou muito, tenha recebido tão pouco enquanto ele, que nunca trabalhou e parecia não se importar com dinheiro, tenha herdado mais de um milhão de dólares. Como é que pode?

Abraham [durante todo o resto deste capítulo, é Abraham que está falando]: Para quem conhece a *Lei da Atração* como nós conhecemos, essa história faz muito sentido. Essa sua amiga trabalhou com vontade, mas se sentia muito ressentida e vivia focada na falta do dinheiro — e o Universo lhe forneceu trabalho duro, ressentimento e falta de dinheiro, o que combinava com seus *sentimentos* à perfeição. O marido dela, por sua vez, ficava à vontade, se recusava a sentir culpa por aquela situação e esperava que as coisas lhe chegassem às mãos de forma fácil — e o Universo lhe forneceu *precisamente* isso.

Muita gente acredita que precisa trabalhar duro, com muita garra, lutar pelas coisas, pagar um preço alto por tudo que obtêm e sentir dor, e é isso o que vão conseguir em troca da sua luta — mas isso não é incompatível com as *Leis do Universo*:

Você não pode esperar um final feliz para uma jornada infeliz. Isso seria um desafio à Lei.

Não existe um único traço de prova que desminta a *Lei da Atração*. Você teve o benefício de conhecer essas duas pessoas, observar as suas atitudes e constatar os resultados: uma delas lutou, trabalhou duro, fez exatamente o que a sociedade lhe ensinou e não conseguiu o que queria. O outro se recusou a lutar, insistiu no sossego, na vida boa e foi o recipiente dos recursos que apoiam o sossego e a vida boa.

Muitos dirão: "Pode ser que isso seja consistente com as *Leis do Universo*, mas não é certo", mas queremos que você entenda que no momento em que você entrar em sintonia com essa *Lei* poderosa compreenderá a justiça absoluta que há nela.

Uma vez que você tem controle absoluto sobre o que oferece, o que seria mais justo do que o Universo lhe trazer exatamente o que você emitiu com as suas vibrações? O que poderia ser mais justo do que a poderosa *Lei da Atração* respondendo em igualdade de condições a quem oferece uma determinada vibração? Quando você adquirir controle sobre os pensamentos que emite, o seu sentido de justiça vai se aquietar e será substituído pela exuberância da vida e pelo entusiasmo de criar as coisas para as quais você nasceu.

Permita que tudo em sua vida seja um exemplo da forma como as Leis do Universo trabalham.

Se você acredita piamente que deve trabalhar muito e deve trabalhar duro a fim de merecer o dinheiro que receberá, então esse dinheiro não virá a não ser que você trabalhe duro. Mas o dinheiro que vem em resposta a uma ação física é muito pequeno em comparação com o que surge por meio do alinhamento dos pensamentos. Certamente você já reparou na enorme disparidade entre algumas pessoas que aplicam esforços e ações tremendos em troca de resultados pífios, enquanto outras oferecem aparentemente pouco esforço e recebem um retorno enorme. Queremos que vocês compreendam que essa disparidade existe apenas ao compararmos o resultado com a *ação* que eles estão oferecendo

— não existe disparidade ou injustiça relativa ao *alinhamento* de Energias que estão dentro deles.

O sucesso financeiro e qualquer tipo de sucesso não exigem trabalho ou ação, e sim alinhamento de pensamento. Você simplesmente não pode emitir um pensamento negativo a respeito das coisas que deseja e então construir resultados através de ação ou do trabalho duro. Quando você aprender a direcionar seus próprios pensamentos, vai descobrir a verdadeira alavancagem do alinhamento com a Energia.

A maioria das pessoas está muito mais perto da fortuna financeira do que aparenta, mesmo se permitindo puramente desejar isso, mas no pensamento de que a riqueza virá, as pessoas, na mesma hora, começam a pensar no quanto ficarão desapontadas se ela não chegar. Desse modo, em seu pensamento de perda, não se permitem desejar ou ter a expectativa de nada magnífico em termos de dinheiro. Esse é o motivo pelo qual, na maioria das vezes, você vive experiências financeiras medíocres.

Você está certo quando pensa que "o dinheiro não é tudo". Você certamente não precisa de dinheiro para desfrutar de alegria em sua vida. Mas na nossa sociedade — onde o que as pessoas usufruem está ligado ao dinheiro de algum modo — a maioria das pessoas associa o dinheiro à liberdade. E uma vez que a liberdade é o princípio básico do Ser, alcançar o alinhamento com o dinheiro vai ajudá-lo a estabelecer uma fundação equilibrada que será de grande valor em todos os outros aspectos da sua experiência de vida.

Gastar dinheiro é confortável?

Uma forma muito comum de encarar o dinheiro nos foi trazida por uma mulher que declarou se sentir pouco à vontade quando gastava dinheiro. Ela conseguiu, ao longo do tempo, economizar uma boa quantia, mas sempre que pensava em gastar um pouco dela, sentia-se "paralisada" e "tinha medo de ir em frente".

Nós explicamos: Quando você acredita que o dinheiro está chegando para você por causa da ação que você está oferecendo e também acredita que nem sempre você será capaz de oferecer essa ação, é certamente compreensível que você queira se prender a ele e prefira gastá-lo moderadamente, a fim de fazê-lo durar. Entretanto, esse sentimento de escassez torna mais lento o fluxo de dinheiro para a sua vida.

Se você se sente pouco à vontade com a ideia de gastar dinheiro, nós não encorajamos em absoluto que você gaste dinheiro enquanto esse sentimento perdurar, porque qualquer ação gerada por uma emoção negativa é sempre prejudicial. Mas a razão do seu desconforto não é pela ação de gastar dinheiro; ele é uma indicação de que os seus pensamentos a respeito de dinheiro nesse determinado momento não estão em Correspondência Vibracional com o seu desejo.

Uma crença em escassez nunca vai funcionar em uníssono com o conhecimento mais amplo, porque não existe escassez no Universo. Qualquer atenção que você dê à falta de alguma coisa desejada vai sempre produzir emoções negativas dentro de você, porque o seu Sistema de Orientação estará lhe dizendo que você se desviou do conhecimento mais amplo sobre a abundância e o Bem-estar.

Descubra um modo de diminuir o seu *desconforto* até transformá-lo em um sentimento de esperança e, depois, em uma sensação de *expectativa* positiva; então, a partir desse patamar estável, onde você se sentirá melhor, o sentimento de "paralisia" será substituído pela *confiança* e pelo *entusiasmo*. Se você está com a atenção focada na escassez de *dinheiro*, ou se vê com um número limitado de *anos* para viver à sua frente (e, nesse caso, cada dia que passa se transforma em mais um dia em que você se aproxima do

Atraindo dinheiro e manifestando a abundância 135

fim), esse sentimento de declínio é contrário à sua compreensão mais ampla da natureza Eterna do seu Ser.

Esse processo também acontece com a respiração. Você não precisa tentar a tarefa impossível de fazer seus pulmões inspirarem ar suficiente para durar o dia todo, a semana toda ou o ano todo. Em vez disso você inspira suavemente e expira em seguida, sempre recebendo o que quer ou necessita, e sempre no momento em que quer ou necessita. Do mesmo modo, o dinheiro flui para dentro e para fora da sua vida com a mesma constância, como um inspirar e um expirar, a partir do momento em que você atinge a expectativa da Eterna abundância.

Todo o dinheiro do qual você precisa está disponível para ser recebido. O que você tem a fazer é *permitir* e *trazer* isso para a sua vida. E, à medida que o dinheiro flui para dentro, você pode permitir que ele flua, suavemente, para fora, pois do mesmo modo que o ar que nos envolve, haverá sempre mais dinheiro para fluir. Você não precisa guardar o seu dinheiro (como se estivesse prendendo a respiração, sem soltar o ar) porque desse modo não será possível entrar mais ar ou mais dinheiro. E *há* sempre mais chegando.

As pessoas às vezes protestam sobre isso ao contar os seus casos de escassez ou privação, argumentando que a "realidade" da escassez pela qual passaram, testemunharam ou sobre a qual ouviram falar é verdadeira. É claro que nós sabemos que existem muitos exemplos de pessoas que estão passando por apertos e escassez de muitas coisas que desejam. Mas queremos que vocês entendam que tais experiências de escassez não existem pelo fato de a abundância não estar disponível, e sim pelo fato de a abundância estar sendo rejeitada ou *desviada*.

Continuar a contar histórias de escassez só serve para contradizer o seu desejo de abundância, e você não pode ter as duas coisas: você não pode focar no que *não quer* e receber o que *quer*. Você não pode focar a atenção em histórias relacionadas com dinheiro que o deixam desconfortável e ao mesmo tempo permitir que cheguem à sua vida coisas que o deixam confortável. Você precisa começar a contar uma história diferente se quiser resultados diferentes.

Você deve começar dizendo:

"Eu quero me sentir bem. Quero me sentir produtivo e expansivo. Meus pensamentos são a base para a atração de todas as coisas que considero boas, e isso inclui dinheiro suficiente para meu conforto e alegria; isso também inclui saúde e pessoas maravilhosas à minha volta que estarão sempre me estimulando, incentivando e empolgando..."

Comece contando a história do seu desejo e então adicione a ela os detalhes dos aspectos positivos que você conseguir encontrar e que combinem com esses desejos. Em seguida, enfeite as suas expectativas positivas especulando e descobrindo, com os seus sentimentos agradáveis, exemplos do tipo *"Não seria maravilhoso se...?"*

Diga coisas como:

Só coisas boas vão acontecer para mim. Embora eu ainda não tenha todas as respostas, embora eu não conheça todos os passos e ainda não consiga identificar todas as portas que se abrirão para mim, sei que à medida que eu me movimentar pelo tempo e pelo espaço o caminho se tornará cada vez mais claro. Sei que serei capaz de descobrir isso à medida que eu prosseguir.

Toda vez que você conta uma história que o faz se sentir bem você se sente cada vez melhor, e os detalhes da sua vida vão melhorar cada vez mais. Quanto melhor as coisas estiverem, melhor elas ficarão.

Como modificar meu ponto de atração?

Às vezes as pessoas se preocupam por estarem contando a si mesmas a versão do que não desejam há tanto tempo que já não resta

Atraindo dinheiro e manifestando a abundância

tempo em suas vidas para compensar os anos que passaram focados na escassez de dinheiro — mas não há razões para preocupação.

Embora seja verdade que você não pode voltar atrás e desfazer todos os pensamentos negativos que emitiu no passado, não haveria razão para fazer isso, mesmo que fosse possível, pois todo o poder que existe está no seu *agora*. Quando você encontra um sentimento melhor *agora*, o seu ponto de atração muda — e muda *agora*!

A única razão para que possa parecer que alguns dos pensamentos negativos que você criou muitos anos atrás estejam provocando impacto na sua vida agora é porque você tem dado continuidade a essa série de pensamentos ao longo de todos esses anos. Uma crença é simplesmente um pensamento que você continua a emitir. Uma crença é nada mais que um padrão crônico de pensamentos, e você possui a habilidade, se ao menos tentar por alguns instantes, de dar início a um novo padrão, de contar uma nova história, de alcançar uma vibração diferente, de modificar o seu ponto de atração.

O simples ato de pensar em quantas coisas você poderia comprar hoje com os 100 dólares que tem no bolso já serviria para alterar de forma dramática o seu ponto de atração financeira. Esse simples processo é o bastante para fazer pender a sua Balança Vibracional e lhe mostrar resultados reais e tangíveis do seu poder de atrair dinheiro. Gaste mentalmente esse dinheiro e imagine um estilo de vida melhorado. Crie deliberadamente, em sua cabeça, um sentimento de liberdade, e imagine como seria ter uma imensa quantidade de dinheiro à sua disposição.

Entenda que a *Lei da Atração* está respondendo à sua vibração, e não à realidade da vida que você está levando atualmente. Lembre-se, porém, que se a sua vibração continuar a ser apenas a da realidade que você vive, nada poderá mudar.

Você pode modificar com facilidade o seu ponto de atração vibracional visualizando o estilo de vida que deseja e mantendo a sua atenção nessas imagens até começar a sentir alívio, o que será a indicação de que uma verdadeira mudança vibracional ocorreu.

Os meus padrões sou eu que determino

Às vezes, a partir de uma percepção equivocada de escassez de dinheiro, você acha que quer comprar tudo o que vê. Uma espécie de ânsia incontrolada surge dentro de você e o tortura nos momentos em que você não tem dinheiro para gastar, e causa ainda mais sofrimento quando você cede à ânsia, gasta um dinheiro que você não tem e afunda cada vez mais em débitos e dívidas. Aquela ânsia de gastar dinheiro sob essas condições é, na realidade, um falso sinal, pois ela não está vindo de um desejo verdadeiro de ter aquelas coisas.

Comprar mais uma coisinha e trazê-la para casa não vai satisfazer essa ânsia, pois o que você está sentindo, na realidade, é um vazio que só poderá ser preenchido através do seu alinhamento vibracional com quem-você-realmente-é.

Você está se sentindo inseguro, no momento, enquanto *quem-você-realmente-é* se sente absolutamente seguro. Você está se sentindo inadequado, no momento, enquanto *quem-você-realmente-é* se sente adequado. Você está sentindo a falta de alguma coisa, enquanto *quem-você-realmente-é* está em plena abundância. É uma mudança vibracional o que você tanto quer, e não a capacidade de comprar alguma coisa. Quando você for capaz de alcançar e manter de forma consistente o seu alinhamento pessoal, uma grande quantidade de dinheiro fluirá para a sua vida (se for esse o seu desejo), e você, provavelmente, gastará grandes quantidades de dinheiro em coisas que deseja, mas as aquisições de tais produtos lhe parecerão muito diferentes, nesse momento. Você não sentirá um vazio que só poderá ser preenchido com a compra de um produto. Em vez disso, sentirá um interesse satisfatório em

Atraindo dinheiro e manifestando a abundância 139

algum item que entrará com facilidade em sua vida. E todas as partes do processo, desde a concepção inicial da ideia até a completa manifestação do objeto em sua vida, lhe proporcionarão sentimentos de satisfação e alegria.

Não deixe que os outros determinem o padrão do quanto você deve ter — ou do que deve fazer com o dinheiro — pois você é a única pessoa que pode, de forma precisa, definir isso. Entre em alinhamento com quem-você-realmente-é *e permita que as coisas que a vida o ajudou a conhecer e que você deseja fluam naturalmente.*

"Economizar para ter segurança no futuro" funciona?

Um homem nos contou que um professor lhe disse, certa vez, que economizar dinheiro para ter segurança no futuro é como "planejar um desastre" e, de fato, o próprio ato de tentar se sentir mais seguro leva, na verdade, a mais insegurança, porque isso acaba atraindo o desastre indesejado. Ele queria saber se essa filosofia se encaixa nos nossos ensinamentos sobre a *Lei da Atração*.

Nós lhe dissemos o seguinte: Esse professor estava certo ao ressaltar que a atenção a alguma coisa traz mais da essência dessa coisa. Se você estiver focado na ideia de que possivelmente há coisas más pairando sobre o seu futuro, o desconforto que você sentirá ao refletir sobre tais coisas indesejadas será um indicativo de que você está, na verdade, em pleno processo de atraí-las. Por outro lado, é absolutamente possível considerar por breves instantes que algo indesejado poderá ocorrer no futuro, como uma dificuldade financeira, por exemplo, e isso o deixará inseguro no momento em que for analisado, mas também poderá levar você a considerar a *estabilidade* financeira que *deseja*. E ao focar na segurança que deseja, você poderá muito bem obter a inspiração de fazer algo que aumente esse estado de segurança.

O ato de economizar dinheiro ou de investir em bens não é, por si só, positivo nem negativo, mas o professor estava correto ao dizer que não se pode chegar a um lugar seguro a partir de uma base insegura.

Nós incentivamos as pessoas a utilizar o poder da mente para focar o sentimento bom de segurança que elas buscam; a partir daí, elas devem tomar qualquer iniciativa positiva que seja inspirada por aquela meta. Qualquer coisa que lhe pareça boa está em harmonia com o que você deseja. Do mesmo modo, qualquer coisa que lhe pareça ruim não está em harmonia com o que você deseja. Isso é absolutamente verdadeiro e simples.

Tem gente que apregoa que as pessoas não deveriam querer dinheiro porque o desejo por dinheiro é de natureza materialista, e não espiritual. Mas queremos lembrar que você está aqui vivendo em um mundo físico onde o Espírito se materializou. Você está aqui em seu corpo físico em um planeta físico no qual o que é espírito e o que é matéria se misturam.

Você não pode se separar da parte de você mesmo que é espiritual, e enquanto você estiver aqui, nesse corpo, nesse plano material, não lhe será possível se separar do que é físico ou material. Todas as coisas magníficas de natureza física que o envolvem são espirituais em natureza.

Contando uma nova história sobre abundância, dinheiro e bem-estar financeiro

A *Lei da Atração* não está respondendo à realidade que você está atualmente vivendo e perpetuando. Em vez disso, ela está respondendo a padrões vibracionais de pensamentos que estão emanando de você. Então, no momento em que você começa a contar a história de quem você é, em relação ao dinheiro, a partir da perspectiva do que você *deseja* em vez da perspectiva do que você está

Atraindo dinheiro e manifestando a abundância   141

atualmente vivenciando, seu padrão de pensamentos mudará e também mudará o seu ponto de atração.

O-que-é não representa nada em relação ao que vai ser, a não ser que você esteja continuamente ruminando e regurgitando a história do que-é. Ao pensar e falar mais sobre como você realmente quer que a história da sua vida seja, você permite que o que você esteja vivenciando atualmente sirva de trampolim para muito mais. Porém, se você fala predominantemente do que-é, ainda terá a chance de pular, mas vai cair no mesmo lugar.

Portanto, analise as seguintes perguntas e permita que as suas respostas a elas fluam de maneira natural. Depois, leia alguns exemplos de como a história da sua nova relação com o dinheiro poderia parecer. Depois disso, comece a contar a versão nova e melhorada da sua história financeira e observe como as circunstâncias e os eventos começam a se mover de forma rápida e certeira em volta de você para tornar a sua nova história real.

- Você tem tanto dinheiro quanto quer, atualmente, na sua vida?
- O Universo é abundante?
- Você tem a opção de conseguir dinheiro suficiente?
- A quantidade de dinheiro que você iria receber nesta vida já estava determinada antes de você nascer?
- Você está colocando em movimento, através do poder do seu pensamento atual, a quantidade de dinheiro que vai fluir?
- Você tem a capacidade de modificar a sua condição financeira?
- Você quer mais dinheiro?
- Sabendo as coisas que você sabe agora, a abundância financeira está garantida?

Um exemplo da minha "velha" história sobre o dinheiro

Existem tantas coisas que eu gostaria de ter, mas não posso comprar. Estou ganhando mais dinheiro hoje em dia do que antigamente, mas o dinheiro me parece tão curto quanto antes. Parece que eu não consigo ir além desse ponto.

Sinto como se eu tivesse me preocupado com dinheiro durante toda a minha vida. Lembro de o quanto meus pais davam duro, trabalhando demais e de como a minha mãe vivia preocupada com dinheiro. Acho que herdei essas características. Mas não era esse tipo de herança que eu gostaria de ter. Sei que existem pessoas muito ricas no mundo, gente que não precisa se preocupar com dinheiro, mas não conheço pessoalmente nenhuma dessas pessoas. Todo mundo que eu conheço neste momento está muito preocupado, lutando muito, sem saber o que poderá acontecer amanhã.

Repare a forma como essa história já começa com uma condição indesejada no momento presente; em seguida ela passa para uma justificativa da situação; depois o narrador olha para trás, a fim de consegui dar mais ênfase ao problema atual, o que serve para amplificar ainda mais o seu ressentimento; por fim, ele expande a sua percepção de escassez para o seu próprio mundo e para todos os que estão à sua volta.

Quando você começa a contar uma história negativa, a Lei da Atração *o ajudará a alcançar, a partir da perspectiva em que você estiver, todo o seu passado e até mesmo o seu futuro, mas o mesmo padrão vibracional de perda persistirá. Quando você foca a atenção na perda em uma atitude de queixa, estabelece um ponto vibracional de atração que lhe dá acesso a mais pensamentos de queixa, não importa se você está focado no passado, no presente ou no futuro.*

Atraindo dinheiro e manifestando a abundância **143**

Seu esforço deliberado para contar uma nova história vai modificar isso. Sua nova história estabelecerá um novo padrão de pensamento, fornecendo-lhe um novo ponto de atração a partir do seu presente, a respeito do seu passado e na direção do seu futuro. O simples esforço de buscar aspectos positivos a partir daqui mesmo, do lugar onde você se encontra, determinará um novo tom vibracional que não apenas afetará a maneira como você se sente neste exato momento, mas também dará início a uma imediata atração de pensamentos, pessoas, circunstâncias e coisas que são agradáveis para você.

Um exemplo da minha "nova" história sobre o dinheiro

Gosto da ideia de que o dinheiro está tão disponível para o meu uso quanto o ar que eu respiro. Gosto da ideia de inspirar mais dinheiro e expirar mais dinheiro. É divertido imaginar um monte de dinheiro fluindo para dentro de mim. Consigo ver o quanto os meus sentimentos a respeito do dinheiro afetam o dinheiro que chega para mim. Fico feliz em saber que, com a prática, eu tenho o poder de controlar a minha atitude a respeito do dinheiro ou de qualquer outra coisa. Percebo que quanto mais eu conto a minha história de abundância, melhor eu me sinto.

Gosto de saber que eu sou o criador da minha própria realidade, e que o dinheiro que flui para a minha experiência de vida está diretamente relacionado aos meus pensamentos. Gosto de saber que eu posso ajustar a quantidade de dinheiro que eu recebo simplesmente ajustando os meus pensamentos.

Agora que eu compreendo a fórmula para a criação; agora que eu entendo que obtenho sempre a essência do que eu penso; e, o mais importante, agora que eu percebo que posso descobrir, por meio da maneira como estou me sentindo, se eu estou focado no dinheiro ou na falta dele, tenho confiança de que, com o tempo, vou alinhar meus pensamentos com a abundância e o dinheiro fluirá de forma poderosa na minha experiência.

Compreendo perfeitamente que as pessoas que estão à minha volta mantêm perspectivas muito diferentes a respeito de dinheiro, saúde, gastos, poupança, filantropia, doar dinheiro, receber dinheiro, ganhar dinheiro e assim por diante, e sei que não é necessário, para mim, compreender suas opiniões ou experiências. Estou aliviado em saber que eu não preciso me preocupar mais com todas essas coisas. É ótimo perceber que o meu único trabalho é alinhar os meus pensamentos a respeito do dinheiro com meus próprios desejos, e que sempre que eu me sentir bem, isso será a prova de que eu encontrei esse alinhamento.

Gosto de saber que não haverá grandes danos se eu, ocasionalmente, sentir alguma emoção negativa relacionada com dinheiro, mas é minha intenção rapidamente direcionar meus sentimentos para um ponto que me faça sentir melhor, pois é lógico que pensamentos bons, ao serem emitidos, sempre trarão resultados positivos.

Compreendo que o dinheiro não vai necessariamente se manifestar instantaneamente na minha vida com a mudança rápida do pensamento, mas tenho expectativa de ver uma melhora constante como resultado do meu esforço deliberado para emitir pensamentos que me façam sentir bem. As primeiras evidências do meu alinhamento com o dinheiro serão os sentimentos aprimorados, uma melhora na minha disposição e uma atitude mais otimista — e então as verdadeiras mudanças na minha situação financeira ocorrerão logo em seguida. Tenho certeza disso.

Atraindo dinheiro e manifestando a abundância 145

Estou consciente da absoluta correlação entre o que eu tenho andado pensando e sentindo com relação ao dinheiro e o que está acontecendo realmente na minha experiência de vida, hoje. Dá para ver as evidências da resposta absoluta e inequívoca da Lei da Atração no meu fluxo de pensamentos, e eu mal posso esperar para observar respostas ainda mais evidentes aos meus pensamentos mais aprimorados.

Posso sentir a alavancagem poderosa da Energia que está ocorrendo de forma mais deliberada nos meus pensamentos. Acredito, em muitos níveis, que eu sempre soube disso, e me sinto bem ao voltar às minhas crenças mais viscerais a respeito do meu poder, do meu valor e do meu merecimento.

Estou vivenciando uma vida muito abundante, e é maravilhoso perceber que não importa o que a minha experiência de vida me leve a desejar, eu poderei alcançá-lo. Adoro saber que sou ilimitado.

Sinto um tremendo alívio em reconhecer que não preciso esperar pelo dinheiro, nem preciso aguardar até as coisas se materializarem para começar a me sentir melhor. E agora compreendo perfeitamente que quando eu me sentir realmente melhor, as coisas, as experiências e o dinheiro que eu desejo poderão chegar.

Do mesmo modo que o ar entra e sai dos meus pulmões e do meu ser, acontece o mesmo com o dinheiro. Meus desejos o atraem como um ímã, e a minha leveza de pensamento o deixa sair. Ele entra e sai. Entra e sai. Sempre fluindo. Sempre com suavidade. O que quer que eu deseje, não importa em que momento isso aconteça, e na medida em que eu desejar, entrará e sairá, em fluxo sempre constante.

Não existe maneira certa ou errada de contar a sua história melhorada. Ela pode falar das suas experiências passadas, presentes ou futuras. O único critério importante é que você esteja consciente da própria intenção em contar uma história mais agradável e aprimorada da sua vida. Contar muitas histórias curtas e diferentes ao longo do dia servirá para modificar continuamente o seu ponto de atração. Lembre-se apenas que a história que *você* conta é a base da *sua* vida. Conte-a do jeito que você quer que ela seja.

Parte 3

Mantendo o meu Bem-estar físico

Meus pensamentos criam minha experiência física

Para a maioria das pessoas, a ideia de sucesso gira em torno de dinheiro e comprar imóveis ou outros bens, mas a grande realização é ter o suficiente para ser feliz. Embora alcançar um certo estágio financeiro possa ajudar a trazer essa felicidade, se sentir bem com o corpo físico é o maior fator de satisfação que contribui para o Bem-estar.

Todas as suas experiências de vida são vivenciadas a partir de uma perspectiva do seu corpo; quando você se sente bem, tudo parece melhor. Claro que é possível manter uma atitude positiva mesmo quando você não se sente tão bem fisicamente, mas essa satisfação com o corpo é uma base poderosa para o Bem-estar progressivo. Entenda algo que não é assim tão surpreendente: a forma como você se sente afeta seus pensamentos e atitudes com relação às coisas, e os pensamentos e as atitudes representam o seu ponto de atração, o qual, por sua vez, representa a forma como a sua vida se desenrola.

Poucas coisas valem tanto quanto o sentimento de estar bem com o corpo.

É interessante observar que não apenas se sentir bem com o corpo traz pensamentos positivos, como também emitir pensamentos positivos promove uma sensação de Bem-estar físico. Isso significa que você não precisa estar com a saúde em perfeito estado para experimentar sentimentos que melhorem seu humor ou o seu astral. Se você conseguir, de algum modo, encontrar esse alívio mesmo quando o seu corpo estiver doente ou ferido, perceberá melhoras, porque são os seus pensamentos que criam a realidade.

Reclamar das reclamações também é reclamar

Muitos reclamam afirmando que é fácil ser otimista quando você é jovem e tem boa saúde, mas a situação é bem mais complicada quando se está velho e doente, nós não incentivamos o uso da sua idade ou do seu atual estado de saúde como um pensamento limitador que impeça a sua melhora ou recuperação.

As pessoas não fazem ideia do poder que seus pensamentos possuem. Elas não compreendem que quanto mais procurarem coisas para se preocupar, mais vão prejudicar o próprio Bem-estar. Muitos não percebem que, antes mesmo de reclamar das dores ou de alguma doença, já reclamavam sobre muitas outras coisas. Não importa o que o incomoda: alguém que tenha traído a sua confiança, o comportamento que você considera errado em alguém ou algo de errado com seu corpo — reclamação é reclamação e prejudica a recuperação.

Não importa se você está se sentindo bem e busca um modo de manter o estado de Bem-estar ou se o seu corpo está prejudicado de algum modo e você busca a recuperação, o processo é o mesmo:

Tente guiar os pensamentos na direção de coisas que lhe pareçam boas e descubra o poder que só pode surgir a partir do alinhamento vibracional com a Fonte.

Enquanto continua a ler este livro, coisas que você já sabia desde antes de nascer serão lembradas, e você sentirá tanta ressonân-

Mantendo o meu Bem-estar físico   151

cia com essas *Leis* e processos que isso lhe dará um sentimento de poder. A partir daí, tudo o que você precisa para alcançar e manter o corpo saudável é prestar atenção de forma deliberada a esses pensamentos, mantê-los e desejar de verdade se sentir bem.

Eu me sinto bem com o meu corpo

Se você não estiver se sentindo bem com o corpo ou não gosta da sua aparência, isso refletirá em todos os outros aspectos de sua vida, e é por isso que queremos enfatizar os benefícios de se sentir confortável e em equilíbrio. Não há nada no Universo que responda mais depressa aos pensamentos do que o próprio corpo. Pensamentos alinhados geram respostas rápidas e resultados claros.

Seu Bem-estar físico é, na verdade, um dos pontos sobre o qual temos controle absoluto, pois ele tem a ver com o que *você* está fazendo a respeito de *si mesmo*. Entretanto, já que tudo na sua vida está sendo traduzido sob a ótica de como o seu corpo sente, se você desfizer esse equilíbrio poderá afetar de forma negativa uma parte maior de sua vida do que simplesmente o seu corpo físico.

Nunca somos mais claros a respeito de querermos ser saudáveis e nos sentir bem do que quando estamos doentes e nos sentindo mal. A experiência de se sentir mal é uma poderosa plataforma de lançamento para a busca do Bem-estar. Então, se no momento em que a sua doença o fizer pedir por saúde e você der a devida atenção à vontade de se sentir bem, a cura poderá ser imediata. Para a maior parte das pessoas, porém, a atenção maior é destinada à doença.

Se você está doente, é lógico focar a atenção em como você se sente, mas ao fazer isso você prolonga a doença. Não foi a sua atenção à falta de saúde que o tornou doente, e sim a atenção à falta das coisas que deseja.

152 Dinheiro atrai dinheiro

A atenção crônica no que é indesejado coloca você em uma situação de ir contra seu Bem-estar físico, e tira seu foco das soluções, pois o foco está no problema.

Se você puder concentrar sua atenção na ideia de experimentar o Bem-estar físico com a mesma paixão que você dedica à ausência dele, não apenas a sua recuperação será mais rápida como manter o equilíbrio passará a ser uma tarefa mais fácil.

Palavras não ensinam, o que ensina é a experiência de vida

Simplesmente ouvir, mesmo que sejam palavras que traduzem a verdade, não traz compreensão, mas a combinação de uma explicação cuidadosa com uma experiência de vida que se enquadre nas Leis do Universo traz a compreensão.

Nossa expectativa é que assim como você lê este livro e vive a sua vida, você alcançará um grau alto de compreensão de como as coisas acontecem no seu dia a dia e vai alcançar um controle completo de todos os aspectos da vida, especialmente no que diz respeito a seu corpo.

É possível que a sua condição física seja exatamente a que você deseja. Se esse for o caso, o caminho está certo e esse foco deve ser mantido, pois traz um sentimento de apreço àquilo que o satisfaz — e ajuda a manter essa condição. Mas se há mudanças que você gostaria de fazer, seja na aparência ou na força, será muito importante começar a escrever uma nova história — não apenas com relação ao seu corpo, mas também a tudo aquilo que o está incomodando. Tornando esse foco positivo, você passará a se sentir *tão* bem com relação a tantos assuntos que começará a sentir a força do Universo — o poder que cria mundos — fluindo dentro de você.

Mantendo o meu Bem-estar físico 153

Você é o único capaz de criar em sua experiência de vida, ninguém mais. Tudo o que lhe acontecer virá através da força do seu pensamento.

Quando a sua concentração é forte e contínua o suficiente para sentir essa paixão, você consegue canalizar essa força e atingir melhores resultados. Os outros pensamentos, apesar de serem importantes e de terem potencial criativo, normalmente têm como função manter aquilo que você criou. Com isso, muitas pessoas costumam manter experiências indesejáveis *apenas* por oferecer pensamentos consistentes — não poderosos e nem acompanhados de uma emoção forte. Em outras palavras, elas continuam contando as mesmas histórias sobre as coisas que lhes parecem injustas, coisas indesejadas sobre as quais elas discordam e, ao proceder dessa forma, mantêm as condições indesejáveis.

A simples intenção de contar histórias melhoradas sobre todas as questões que você foca promove um efeito positivo sobre o seu corpo. Mas como só palavras não ensinam, nossa sugestão é que você tente contar uma história diferente por um momento e tente observar o efeito disso.

A *Lei da Atração* expande todos os meus pensamentos

A Lei da Atração diz que tudo aquilo que você deseja é atraído.

Em outras palavras, aquilo que você pensa em todos os momentos, atrai outros pensamentos relacionados. É por isso que sempre que você está pensando sobre algo que não lhe agrada, mais pensamentos que remetem àquele assunto são rapidamente atraídos. Logo você se vê não só vivenciando o que acontece neste momento, mas buscando no passado mais dados que combinam com a sua vibração. Então, pela *Lei da Atração*, os seus sentimentos negativos crescem de forma diretamente proporcional a esses pensamentos.

Logo você começará a discutir esses assuntos com outras pessoas, fazendo com que elas vasculhem *seus* passados, *seus* problemas, e acrescentem mais lenha à fogueira, até que... *em pouco tempo a maioria dos envolvidos, depois de ponderar por muito tempo sobre um determinado assunto, atrairá dados de apoio em tal número que a essência da questão acontecerá nas suas vidas.*

É natural que tendo o conhecimento daquilo que você *não deseja*, fica mais claro para você o que você *deseja*, e não há nada de errado em identificar o foco do problema antes de buscar uma solução. Mas o que acontece na maioria das vezes é o foco estar mais no problema do que na solução, e ao analisar minuciosamente esse problema, você estará colaborando para a perpetuação do problema.

Novamente afirmamos que recontar essa história é de grande valia. Conte uma história orientada para a solução, e não para o problema.

Se você espera ficar doente para começar a pensar positivamente, vai ser mais difícil se focar no estado saudável do que quando a sua boa saúde já é uma realidade. Mas, em todo caso, reescrever essa história trará, com o tempo, resultados diferentes. Dados similares são sempre atraídos um para o outro, portanto pense no que deseja viver e você poderá, no futuro, vivenciar isso.

Algumas pessoas se preocupam com o fato de que, como já estão doentes, não conseguem melhorar porque a doença tem toda a sua atenção e, por causa disso, a sua atenção à doença está perpetuando mais a própria doença. Concordamos com esse ponto, e ele poderia estar correto se as pessoas tivessem apenas a capacidade de focar no *que-é*. Porém, já que é possível pensar em algo diferente de nossa realidade atual, também é possível mudar essa realidade. Entretanto, você não pode focar só nos problemas atuais e conseguir mudanças. Você deve pensar nos resultados positivos que está buscando a fim de conseguir algo diferente.

Mantendo o meu Bem-estar físico

A Lei da Atração é uma reação aos seus pensamentos, não à sua realidade. Quando você muda a maneira de pensar, sua realidade deve se adaptar a isso.

Se as coisas estão caminhando bem para você neste momento, pense em tudo o que está acontecendo e o que fazer para que isso continue. Mas se não estiver tudo indo bem, você deverá achar uma forma de manter sua atenção longe das coisas que estão lhe trazendo coisas indesejadas.

Você tem a capacidade de concentrar os pensamentos — não só sobre você ou o seu corpo, mas sobre todas as coisas que importam — em uma direção diferente do que está acontecendo agora. Você tem a habilidade de imaginar coisas que estão vindo e lembrar coisas que aconteceram antes, e quando você se cerca de bons sentimentos de forma deliberada, acha coisas boas sobre as quais pensar ou falar, consegue mudar rapidamente os padrões dos pensamentos, modificar as vibrações e, eventualmente, mudar toda a sua experiência de vida.

Quinze minutos para o meu bem-estar planejado

Não é fácil imaginar um pé saudável quando os dedos estão latejando de dor, mas é interessante fazer tudo o que você puder para se distrair dos dedos latejantes. É claro que um momento de desconforto físico agudo não é a hora mais eficaz para tentar visualizar o Bem-estar. O melhor momento para isso é quando você está se sentindo ótimo, no dia a dia. Se você se sente melhor pela manhã, esse é o momento adequado para visualizar sua nova história; caso você se sinta bem depois de um banho quente na banheira, escolha *essa* hora para concentrar seus pensamentos positivos e fazer suas visualizações.

Separe 15 minutos em que você possa fechar os olhos e desconstruir o máximo possível a sua percepção das coisas *como-são*.

Vá para um lugar silencioso, em que você não irá se distrair com nada, e se imagine em uma situação de total tranquilidade física. Imagine-se caminhando a passos acelerados, respirando profundamente e curtindo o perfume do ar que respira. Imagine-se subindo uma ladeira suave e sorria ao constatar o vigor do seu corpo. Imagine-se encolhendo e esticando o corpo, fazendo alongamentos e apreciando a flexibilidade dos músculos.

Leve mais alguns instantes explorando cenários prazerosos, tendo como única intenção curtir o seu corpo e apreciar a força que ele tem, o vigor que ele exibe, sua resistência, flexibilidade e beleza.

Quando você concentra os pensamentos na alegria de visualizar, mais do que na intenção de corrigir alguma deficiência os seus pensamentos são mais puros e, por conseguinte, mais poderosos. Quando você se concentra em alguma coisa que está errada, seus pensamentos são diluídos na parte carente da equação que você montou.

Às vezes, as pessoas dizem possuir antigos desejos que não são atendidos e afirmam que a *Lei da Atração* não está funcionando para elas, mas isso acontece porque elas pedem melhorias a partir de um ponto de percepção aguda das coisas que lhes faltam. Leva tempo para reorientar os pensamentos e fazê-los ficar focados, de forma predominante, naquilo que você deseja, mas com o tempo vai lhe parecer absolutamente natural fazer isso. Com o tempo, a sua nova história será aquela que você conseguir escrever com mais facilidade.

Quando você consegue alguns minutos por dia para imaginar seu corpo de forma positiva, os sentimentos bons vão se tornando dominantes e a sua condição física tenderá a se adequar a esses pensamentos. Se você apenas se foca nos defeitos existentes, nada vai mudar.

Enquanto você imagina, visualiza e verbaliza a sua nova história, você tem de *acreditar* naquilo que está contando. Quando isso acontece, as provas fluem de forma suave em sua vida. Uma crença é só um pensamento continuado, e quando suas crenças combinam com seus desejos, eles se tornam reais.

Não existe nada entre você e as coisas que deseja, apenas obstáculos impostos pelo seu próprio pensamento. Não existe corpo físico, não importa em que estado de declínio esteja nem as condições apresentadas, que não possa alcançar uma condição melhor. Nada mais responde tão rápido aos seus padrões de pensamento quanto o seu corpo físico.

Eu não sou limitado pelas crenças alheias

Com um pouco de esforço concentrado na direção certa, você vai atingir resultados notáveis e, com o tempo, vai se lembrar que você pode ser, fazer ou possuir qualquer coisa na qual você focar o pensamento e com a qual atinja alinhamento vibracional.

Você veio para esse corpo físico e entrou neste mundo físico a partir de uma perspectiva não física, onde eram bem claras as suas intenções ao vir a este mundo. Você não definiu todos os detalhes sobre a sua vida antes de chegar, mas determinou instruções bem claras sobre a vitalidade do corpo físico a partir do qual você criaria a sua vida. E estava muito empolgado para estar aqui.

Ao chegar, naquele pequeno corpo de bebê, você estava mais perto do Mundo Interior, não físico, do que do mundo físico, e o seu senso de Bem-estar e de resistência eram muito fortes. Com o passar do tempo, você passou a se focar mais no mundo físico, começou a observar pessoas que perderam essa forte Ligação com o Bem-estar e, pouco a pouco, sua sensação de Bem-estar também começou a desaparecer.

É possível nascer no mundo físico e manter contato com *quem-você-realmente-é* e com uma sensação de absoluto Bem-estar. Entretanto, a maioria das pessoas, assim que se foca nesta realidade espaço-tempo, não faz isso. A principal razão para a perda dessa consciência de Bem-estar é a manifestação das outras pessoas à sua volta, que exigem que você encontre meios de agradá-las.

Embora seus pais e professores sejam, de um modo geral, pessoas boas, eles estão sempre mais interessados em que você encontre maneiras de agradá-los do que em agradar a você mesmo. Com isso, durante o processo de socialização, a maioria das pessoas, em quase todas as sociedades, perde o rumo, pois elas são persuadidas e afastadas do próprio Sistema de Orientação.

A maioria das sociedades exige que você faça da ação a principal prioridade. Raramente alguém vai incentivar você a utilizar o próprio alinhamento vibracional ou a sua Ligação com o Mundo Interior. A maior parte das pessoas se sente motivada pela aprovação ou desaprovação dos outros e, com isso, desvia a atenção para alcançar a ação que seja mais respeitada pelos que estão à sua volta, perdendo o alinhamento e fazendo com que tudo em sua experiência de vida diminua de importância.

Mas você estava empolgado para nascer, estava louco para vir a este mundo físico de variedades surpreendentes porque compreendia o valor do contraste a partir do qual construiria a própria vida. Sabia o que iria compreender a partir dessa experiência, e sabia o que iria preferir a partir da variedade de opções que lhe estariam disponíveis.

A partir do momento em que você sabe aquilo que *não quer*, entende de maneira mais clara o que *quer*. Só que muita gente não consegue sair dessa primeira parte, se aprofunda demais no foco sobre o que *não quer* e, ao invés de concentrar a vibração naquilo que realmente deseja e atingir alinhamento vibracional com isso, insiste em falar das coisas que não querem. Aos poucos, a vitalidade física com a qual nasceram vai se perdendo.

Há tempo bastante para alcançar isso

Quando você não entende a força do pensamento e não reserva um tempo para alinhar sua mente e aumentar essa força, você se contenta com a potência das suas ações, que representam um poder comparativamente baixo. Então, se você trabalha suas atitudes com determinação para conquistar algo e não se prepara para essa conquista, possivelmente vai se sentir incapaz de alcançar o objetivo. As pessoas simplesmente colocam na cabeça que não há mais tempo em suas vidas para *ser*, *fazer* e *ter* tudo aquilo com que sonharam. Mas o que nós queremos que você entenda é que se você separar alguns minutos do seu tempo para se alinhar, de forma deliberada, com a Energia que cria mundos, através do foco dos pensamentos, descobrirá uma alavanca que irá impulsioná-lo a alcançar, rapidamente, os resultados que antes lhe pareciam impossíveis.

Não há nada que você não possa ser, fazer ou ter, desde que você alcance o alinhamento necessário. Quando isso é feito, você sente na vida a resposta a esse alinhamento.

Antes de as coisas se manifestarem, a prova do seu alinhamento surgirá sob a forma de emoções positivas e agradáveis. Se você compreender isso, será capaz de manter o curso estável enquanto as manifestações das coisas que deseja estão vindo.

A Lei da Atração diz que as coisas semelhantes se atraem. Seja qual for o seu estado de espírito — não importa a forma como você se sinta — você estará sempre atraindo mais a essência desse sentimento.

Quando você quer ou deseja algo, sempre se sente bem quando acredita que pode conseguir aquilo, mas quando paira alguma dúvida, há um certo desconforto. Queremos que você entenda que desejar algo e acreditar naquilo de verdade cria um estado de alinhamento, ao passo que desejar algo e duvidar gera desalinhamento.

Querer e acreditar é alinhamento.

Querer e esperar é alinhamento.

Esperar algo que você não quer não é alinhamento.

Você pode *sentir* o seu alinhamento ou o desalinhamento.

Por que eu quero condições físicas perfeitas?

Embora pareça estranho, não devemos nos dirigir ao corpo físico sem nos dirigirmos antes às nossas raízes Não Físicas e à nossa Conexão Eterna como essas raízes. Você, no seu corpo físico, é uma extensão desse *Ser Interior*. A fim de alcançar o seu máximo estado de saúde e Bem-estar, você deve primeiro se colocar em alinhamento vibracional com o seu *Ser Interior*. Para alcançar isso, você deve estar consciente das suas emoções e sentimentos.

Seu estado físico de Bem-estar é diretamente ligado ao seu alinhamento vibracional com a sua Fonte ou *Ser Interior*, o que significa que cada pensamento que vem em sua mente sobre qualquer assunto pode afetar esse alinhamento, de forma positiva ou negativa. Em outras palavras, não é possível manter um corpo saudável sem manter uma percepção precisa das emoções e a determinação de canalizar os pensamentos na direção de assuntos agradáveis.

Quando você tem em sua cabeça que se sentir bem é uma coisa natural e se esforça para encontrar o lado positivo em qualquer problema, você está treinando sua mente para que ela se corresponda, em termos vibracionais, com o seu Ser Interior, e isso traz grandes vantagens para o corpo físico. Quando os pensamentos estão recheados de sentimentos bons, o corpo responde a isso com sucesso.

Logicamente, há um leque grande de emoções, que nos fazem sentir bem ou mal, mas em qualquer momento, quando algo acontece envolvendo aquilo em que você está focado, *você pode esco-*

lher o lado positivo ou o lado negativo: o sentimento de se sentir bem ou o sentimento de se sentir mal. Podemos afirmar com precisão que existem, na verdade, apenas dois sentimentos, e você pode utilizar de forma eficaz o seu *Sistema de Orientação* para escolher deliberadamente sempre a opção positiva dentre essas duas. Fazendo isso, você pode se preparar para determinada situação, procurando sempre tirar o que ela tem de bom a oferecer e, com isso, conseguindo uma ligação boa com seu *Ser Interior* e fazendo o corpo se fortalecer.

Eu posso confiar no meu *ser interior*

Seu *Ser Interior* é a *Fonte* que evolui continuamente através das centenas de experiências que você vive. A cada escolha, a sua Fonte interior escolhe a melhor sensação dentre as disponíveis, o que significa que o seu *Ser Interior* está sempre ligado no *amor*, na *alegria* e nas outras sensações boas. Essa é a razão pela qual quando do você escolhe amar alguém ou até a si mesmo, em vez de procurar defeitos em si e nos outros, você se sente bem. O fato de você se sentir bem é a confirmação do alinhamento com a Fonte. Quando do você escolhe sensações que não se alinham com a Fonte e produzem respostas como a *raiva*, o *medo* ou o *ciúme*, isso indica que você está se afastando, em termos vibracionais, da Fonte.

A Fonte nunca vira as costas para você e oferece vibrações firmes de Bem-estar. Se você sente algo negativo, isso significa que você está impedindo seu acesso vibracional ao Fluxo do Bem-estar. Quando você começa a contar histórias sobre o seu corpo, a sua vida, o seu trabalho e as pessoas na sua vida e essas histórias o fazem se sentir bem, você atinge esse estado de Conexão estável com o Fluxo de Bem-estar que flui continuamente. Quando você se concentra nas coisas que deseja e tem emoções positivas duran-

162   Dinheiro atrai dinheiro

te essa concentração, estabelece ligação com o poder que cria mundos e flui suavemente na direção do objeto da sua atenção.

Qual é o papel do pensamento nos traumas?

Jerry: Os traumas são criados da mesma maneira que as doenças e podem ser resolvidos pela força do pensamento? Eles são como uma fratura que aconteceu em um incidente momentâneo, e não uma longa série de pensamentos que levou ao fato?

Abraham: Tanto o trauma que surge a partir de um acontecimento isolado, como um acidente, quanto o que aparece a partir de uma doença como o câncer, é você quem cria, através do pensamento, a situação — e a cura também deverá vir através do pensamento.

Pensamentos constantes de *tranquilidade* trazem sensações boas, enquanto pensamentos constantes de *estresse, ressentimento, ódio* ou *medo* promovem doenças. O resultado disso pode ser súbito, como quando você cai e fratura algum osso, ou mais lento, como no caso do câncer, *mas o que quer que você viva sempre corresponde ao seu equilíbrio de pensamentos.*

Uma vez que você permite que algum desses pensamentos diminua seu Bem-estar, seja um osso quebrado ou uma doença, é pouco provável que você subitamente encontre alguma coisa positiva que se alinhe ao seu *Ser Interior*. Em outras palavras, se antes do ocorrido você não estava selecionando os pensamentos certos, em alinhamento com o seu Bem-estar, é pouco provável que agora que você tem motivos para se sentir desconfortável ou enfrenta um diagnóstico assustador isso ocorra.

É muito mais fácil alcançar uma boa saúde a partir de um corpo moderadamente saudável do que chegar a esse estágio a partir de uma saúde pobre e um corpo doente. Entretanto, você pode conseguir o que quiser a partir do ponto em que está se for capaz de afastar a atenção dos aspectos não desejados que aparecem em sua vida e se concentrar apenas nos mais agradáveis. É realmente uma questão de foco.

Às vezes, um quadro assustador ou algum trauma funciona como estimulante para que você deliberadamente dê mais atenção para pensamentos que o façam sentir bem. Na verdade, algumas das pessoas que aplicam melhor esse conceito da Criação Deliberada são aqueles que passaram por situações extremas de aflição, com médicos lhes dizendo que nada mais poderia ser feito. A partir daí (já que não lhes sobraram opções) eles começam, de forma deliberada, a focar bons pensamentos.

É interessante observar que muitas pessoas não vão escolher a opção certa até que as outras opções se esgotem, mas nós entendemos que isso parte do costume com os seus mundos de ação orientada, onde agir é escolhida sempre como a primeira opção.

Nós não orientamos você a fugir da ação, e sim que essa ação seja sempre algo pensado, e que esses pensamentos sejam bem escolhidos e agradáveis, antes de qualquer outra coisa, para inspirar essa ação da melhor maneira possível.

Uma doença congênita pode ser curada de forma vibracional?

Jerry: É possível que uma *doença congênita* — algo que a pessoa tem desde o nascimento — possa ser curada através dos pensamentos?

Abraham: Sim. De qualquer lugar que esteja você pode ir para qualquer lugar que deseje. Se você imaginar que o lugar em que se encontra pode ser um trampolim para alçar voos mais altos, pode se mover rapidamente (mesmo a partir de algo dramaticamente indesejado), e trazer para si pensamentos que o façam se sentir bem.

Se na sua experiência de vida existem dados que fazem você criar um desejo, os recursos necessários para alcançá-lo também estão disponíveis para você. Mas você deve manter o foco onde deseja estar, não onde está, senão você não conseguirá se mover na direção do desejo. Além disso, lembre que você não pode criar nada que esteja além das suas crenças.

Muitos problemas vão e voltam... Por quê?

Jerry: Quando eu era mais jovem havia duas grandes doenças (a tuberculose e a poliomielite) das quais pouco se ouve falar atualmente. Mas isso não significa que nos livramos das doenças, pois hoje em dia temos mais problemas cardíacos e câncer, dos quais pouco se falava naquela época. Também naqueles dias a sífilis e a gonorreia eram constantes no noticiário. Hoje não se fala muito delas, mas a aids e a herpes aparecem muito nos meios de comunicação. Por que as doenças não param de surgir? À medida que as curas vão sendo descobertas, porque as doenças não acabam de vez e *alcançamos* a cura total?

Abraham: Porque vocês dão mais atenção à falta e à escassez. A sensação de impotência e de fragilidade gera mais impotência e mais fragilidade. É impossível se focar na cura de uma doença sem pensar na doença. Mas também é importante entender que buscar curas para as doenças, mesmo quando vocês as encontram, é uma visão míope e, a longo prazo, ineficaz, porque, como você mesmo lembrou, novas doenças continuam a ser criadas.

Quando vocês começarem a olhar e entender as causas vibracionais das doenças em vez de buscar curas, alcançarão o fim das doenças. Quando vocês conseguirem alcançar, de forma deliberada,

Mantendo o meu Bem-estar físico

a emoção de paz e tranquilidade que surge através do alinhamento vibracional, será possível viver sem doenças.

Muitas pessoas gastam pouco tempo aproveitando os momentos em que se sentem realmente bem. Em vez disso, elas esperam até ficar doentes para, só então, voltar a atenção para a recuperação. Pensamentos agradáveis produzem e sustentam o Bem-estar físico. Vocês vivem tempos de muita correria e têm muitos motivos para se preocupar e se estressar; ao fazer isso vocês se colocam fora de alinhamento. A doença é o resultado disso. Vocês focam a atenção na doença e a perpetuam. Mas você pode quebrar esse ciclo a qualquer momento. Não é necessário esperar a sociedade entender o que precisa ser feito para que você se sinta bem.

Seu estado natural é um exemplo de Bem-estar.

Eu vi meu corpo se curar naturalmente

Jerry: Eu percebi desde cedo que o meu corpo se recupera rapidamente. Quando eu sofro um corte ou um arranhão, eu praticamente vejo a cura diante dos meus olhos. Em cinco minutos, eu posso sentir que o processo de cura começou e, em pouco tempo, a ferida está completamente cicatrizada

Abraham: Seu corpo é composto por células inteligentes que estão sempre buscando alcançar um equilíbrio. Quanto mais você se sente bem, menos são as vibrações que interferem nesse reequilíbrio celular constante. Se você estiver focado nas coisas que o incomodam, as células do seu corpo se prejudicam na busca do equilíbrio natural e quando a doença é diagnosticada e você volta a atenção para ela, esse prejuízo às células é ainda maior.

Uma vez que as células do seu corpo sabem o que precisam fazer para alcançar o equilíbrio, se você achar um modo de focar a atenção sempre em pensamentos agradáveis você vai parar o processo de interferência negativa e o processo de recuperação terá início. Todas as doenças são causadas por um distúrbio vibracional ou uma resistência, sem exceção. Já que a maioria das pessoas não tem consciência dos pensamentos discordantes anteriores à doença (e normalmente fazem pouco ou nenhum esforço para exercitar os pensamentos positivos e agradáveis), quando a doença ocorre fica muito mais difícil achar pensamentos puros e positivos.

Mas se você compreender que seus pensamentos, e somente eles, estão causando a resistência ao estado de Bem-estar, você poderá direcionar os pensamentos de forma positiva e se recuperar mais rápido. Não importa qual a doença, não importa como ela se irradiou, a questão é:

Você consegue ordenar seus pensamentos de forma positiva independentemente da condição atual?

Normalmente as pessoas perguntam: "Mas e quanto às crianças doentes, que acabaram de nascer?" Não é porque a criança ainda não fala que ela não está pensando ou emitindo vibrações. Existem tremendas influências ao Bem-estar ou ao mal-estar que acontecem quando o bebê ainda está no útero ou acabou de nascer.

Dar atenção ao meu bem-estar é uma forma de mantê-lo?

Jerry: Eu vi meu corpo se curar e, por eu ter testemunhado essa cura, isso passou a ser o que eu espero dele. Mas em que ponto nós passamos a *ter certeza* que *todas* as partes do nosso corpo serão curadas? Como fazemos para chegar a esse ponto? As pessoas parecem mais temerosas quanto às partes que não conseguem ver — os órgãos ocultos dentro do corpo, por assim dizer.

Mantendo o meu Bem-estar físico

Abraham: E muito bom assistir aos resultados dos nossos pensamentos de forma aberta e óbvia, e do mesmo modo que a sua doença é uma prova de desalinhamento, a cura ou Bem-estar é uma prova de alinhamento.

A sua tendência a se sentir bem é muito mais forte do que a tendência à doença, e esse é o motivo de que, mesmo com alguns pensamentos negativos, a maioria de vocês permanece bem a maior parte do tempo.

Você tem de *acreditar* que será curado, isso ajuda tremendamente o processo de cura, mas quando você não consegue enxergar de onde vem a doença, situação em que deve se submeter a testes médicos para saber, você muitas vezes se sente fraco e receoso, o que não só torna mais lento o processo de cura como, também, é um motivo forte para a criação da doença. Muitas pessoas se sentem vulneráveis com relação às partes do corpo que não conseguem ver, e esse sentimento de vulnerabilidade é um forte catalisador para a perpetuação da doença

A maioria das pessoas consulta um médico quando se sente mal, pois procuram se informar sobre o que está errado, e quando as pessoas procuram algo errado, geralmente encontram.

A Lei da Atração trata exatamente disso, na verdade. Uma busca contínua por alguma coisa errada em seu corpo resultará, com o tempo, em algo realmente errado, não porque aquilo estava escondido o tempo todo e precisou de muitos exames para ser encontrado, mas porque o pensamento negativo repetido pode ter criado o seu equivalente físico.

Quando devo visitar um médico?

Abraham: Muita gente contesta o nosso ponto de vista, alegando que somos irresponsáveis ao não recomendar consultas médicas e *check-ups* regulares na busca de coisas que possam estar erradas ou prestes a dar errado no corpo físico de vocês. As pessoas que não compreendem o poder dos seus pensamentos e se sentem mais seguras visitando o médico, devem fazê-lo.

Na verdade, quando você está à procura de um problema e não o encontra, você se sente muito melhor. O mais frequente, porém, é que a busca repetida por algo errado crie exatamente o problema, ao longo do tempo. É simples assim! Não dizemos que a medicina não presta, nem que uma visita ao médico não ajuda em nada. A medicina, os médicos e todas as profissões na área de saúde não são boas nem más, por si sós. Elas só têm valor na medida em que a sua postura vibracional as permita ter valor.

Nosso conselho é que você preste atenção ao seu equilíbrio emocional e trabalhe a sua mente de forma deliberada para encontrar pensamentos agradáveis, exercitando isso até que o processo se torne natural. Assim você criará a tendência de cuidar do seu alinhamento vibracional antes de qualquer coisa, para em seguida atuar da forma que lhe for inspirada.

Em outras palavras, visitar o seu médico, agindo antes de qualquer outra coisa, quando é uma ação acompanhada de *alegria*, *amor* ou emoções agradáveis é sempre valioso. Por outro lado, a ação motivada por *medo*, *vulnerabilidade* ou qualquer emoção desagradável não tem valor.

Seu Bem-estar físico, assim como tudo na vida, é afetado em grande parte pelas suas *crenças*. Quando você é jovem, as suas expectativas de Bem-estar são muito fortes. Com o passar dos anos, porém, as pessoas tendem a deteriorar a imagem daquilo que veem, em uma espécie de escala móvel que reflete o que você vê nas pessoas à sua volta. E a sua observação, geralmente, é exata.

As pessoas mais velhas geralmente têm mais doenças e menos vitalidade. Porém, o motivo para o declínio das pessoas à medida que elas se tornam mais velhas não é que o seu corpo esteja progra-

mado para "quebrar" com o tempo, mas sim o fato de que quanto mais elas vivem, mais encontram coisas para preocupá-las, provocando uma resistência ao Fluxo de Bem-estar. A doença tem a ver com a resistência, não com a idade.

Como sentir euforia nas mandíbulas de um leão?

Jerry: Ouvi falar de um homem, Dr. Livingstone, que, quando estava na África, foi arrastado por um leão que o carregou com os dentes. Ele disse que sentiu um estado de euforia intensa e não sentiu dor. Já vi pequenos animais perderem totalmente as forças quando estão prestes a serem comidos por um animal de grande porte. É uma espécie de desistência da luta, pois não há escapatória. Mas eu queria perguntar uma coisa sobre o fato de ele não ter sentido dor: O que o Dr. Livingstone chamou de *"estado de euforia intensa"* é uma condição mental ou física? É algo que só acontece em situações extremas, como estar à beira da morte, ou pode ser utilizado por qualquer pessoa quando ela passa por um momento doloroso e pretende se abstrair da situação a fim de não sentir dor?

Abraham: Primeiramente, não é possível separar precisamente o que é físico e o que é mental, ou o que vem do seu *Ser Interior* do que vem de alguma força superior. É assim: se o seu foco está no físico, é uma condição física; se está no mental, é uma condição mental. Mas a Força de Vida ou a Energia que existe dentro de você é emitida a partir de uma Perspectiva Mais Ampla. Em uma situação da qual você provavelmente não vai escapar (geralmente, quando um leão coloca os dentes em você, *ele* é o vencedor), *o seu Ser Interior intervém e fornece um fluxo de Energia que você perceberá como um estado de euforia intensa.*

Mas você não precisa esperar uma situação de perigo intenso para ter acesso ao Fluxo de Bem-estar que vem da Fonte. A maioria das pessoas impede a chegada dessa energia e só a utiliza quando não tem outra escolha. Você escolheu bem a palavra quando falou que a *desistência* fez o Fluxo do Bem-estar atuar de forma poderosa. Entenda, porém, que o que realmente "acabou" foi a *luta*, a resistência, não o *desejo* de continuar a viver nesse corpo físico. Você deve levar tudo isso em consideração ao examinar situações específicas. Alguém que tenha menos entusiasmo pela vida, com menos determinação de viver e alcançar objetivos, pode muito bem atingir resultados negativos e, no caso, ser morto e devorado pelo leão.

Tudo aquilo que você vivencia tem a ver com o equilíbrio entre seus desejos e suas expectativas.

A situação de *permitir* o uso dessa energia é algo que você deve treinar no dia a dia, não somente no momento em que está sendo atacado por leões. Mesmo nas situações extremas, porém, o poder da sua intenção e a sua determinação é que trazem os resultados. O alinhamento bem treinado — produzido por pensamentos consistentes e agradáveis — é o caminho para se ver livre da dor. A dor é, unicamente, um indicador mais enfático da resistência. Primeiro nós temos a emoção negativa, depois mais emoção negativa e depois mais ainda (temos grande liberdade de movimento aqui) para depois alcançarmos a sensação e, finalmente, a dor.

Dizemos aos nossos amigos do plano físico: Se vocês têm emoções negativas, não percebem que elas são um indicador da sua resistência e não corrigem o seu pensamento de resistência, por meio da *Lei da Atração* a sua resistência aumentará. Se você continuar sem fazer nada que restabeleça o alinhamento e os pensamentos agradáveis, a resistência vai aumentar ainda mais, até você sentir dor, doença ou outro indicador qualquer.

Como alguém pode sentir dor focando a atenção em outra coisa?

Jerry: Tudo bem, você disse que para alcançar a cura nós temos de afastar os pensamentos do problema e colocar o foco no que desejamos. Mas se estivermos sentindo dor, como fazer para não senti-la? Como podemos tirar toda a nossa atenção dali por tempo bastante para nos concentrarmos em algo que queremos?

Abraham: Você está certo. É muito difícil tirar o foco do "dedo latejante". A maioria das pessoas não consegue pensar naquilo que realmente *desejam* até vivenciar aquilo que *não* desejam. Muitos de vocês "seguem o fluxo", e erram em algumas coisas sem importância, de forma inconsciente. Como ainda não entenderam a força do pensamento, não oferecem uma crença deliberada em algo até estar diante de alguma coisa indesejada. Então, já que está diante de algo que não quer, a pessoa resolve atacar o problema de frente. Só então ela dedica atenção total à questão, o que, conhecendo a *Lei da Atração* como nós conhecemos, só serve para piorar as coisas. Então, o conselho que podemos dar é:

"Busque momentos (ou períodos de tempo) em que você não esteja sentindo com tanta intensidade a dor latejante e foque a sua atenção no Bem-estar".

Você precisa achar um modo de separar aquilo que está acontecendo da carga emocional envolvida nesse evento. É mais ou menos assim: Você pode estar sentindo alguma dor em seu corpo e, durante esse período, você poderá sentir *medo*, mas você também pode produzir um sentimento de *esperança*. A dor não precisa comandar suas atitudes ou pensamentos. É possível pensar em algo diferente da dor. Se você consegue alcançar isso a dor diminui, com o tempo. Entretanto, se quando a dor ocorre você lhe oferece atenção total, perpetua a sensação que não deseja.

Se uma pessoa está com um foco negativo em diversos assuntos e *agora* sente dores, precisa superar essa dor para depois mudar o foco, tornando-o positivo. A partir do péssimo hábito de pensar negativamente, você trouxe sensações desagradáveis para si, e para interromper esse processo abruptamente você precisa de uma carga positiva muito grande, o que não costuma acontecer rápido, porque você precisa impedir a dor, a doença, ou ambos, para então vencê-la.

O Bem-estar preventivo é mais fácil de se conseguir do que o Bem-estar corretivo, mas, em ambos os casos, aprimorar a forma de pensar nas coisas boas é a questão central.

Mesmo em situações em que você está sentindo muita dor, há momentos em que você se sente um pouco melhor ou um pouco pior. Escolha o momento "um pouco melhor" para tentar virar o jogo e escolher pensamentos melhores. E à medida que você continua em busca de pensamentos que lhe tragam maior alívio emocional essa inclinação positiva vai lhe trazer de volta, por fim, o Bem-estar — todas as vezes, sem exceção.

Meu estado natural é o de bem-estar

Abraham: No fundo, o que você realmente quer é estar de bem com a vida, e sempre que você vivencia menos que isso surge uma resistência dentro de sua vibração. Essa *resistência* é causada quando o nosso foco está na falta do que queremos. A *permissão* é provocada pelo foco no que desejamos. A *resistência* é causada pelos pensamentos que não combinam com a perspectiva da sua Fonte. A *permissão* é vivenciada quando seus pensamentos atuais *correspondem* à perspectiva da sua Fonte.

Seu estado natural é o de Bem-estar, saúde perfeita, corpo em ótimas condições. Se você ainda não se encontra assim, é porque

*seus pensamentos estão voltados para a falta do que você quer, em
vez de estarem voltados para o que você quer de verdade.*

A principal causa do mal-estar é a sua própria resistência, e é
essa resistência também que faz com que você permaneça com
esse mal-estar. É a concentração naquilo que você *não* quer criando coisas indesejáveis. Sua atenção deve ficar concentrada naquilo
que você *quer*.

Às vezes você acha que está se concentrando nos pensamentos
corretos, quando na verdade está preocupado em não ficar doente. A única forma de ter certeza de como sua vibração está alinha-
da é prestar atenção na emoção que acompanha o pensamento.

*Sentir coisas que promovem Bem-estar é muito mais fácil do que
tentar se ver lá.*

Assuma o compromisso de se sentir bem e guie sua mente para
que os pensamentos estejam de acordo. Você descobrirá que, mesmo sem perceber, há sentimentos ruins guardados, ressentimentos, sensação de falta de valor e fraqueza. Mas agora você decidiu
prestar atenção às suas emoções, essas resistências promotoras de
doenças vão ter de sair daí. Seu estado natural não é ficar doente,
nem guardar sentimentos negativos. No fundo, você é como seu
Ser Interior: Você se sente bem... Muito bem!

Como os pensamentos de um bebê podem atrair doença?

Jerry: Como um bebê atrai uma doença se ele nem sequer sabe do
que se trata?

Abraham: Antes de tudo, nós queremos declarar que ninguém
cria a sua realidade, a não ser você, mas é importante notar que o
"você" que todos conhecem não começou com aquela criança que
sua mãe teve. Você é um Ser Eterno que passou por outras vidas e
veio para um corpo físico após um longo histórico de criações.

As pessoas muitas vezes pensam que o mundo seria melhor se os bebês nascessem já conhecendo os padrões para alcançar um corpo físico perfeito, mas esse não é necessariamente o objetivo de todo Ser que ganha vida em um corpo físico. Há muitos Seres que, pelo fato de o contraste criar efeitos interessantes que se provam valiosos de muitas outras formas, desejam deliberadamente variar do que é "normal". Ou seja, não é porque um bebê nasceu com alguma coisa diferente que há algo de errado com ele.

Imagine uma tenista excepcional. As pessoas em volta da quadra, ao assistir à partida, podem imaginar que essa tenista vai sempre preferir jogar contra uma oponente menos habilidosa, que possa ser derrotada com facilidade, mas pode ser que a tenista deseje exatamente o contrário. Pode ser que ela prefira oponentes que estejam no auge da forma, jogadoras que exijam dela mais foco e precisão do que nunca.

Assim, de certo modo, muitos dos que estão no topo de sua forma física podem desejar ter oportunidades de ver a vida sob outro ângulo, para que novas oportunidades e opções possam ser criadas. Esses seres entendem que isso pode ser tremendamente benéfico para as pessoas próximas a eles, pois algo diferente do "normal" pode ser vivenciado por elas.

Muitas vezes as pessoas imaginam, de forma errônea, que os bebês não podem criar a própria realidade, mas não é isso que acontece. Mesmo os que não falam e não se comunicam estão criando coisas, não através de palavras, mas de pensamentos. Os bebês pensam quando nascem, e possuem uma vibração que vem desde antes do nascimento. Essa vibração é afetada de imediato pelo retorno que eles recebem do ambiente em que nasceram, mas não há com o que se preocupar, pois eles, assim como você, nasceram com um *Sistema de Orientação* que irá ajudá-los a descobrir a diferença entre a emissão de pensamentos benéficos ou prejudiciais ao Bem-estar.

Por que alguns bebês nascem doentes?

Jerry: Você falou em "equilíbrio do pensamento", mas esse equilíbrio vale também para antes de nascermos? É por isso que os bebês podem nascer com algum problema físico?

Abraham: Exatamente. Assim como o equilíbrio nos pensamentos atuais, o equilíbrio retido antes do nascimento tem tanta importância quanto o que você está vivendo. Entenda que existem aqueles que desejaram nascer com uma "incapacidade" física porque queriam os benefícios que poderiam advir daí. Queriam alcançar o equilíbrio a partir de outra perspectiva.

Antes de nascer no mundo físico você aprende que, não importa o que tenha acontecido antes, você pode tomar outra decisão sobre o que deseja. Com isso, não há com o que se preocupar sobre o seu ponto de partida no mundo físico, porque você sabia que se aquela condição inspirou um desejo por algo diferente, o novo desejo era alcançável. Muitas pessoas alcançaram grande sucesso em áreas para as quais suas condições de nascimento jamais sugeririam tais resultados. Essas pedras no caminho foram de grande utilidade, porque alcançar um resultado a partir de um cenário desfavorável era um desejo intenso nelas, um desejo que quando foi *pedido* começou a fluir.

Todos os Seres que nascem no Mundo Físico estão cientes do corpo com o qual estão vindo ao mundo, e você pode confiar que se eles vieram e aqui ficaram é porque essa era a sua intenção no Mundo Não Físico. Assim como se você traçar um objetivo, tomar uma decisão diferente *agora* sobre o que realmente deseja, você tem capacidade para focar e alcançar esse objetivo, que é a essência da sua criação.

A maioria das pessoas que está atraindo menos do que o seu Bem-estar está fazendo isso seguindo uma receita. Eles podem muito bem desejar o Bem-estar, enquanto seus pensamentos sugerem algo diferente.

Não é uma boa ideia tentar julgar como uma outra pessoa leva a sua vida, porque você nunca será capaz de compreender. Mas você sempre saberá o que VOCÊ pode fazer por aquilo que deseja. Se prestar atenção ao que está fazendo e guiar os pensamentos por aquilo que sente internamente, você conseguirá controlá-los, colocando-os no caminho daquilo que o agrada, em um determinado momento.

Vamos falar sobre o conceito de doenças incuráveis

Jerry: A doença mais recente daquelas consideradas "incuráveis" é a aids, mas estamos começando a ver pessoas que sobrevivem por bastante tempo, muito além do que foi determinado que elas viveriam. O que você sugere para uma pessoa que sofre de aids e deseja ajuda?

Abraham: Não existe instrumento físico que não possa permitir à pessoa ficar saudável, não importa o seu estado. Mas ela tem de *acreditar* naquilo tudo e permitir a cura em sua vida. Se você aceitar que uma doença não tem cura e então descobrir que você tem essa doença, provavelmente vai *acreditar* que não vai sobreviver... E aí não vai mesmo.

Mas sua sobrevivência não tem nada com a doença, tudo parte dos seus pensamentos.

Portanto, se você diz para si mesmo:

"Isso pode ser verdade para os outros, mas não para mim, porque eu sou o criador da minha própria experiência e escolho a cura, escolho a recuperação e não a morte, desta vez."

Assim, você *pode* se recuperar.

Essas palavras são ditas por nós com facilidade, mas elas não são facilmente *escutadas* ou *compreendidas* por aqueles que não acreditam no poder da criação. As vidas de vocês sempre refletem o equilíbrio dos seus pensamentos.

A sua vida é uma demonstração clara das coisas que você pensa. Quando você muda a maneira de pensar, a sua experiência, ou o seu indicador, também deve mudar. Essa é a Lei.

Devo focar na diversão para recuperar a saúde?

Jerry: Norman Cousins foi um escritor que contraiu uma doença considerada incurável (eu não sei de mais ninguém que tenha resistido a ela). Mas ele sobreviveu, e disse que seu melhor remédio foi assistir programas humorísticos na televisão. Pelo que entendi, ele simplesmente assistiu aos programas, riu bastante, e a doença foi curada. O que você nos diria sobre essa cura?

Abraham: Essa cura só foi possível porque ele conseguiu o alinhamento de sua vibração com o seu Bem-estar. Há dois fatores nesse alinhamento:

Primeiro, ele conseguiu fazer da doença um motivo para aprimorar a sua vontade de se sentir bem; depois, os programas a que ele assistiu tiraram o seu foco do problema. O prazer sentido pelas risadas foi um sinal de que a rejeição que ele tinha ao Bem-estar tinha terminado. Esses são dois pré-requisitos para obter o poder da criação de alguma coisa: *Querer isso e permitir que isso aconteça.*

Normalmente, como as pessoas se concentram no problema, não conseguem permitir os sentimentos de Bem-Estar e com isso agravam os problemas, dando atenção demais àquilo e perpetuando a situação. Às vezes, um médico pode fazer a pessoa acreditar que vai ficar bem através de um remédio. Nesse caso, a *vontade* da pessoa é ampliada e ela consegue *acreditar* que vai ficar boa por causa do remédio. Tanto no caso da doença supostamente *incurável* como no caso de uma doença supostamente *curável*, as palavras-chave para chegar à recuperação são as mesmas: *desejar* e *acreditar*.

Qualquer um que acredite no seu Bem-estar tem condições de alcançar esse objetivo. O truque é esperar por isso, ou então, como o homem do exemplo que você deu fez, abstrair de alguma maneira a sensação da *falta* de Bem-estar.

Ignorar a doença resolve o problema?

Jerry: Desde o meu primeiro emprego, nunca me senti tão mal de forma que me impedisse a trabalhar. Acho que sempre considerei meu trabalho uma coisa tão importante que não considerava *não* fazê-lo. Percebia, entretanto, que quando começava a me sentir mal, como no começo de uma gripe, os sintomas cessavam quando eu passava a me concentrar no trabalho que eu precisava fazer. Isso acontecia porque eu estava focado naquilo que eu *desejava*?

Abraham: Você tinha uma forte meta, que era fazer o seu trabalho. Isso também acontecia porque você gostava do que estava fazendo, e essa é uma grande vantagem, pois, de uma forma quase mecânica, você estava tendo um *momentum* eficaz rumo ao Bem-estar. Quando algo ameaçava tirar você desse estado com um foco equivocado, você rapidamente conseguia o alinhamento de novo, e os sintomas de desalinhamento desapareciam rapidamente.

Geralmente quando você pensa muito na ação, se sente cansado ou sobrecarregado, esses sentimentos indicam que é hora de dar uma pausa e descansar. Quando você se foca demais na ação e tenta esquecer essa pausa, é comum que alguns sintomas comecem a incomodar.

A maioria das pessoas, quando sente algum sintoma de doença, começa a dar muita atenção ao sintoma. Normalmente isso as torna mais desconfortáveis e desalinhadas. A solução é identificar essa perda do alinhamento logo no início. Em outras palavras, sempre que você sentir alguma emoção ou sentimento negativo, é sinal que chegou o momento de buscar uma forma de pensar diferente, para que se chegue novamente ao equilíbrio. Caso isso não seja feito, os sintomas vão ficando mais fortes, gerando mais desconforto físico. Mesmo assim, você pode ainda recuperar o foco, se concentrar em algo que deseja, tirar a atenção daquilo que afeta o seu equilíbrio e voltar a se alinhar, até chegar a um ponto em que os sintomas *têm* de ir embora.

Não há nada que não possamos recuperar, mas é muito mais fácil quando o problema ainda está no início.

Às vezes a doença é uma forma de escapar de alguma coisa que você não deseja. Nesse caso, você passa a *permitir* aquilo com o propósito de fugir de outra situação. Só que quando você começa a jogar esse tipo de jogo consigo mesmo, está abrindo as portas para problemas e doenças cada vez maiores.

Qual é o efeito das vacinas sobre as doenças?

Jerry: Já que criamos as nossas doenças através de pensamentos, então por que as *vacinas* (como a que foi desenvolvida para acabar com a poliomielite) parecem praticamente colocar um ponto final na propagação dessa doença em particular?

Abraham: A doença amplifica o *desejo*, e a vacina amplifica a *crença*. Portanto, você avançou o delicado equilíbrio da criação: *Se você quer algo e permite ou acredita nisso, é assim que acontece.*

Médicos, curadores e feiticeiros

Jerry: Bem, isso me leva à próxima pergunta. Pessoas tais como *feiticeiros, curadores por meio da fé* e *médicos convencionais...* To-

180   Dinheiro atrai dinheiro

dos eles têm reputação de *curar* algumas pessoas e de *perder* alguns pacientes, também. Onde encaixamos tais pessoas na energia do pensamento, ou na vida de forma geral?

Abraham: A coisa em comum que todas essas pessoas têm é que elas estimulam seus pacientes a *acreditar* na cura. A primeira parte do equilíbrio da criação foi alcançada porque a doença motivou o *desejo* pelo Bem-estar, e tudo o que trouxer *crenças* ou *expectativas* para o paciente dará bons resultados. Quando a medicina e a ciência pararem de buscar curas e começarem a olhar para as *causas vibracionais* e os desequilíbrios, vão conseguir recuperar ainda mais pessoas.

Se um médico não *acreditar* que você pode se recuperar de alguma doença, você vai associar sua ideia com a do médico de uma forma muito maléfica. Pode acontecer de algum médico, com boa intenção, dar palpite sobre a recuperação, apontando as chances de sobreviver, dizendo que não é tão grave e você será uma exceção. O problema dessa lógica, que é baseada em fatos ou evidencias médicas, é que não há nada a ser feito. Há somente dois fatores que podem ter algo a ver com a sua recuperação: o seu *desejo* e a sua *crença*. Um diagnóstico negativo pode afetar a sua *crença*.

Se o seu desejo pela recuperação for bastante *forte*, mas os médicos não alimentarem a sua *esperança*, é natural que você se volte para as abordagens alternativas à questão, onde a esperança é não só permitida como também incentivada. Há pessoas que podem se curar de doenças supostamente "incuráveis".

Seu médico como um meio de alcançar o bem-estar

Abraham: Não condenem a medicina moderna, pois ela foi fruto dos pensamentos, desejos e crenças dos membros da sociedade

Mantendo o meu Bem-estar físico   181

que vocês criaram. Nós queremos mostrar que vocês têm o poder de alcançar tudo o que desejarem, mas não podem olhar para fora em busca de autorização para fazer isso; a autorização deverá vir de vocês mesmos, sob a forma de emoção.

Primeiramente procure o seu alinhamento vibracional, para depois seguir em frente de acordo com a sua ação inspirada. Deixe os médicos ajudarem você a se recuperar, mas não lhes peça para conseguir o impossível: Não lhes peça que eles alcancem a cura para o seu desalinhamento de Energia.

Sem *pergunta* não há *resposta*. Ao prestar atenção em algum problema, é como se você estivesse *pedindo* a solução, então é normal que os médicos examinem o corpo em busca de problemas para os quais eles podem ter a solução. Mas *procurar problemas* é a melhor forma de *atraí-los*. Muitas vezes médicos bem intencionados são instrumentos de perpetuação de doenças, em vez de serem curadores.

Não estamos afirmando que eles não querem ajudar, estamos dizendo que, ao examinar você, a intenção principal é encontrar algo de errado. A partir do momento que essa é a intenção principal, isso é mais atraído do que qualquer outra coisa.

Dessa forma, após anos envolvidos com problemas alheios, eles começam a acreditar que o homem é um ser falho. Começam a prestar atenção mais no que está errado do que no que está certo, atraindo dessa forma mais pessoas doentes para suas vidas.

Jerry: Então, esse é o motivo pelo qual os médicos não curam a si mesmos?

Abraham: Esse é exatamente o motivo. Não é fácil estar focado nas energias negativas dos outros sem experimentar uma emoção negativa dentro deles mesmos — e a doença existe devido à permissão que damos à negatividade.

*Aquele que não se permitir vivenciar qualquer tipo de negativi-
dade, nunca ficará doente.*

O que fazer para ajudar as pessoas?

Jerry: Qual a melhor coisa que eu posso fazer, como um ser de
carne e osso, para ajudar pessoas que têm problemas físicos?

*Abraham: Você nunca ajuda ninguém quando se limita a ser
uma caixa de ressonância para as reclamações alheias. Ver as pessoas como você quer que elas sejam é a coisa mais valiosa que se
pode fazer por elas.*

Isso pode significar se afastar de determinadas pessoas por algum tempo, pois quando você está perto delas é difícil não reparar
nas suas queixas. Você pode dizer:

"Eu descobri o poder da minha atenção e a força do meu pensamento, e como você está me dizendo aquilo que não quer, preciso me afastar para não contribuir com a sua criação de algo negativo".

Tente distrair as pessoas dos seus pensamentos ruins e das suas
queixas, tente ajudá-las a se concentrar em algum aspecto positivo... Faça o possível para imaginá-las plenamente recuperadas.

*Você sabe quando pode ajudar alguém quando é capaz de pen-
sar na pessoa e se sentir bem ao mesmo tempo. Quando você ama
alguém sem se preocupar, você está sendo muito útil a essa pessoa. Quando você gosta muito de uma pessoa, você está ajudando-a.
Quando você espera que ela seja bem-sucedida, você também a
ajuda. Em outras palavras, quando você vê as pessoas como o seu
próprio Ser Interior as vê, a sua ligação com elas é realmente
vantajosa.*

Mas e quando elas estão em coma?

Jerry: De tempos em tempos, alguém dirá "tenho um amigo ou parente que está em coma". Tem alguma coisa que podemos fazer por alguém que amamos e está inconsciente?

Abraham: Sua comunicação com essa pessoa se dará mais pela vibração do que através de palavras, então mesmo que a pessoa não emita sinais de reconhecimento, não significa que a sua comunicação não está sendo recebida em algum nível.

Você pode se comunicar até mesmo com aqueles que fizeram a transição que vocês chamam de "morte", então não é um estado de aparente inconsciência que vai barrar essa comunicação.

O principal motivo para uma pessoa permanecer em coma ou em estado inconsciente é que ela está tentando buscar alívio dos pensamentos de escassez que a perturba. Em outras palavras, enquanto a pessoa não tem relação com nada de sua vida normal, está em estado de comunicação vibracional com o seu *Ser Interior*. É uma oportunidade de se rearrumar e muitas vezes um tempo de decisões, um momento em que elas estão, na realidade, determinando se vão encontrar o alinhamento retornando ao Não Físico ou se vão simplesmente tornar a acordar no corpo físico. Em muitos casos, não é muito diferente de um novo nascimento no mesmo corpo, como se fosse a primeira vez.

A melhor forma de pensar nesses casos é:

Eu quero que você faça o que é importante para você. Eu concordo com o que você decidir. Eu amo você incondicionalmente. Se você voltar, eu ficarei feliz... Se você for, eu ficarei feliz. Faça o que é melhor para você.

Isso é o melhor que você pode fazer por eles.

184   Dinheiro atrai dinheiro

Jerry: Então, se a pessoa fica nesse estado por muitos e muitos anos... Elas estão fazendo o que *querem*?

Abraham: Muitas dessas pessoas, após certo tempo, decidem não retornar, e mesmo que alguém no plano físico tente reverter essa escolha, mantendo a pessoa ligada a uma máquina, a sua Consciência já se foi há muito tempo e não retornará àquele corpo

Doenças hereditárias — por que eu posso herdar uma doença que acometeu a minha avó?

Jerry: Eu já ouvi pessoas dizendo: "Eu sofro de enxaqueca porque minha mãe também tinha isso" ou então "minha avó era obesa, minha mãe era obesa e meus filhos também são obesos". As pessoas herdam problemas físicos das outras?

Abraham: O que muitas vezes parece ser uma herança genética é a resposta dada pela *Lei da Atração* aos *pensamentos* voltados para aquele problema, pois você aprende com seus pais que tem tendência a herdar uma ou outra doença. As células do seu corpo são partículas pensantes que podem ser influenciadas pelas vibrações ao seu redor. Quando você identifica um desejo e encontra pensamentos e sentimentos que o façam sentir bem (ou seja, alcança o alinhamento vibracional com o seu *Ser Interior* ou Fonte), as suas células rapidamente se alinham com as vibrações dos pensamentos positivos, alcançando o Bem-estar físico. Essas células nunca irão desenvolver tendências negativas que as levem a uma doença se você se mantiver sempre alinhado com a Fonte. As suas células só vão sair do alinhamento quando e se *você* sair.

O seu corpo é uma extensão do seu pensamento. Os seus sintomas negativos contagiosos ou "herdados" são alimentados pelo seu pensamento negativo, e não poderiam ocorrer na presença de pensa-

Mantendo o meu Bem-estar físico

mentos positivos constantes, não importa quais doenças tenham sido vivenciadas pelos seus pais.

Jerry: Se ouço minha mãe reclamar das dores de cabeça e aceitar isso, poderei começar a ter dores de cabeça também?

Abraham: Quando você ouve isso de sua mãe ou de qualquer outra pessoa, a sua atenção é desviada para uma coisa que você não deseja, mas que com o tempo pode fazer parte da sua vida.

A dor de cabeça é um sintoma de resistência ao Bem-estar, e ela surge quando você se mantém em vibração contrária ao seu Bem-estar ou ao seu *Ser Interior*. Por exemplo: se estressar com o trabalho ou sentir raiva do governo pode provocar um sintoma físico — *você não precisa se focar em uma dor de cabeça para ter uma.*

Jerry: Se a minha mãe reclama das dores de cabeça e eu, dentro da minha consciência, rejeito essa ideia constantemente e digo 'Pode ser assim para você, mas essas dores de cabeça não vão me afetar', isso me protege de alguma maneira?

Abraham: É sempre positivo falar para si mesmo aquilo que você quer, mas o pensamento deve estar alinhado com aquilo que você *realmente* quer. Não é possível manter o alinhamento com *quem-você-realmente-é* e focar na dor de cabeça da sua mãe ao mesmo tempo.

Falar para si sobre o que você quer *enquanto olha para o que você* não quer *não cria um alinhamento com o que você* quer. *Tire o foco do que você* não quer *atrair e pense somente nas coisas que você* quer.

O foco deve estar em algum aspecto da sua mãe que faça você se sentir bem, ou em alguma outra coisa ou outra pessoa. O importante é fazer você se sentir bem.

Qual é o papel da mídia na propagação das epidemias?

Jerry: Tenho visto na tevê, ultimamente, que há campanhas de vacinação contra a gripe, para quem quiser ser vacinado. Isso vai afetar a propagação do vírus dessa gripe?

Abraham: Sim, isso vai ajudar muito. Não há fonte maior de influência negativa em seu ambiente, hoje em dia, do que a televisão. É claro que, como em todo o resto do ambiente em que você está, existem coisas desejadas e coisas não desejadas, e você tem a capacidade de escolher aquilo que a televisão vai lhe mostrar, mas tais fontes de informação lhe oferecem pontos de vista tremendamente distorcidos e desequilibrados. Elas buscam em todo o planeta por bolsões de problemas, lançando holofotes sobre eles, amplificando-os, dramatizando as questões com música tensa e canalizando tudo para a sua sala de estar, oferecendo uma imagem final do problema que é completamente distorcida, em contrapartida ao Bem-estar que também existe no planeta.

Um bombardeio de comerciais relacionados a medicina é também uma fonte de influência negativa, apregoando que "uma em cada cinco pessoas sofre do problema X, e essa pessoa pode ser você". Eles influenciam você a pensar nisso e dizem: "Consulte o seu médico!" quando você vai ao médico (lembre-se que a *intenção* do médico é encontrar algo *errado*) a sua expectativa negativa já nasceu ou se expandiu e, com tanta influência negativa direcionada, o seu corpo já pode até manifestar evidências desses pensamentos dominantes. A medicina está mais avançada hoje em dia do que jamais esteve no passado e, no entanto, há mais pessoas doentes do que nunca.

Lembre-se, para criar algo basta ter um único pensamento, manter a expectativa e a coisa está feita! Eles mostram estatísticas, contam histórias de horror, estimulam você a pensar em um pro-

Mantendo o meu Bem-estar físico

blema, e quando você está sendo estimulado em detalhes, sente a emoção: "Puxa, que *horror*, que *medo... Eu não quero isso!*" Pronto! Metade da equação já está criada. A partir daí você decide fazer um *check-up* ou tomar algumas vacinas: "Obviamente trata-se de uma epidemia, senão eles não estariam oferecendo vacinas de graça". Isso completa o estágio da *expectativa* e da *permissão* e agora você está na plena posição de receber a gripe ou a essência do que está na sua cabeça.

Quer queira quer não, o que você pensa é atraído para você. Então, é muito bom você começar a treinar a história do seu Bem-estar, para que quando a tevê apresentar aquela versão assustadora (a que você não quer vivenciar) você possa ouvir tudo e achar graça, em vez de sentir medo.

Identificar as sensações desconfortáveis enquanto elas ainda estão pequenas?

Abraham: O primeiro indício de desalinhamento do Bem-estar físico vem sob a forma de uma emoção negativa. Você não vai ficar fraco no primeiro sinal negativo, mas se focar em questões que provocam um prolongado sentimento negativo vai, no fim, provocar a doença.

Se você não estiver consciente de que essa emoção negativa indica uma desarmonia vibracional que prejudica o Bem-estar poderá, como acontece com a maioria das pessoas, aceitar certo nível de emoção negativa sem sentir necessidade de fazer algo a respeito. A maioria das pessoas, quando sente alarme no nível de emoção negativa, o aceita. Elas não sabem como lidar com aquilo e pensam que é algo que está fora do seu controle. E aí, como não podem controlar as condições desagradáveis, sentem-se impotentes para modificar o que sentem.

188 Dinheiro atrai dinheiro

Queremos que você entenda que essas emoções são a resposta ao seu foco, e você sempre tem o poder de escolher pensamentos um pouco melhores ou um pouco piores. Quando escolhe os melhores de forma deliberada e consistente, a *Lei da Atração* traz uma melhora acentuada para a sua experiência de vida.

A chave para alcançar e manter o Bem-estar físico é perceber qualquer indicador de desalinhamento ou discórdia logo no começo. É muito mais fácil retomar o foco quando a sensação ruim é apenas sutil do que quando a Lei da Atração já respondeu ao pessimismo crônico trazendo resultados progressivamente piores.

Se você decide nunca permitir que algum tipo de emoção negativa se prolongue em seu interior, ao mesmo tempo que reconhece que é função unicamente sua manter a atenção e o foco nas coisas boas a fim de se sentir melhor, em vez de pedir a alguém que faça algo diferente ou torcer para alguma circunstância mudar, isso não só o tornará uma pessoa muito mais saudável, mas também mais feliz.

A alegria, o amor e a saúde são sinônimos. Ressentimento, ciúmes, depressão, raiva e doença também são sinônimos.

Há alguma cura para o Alzheimer e para a artrite?

Jerry: Articulações inflamadas pela artrite e perda de memória causada pelo Alzheimer têm volta? É possível se recuperar desses tipos de doença, qualquer que seja a idade?

Abraham: As condições do seu corpo físico são indicadores do equilíbrio nos pensamentos. Quando os pensamentos mudam, os indicadores mudam. A única razão pela qual algumas doenças parecem teimosas são os pensamentos teimosos que fazem a doença persistir.

Muitas pessoas seguem padrões de pensamentos improdutivos baseados em "fatos verdadeiros" que eles testemunharam ou dos quais ouviram falar, se agarram a tais padrões de pensamento (que não lhes serve de nada) e acabam vivenciando os resultados de tais pensamentos. Esse ciclo desconfortável ocorre quando elas pensam em coisas *não desejadas* (verdadeiramente indesejadas) e, ao fazer isso, através da Lei da Atração, impedem coisas desejadas de se manifestar em sua vida e, em vez disso, permitem a manifestação dessas coisas indesejadas. Então, elas focam em mais coisas indesejadas e as atraem.

Você sempre pode alcançar mudanças em todas as experiências que vivencia, mas deve começar a ver o mundo de forma diferente. Tem de contar a história do jeito que você quer que ela seja, em vez de contá-la "do jeito que ela é".

Ao escolher a direção dos pensamentos e conversas pela maneira como se sente ao falar deles, você começa a oferecer vibrações de forma *deliberada*. Você é um Ser Vibracional, quer saiba disso ou não, e a *Lei da Atração* está respondendo eternamente às vibrações que você emite.

Jerry: As substâncias químicas, o álcool, a nicotina ou a cocaína podem afetar o corpo de forma negativa?

Abraham: O seu Bem-estar físico é muito mais afetado pelo seu equilíbrio vibracional do que pelas coisas que você coloca no seu corpo. Mais importante ainda é que, a partir de um ponto de alinhamento vibracional, você não vai se sentir inclinado a consumir alguma substância que poderá afetar esse equilíbrio.

Salvo raras exceções, a procura por uma dessas substâncias parte de um ponto de desequilíbrio ou alinhamento menor.

Na verdade, o impulso para o consumo de drogas vem de um desejo de preencher um vazio causado pelo desequilíbrio vibracional.

Qual é a influência dos exercícios e da alimentação na saúde?

Jerry: O que ganhamos em termos de saúde com uma boa alimentação e mais exercícios?

Abraham: Você deve notar que há pessoas muito preocupadas com os aspectos relacionados à alimentação e aos exercícios, e algumas exibem um Bem-estar físico real e visível. Mas deve perceber também que há pessoas que fazem um tremendo esforço com comida e com exercícios, durante anos, e não obtêm sucesso em manter o Bem-estar do próprio corpo. O que você faz em termos de ação é muito menos importante do que os pensamentos que você emite, a sua forma de sentir, o equilíbrio vibracional ou a história que você conta.

Quando você reserva algum tempo para encontrar o seu equilíbrio vibracional, os cuidados com o corpo vão render frutos maravilhosos, mas se você não cuida do equilíbrio vibracional antes de qualquer coisa, não existe ação no mundo que compense essa Energia desalinhada. A partir do ponto de alinhamento você se sentirá inspirado a assumir um comportamento benéfico, do mesmo modo que, a partir de uma base de desalinhamento, você se inspira na direção de um comportamento maléfico.

Jerry: Eu me lembro de ter lido alguma coisa sobre Sir Winston Churchill, líder britânico na Segunda Guerra. Ele dizia: "Jamais correrei se puder ir andando, nunca andarei se puder ficar parado em pé, nunca ficarei parado em pé se puder sentar e nunca me sentarei se puder me deitar". Ele sempre fumava um grande charuto. Viveu até os 90 anos e, pelo que eu sei, desfrutava de boa saúde. Só que o seu estilo de vida claramente não era o que hoje consideraríamos saudável. Então tudo isso tem a ver com o fator *crença*, que ele mantinha?

Abraham: Mas ele morreu tão jovem... (risos) O motivo pelo qual as pessoas confundem muito sobre o comportamento correto para uma vida saudável é que eles apenas se baseiam no comportamento em si, ignorando a parte mais importante da equação: a forma como você pensa, as emoções que sente e a história que conta.

E quando uma pessoa saudável se sente cansada quase o tempo todo?

Jerry: Se uma pessoa aparenta ter boa saúde, mas se sente cansada ou fraca durante boa parte do dia... Qual seria a solução?

Abraham: As pessoas geralmente relacionam o cansaço a um estado de baixa energia, e essa é realmente uma forma correta de se explicar o fenômeno. Apesar de ser impossível cortar a relação que vocês têm com a sua fonte de Energia, quando seus pensamentos contradizem essa fonte, isso resulta num sentimento de resistência ou baixa energia.

Seu jeito de sentir sempre tem a ver com até que ponto você está em alinhamento ou fora de alinhamento com a Fonte. Sem exceção.

Quando você escreve a história do que você quer (a história que a Fonte dentro de você está sempre contando) você se sente feliz e energizado. O sentimento de energia baixa é sempre o resultado de contar uma história diferente daquela que a Fonte de Energia expandida dentro de você está contando. Quando você conta uma história focada nos aspectos positivos da sua vida, se sente energizado. Quando conta uma história focada nos aspectos negativos, se sente nervoso. Quando imagina uma condição melhorada, sente uma emoção positiva.

A forma de você sentir as coisas representa a relação entre o objeto da sua atenção e o seu desejo verdadeiro. Pensar constantemente no que é desejável lhe trará o vigor que você busca.

Qual é a principal causa das doenças?

Jerry: Então, falando de forma simples, o que você identifica como a principal causa das doenças?

Abraham: As doenças são causadas quando damos atenção para coisas que não desejamos, quando sentimos emoções negativas, mas mesmo assim as ignoramos, quando focamos a energia em coisas que *não queremos*, quando continuamos a manter a atenção nas coisas *indesejadas*, até que, pela *Lei da Atração*, mais pensamentos negativos vão surgindo, atraindo essas coisas para a vida.

As doenças existem quando você ignora os pequenos sinais iniciais de desalinhamento que surgem sob a forma de emoções negativas.

Se você sente uma emoção negativa e não muda o pensamento a fim de aliviar o desconforto trazido por essa emoção negativa, ela aumenta até se transformar em sensação física e, por fim, em deterioração física.

Contudo, a doença é apenas um indicador da sua vibração, e sempre que você modifica a vibração, o indicador também muda, para se combinar com a nova vibração oferecida. A doença nada mais é do que um indicador físico de Energia desequilibrada.

Muitas pessoas que estão doentes discordam que a causa dessa doença foi a *Lei da Atração*, que respondeu aos seus pensamentos. Elas argumentam que nunca pensaram *naquela* doença em particular para atrair isso. Mas a doença não chega a você porque você pensa *nela* ou em *qualquer outra*.

A doença é um indicador exagerado dos pensamentos negativos que começam como sinais sutis de emoção negativa e vão crescendo à medida que esses pensamentos persistem. Pensamento negativo é uma resistência ao Bem-estar, não importa qual seja o pensamento.

É por isso que novas doenças continuam a aparecer, e até que a verdadeira causa das doenças seja enfrentada, nunca haverá uma cura final.

Você tem potencial para atrair qualquer doença para o seu corpo neste momento, e tem também potencial para ter uma saúde perfeita. Os equilíbrios nos seus pensamentos vão selecionar as emoções que vão nortear esse potencial para o lado da saúde ou o lado da doença.

Jerry: Então, em outras palavras, sob essa perspectiva não existe uma *causa física* para uma doença? Tudo vem dos *pensamentos?*

Abraham: Nós entendemos a necessidade que vocês têm de acreditar que as ações ou o comportamento explicam as causas. Se você explicar para alguém de onde vem a água, seria adequado apontar a torneira como a fonte da água que chega à sua pia da cozinha. Do mesmo modo, há muito mais por trás da fonte da saúde ou da doença.

O conforto ou o desconforto que você sente são sintomas do equilíbrio dos pensamentos, e esse equilíbrio tende a afetar mais o lado menos resistente, do mesmo modo que a água sempre corre morro abaixo e a corda sempre arrebenta do lado mais fraco.

Um exemplo da minha "velha" história sobre o meu bem-estar físico

Percebo sintomas no meu corpo que me preocupam. Estou ficando velho, me sinto mais fraco, menos estável, menos saudável, menos seguro. Eu sempre me preocupo com questões de saúde. Tento cuidar bem de mim, mas não vejo muitos resultados. Deve ser normal se sentir assim com o passar

Um exemplo da minha "nova" história sobre o meu bem-estar físico

Meu corpo responde aos meus pensamentos, que respondem a cada pequena coisa que passa pela minha cabeça. Quanto mais eu penso em coisas boas, mais eu me permito sentir Bem-estar.

Gosto de saber que existe uma correlação forte entre como eu me sinto e meus pensamentos. Gosto de saber que esses sentimentos me ajudam a escolher os pensamentos que vão me fazer sentir melhor, vão produzir vibrações melhores e vão me ajudar a ter um corpo melhor. Meu corpo responde de forma absolutamente precisa aos meus pensamentos, e é muito bom saber disso.

Estou cada vez melhor na escolha dos pensamentos. Não importa minha condição atual, eu tenho o poder de mudá-la. Meu estado de saúde física é um indicador do estado dos meus pensamentos contínuos, e eu tenho controle sobre ambos.

O corpo físico é uma coisa magnífica pela sua organização, que começa com um ovo de células do feto que constroem toda uma estrutura até chegar à complexidade que é o corpo humano. É impressionante a estabilidade do corpo e a inteligência de cada célula que o compõe, assim como todas essas funcionalidades que ele tem sobre as quais nos envolvemos de forma inconsciente.

É bom saber que não é responsabilidade da minha consciência o sangue que circula nas minhas veias nem o ar que eu respiro. É bom saber que meu corpo sabe o que fazer e faz tudo tão bem. O corpo humano de um modo geral é incrível·

Mantendo o meu Bem-estar físico

ele é inteligente, é flexível, é durável, é resistente, pode ver, ouvir, cheirar, sentir sabores e tocar coisas.

Esse corpo está a meu serviço. É apaixonante a forma como exploro minha vida através do corpo físico. Eu gosto do meu vigor e da minha flexibilidade. Gosto de viver no meu corpo.

Sou grato a meus olhos, que podem enxergar tudo neste mundo, diferenciando o que está perto do que está longe, distinguindo formas e cores com uma percepção incrível de profundidades e distâncias. Eu me divirto com a habilidade de ouvir, cheirar, sentir e sentir. Amo meu tato, amo o conteúdo sensorial deste planeta e amo a minha vida neste corpo.

Sinto gratidão e fascinação pela habilidade de cicatrização do meu corpo, vejo uma nova pele cobrir as feridas e sinto a elasticidade renovada quando algum trauma físico acontece.

Conheço minha flexibilidade, a destreza dos meus dedos e a resposta imediata dos músculos a cada tarefa que eu desempenho.

Gosto de saber que o meu corpo sabe como ficar bem e está sempre buscando o próprio Bem-estar. Gosto de saber que se eu não o atrapalhar com pensamentos negativos, a saúde vai prevalecer.

Gosto de compreender o valor das minhas emoções, e de entender que tenho a capacidade de manter meu Bem-estar físico porque eu tenho a capacidade de emitir e manter pensamentos positivos e felizes.

Em todos os dias da minha vida eu sei que, mesmo quando algumas coisas do meu corpo não estão no seu melhor, muitas e muitas outras coisas estão funcionando como deveriam, e esses são os aspectos predominantes no Bem-estar do meu corpo.

Acima de tudo, amo a resposta rápida que o meu corpo dá às minhas intenções e à atenção que dedico a algum assunto. É muito bom entender as relações corpo-mente-espírito e as qualidades produtivas e poderosas que esse alinhamento deliberado me proporciona.

Amo viver a vida no meu corpo.

Eu me sinto grato pela minha experiência de vida.

Eu me sinto bem.

Não há maneira certa ou errada de contar a sua história. Você pode falar de experiências passadas, presentes ou futuras. O único critério relevante é a consciência de estar contando uma versão que faça você se sentir bem. Se você passar o dia contando várias pequenas histórias que lhe causem um sentimento positivo, você vai modificar o seu ponto de atração. Apenas lembre que a história que *você* vai contar é a base da *sua* vida. Então conte essa história da maneira que você quer que ela seja.

Parte 4.

Perspectivas sobre saúde, riqueza, peso e mente

Quero desfrutar de um corpo saudável

Colocar o corpo físico em alinhamento é uma coisa tremenda-mente valiosa por dois motivos:

— Em primeiro lugar, não há assunto sobre o qual as pessoas pensem mais que não o próprio corpo. (Isso nos parece lógico, pois ele é o veículo que leva as pessoas a toda parte.)

— Em segundo lugar, uma vez que todas as perspectivas ou pensamentos que você emite fluem por meio da lente representa-da pelo seu corpo físico, a sua atitude com relação a virtualmente todos os assuntos é influenciada pela maneira como você se sente a respeito do seu corpo.

Como a ciência e a medicina têm sido muito lentas para reco nhecer a ligação profunda entre a mente e o corpo, entre os pensa-mentos e as suas consequências, entre as atitudes e os resultados, a maioria das pessoas segue cambaleante em meio a uma supera-bundância de orientações contraditórias em relação ao próprio corpo.

Sempre que a base de um sistema de compreensão é defeituosa, não importa a quantidade de remendos aplicados sob a forma de métodos, poções ou remédios, nenhum deles será capaz de promover resultados consistentes. Devido ao fato de que o alinhamento das energias em cada indivíduo varia conforme uma variedade imensa de fatores tais como crenças, desejos, expectativas, influências antigas e atuais, não é de admirar que os remédios que funcionem "sempre e de forma infalível" sejam inexistentes, e não é de admirar que a maioria das pessoas se sinta absolutamente confusa sobre seus corpos físicos.

Quando você tenta recolher, organizar e processar informações sobre o que está acontecendo com você baseado nos corpos das outras pessoas, em vez de utilizar o seu próprio *Sistema de Orientação Emocional* para compreender o *seu* alinhamento ou desalinhamento de Energia, isso é o equivalente a utilizar o mapa de um país diferente para descobrir o caminho em seu próprio país, isto é, tal informação simplesmente não bate com o que você tem nem com onde você está.

Você recebeu tantas informações contraditórias quanto ao que sabemos (e quanto às *Leis do Universo*) que nos sentimos felizes por poder falar a respeito de você e do seu corpo em relação ao processo mais amplo da existência. Queremos ajudá-lo a entender o que você deve fazer para se tornar um Ser saudável, fisicamente em forma e que exibe a aparência que você busca (perfeição em termos de mente, espírito e corpo); e quando você utiliza a mente para focar de forma deliberada os pensamentos, buscando alinhá-los com os pensamentos do seu *Ser Interior* (ou espírito), seu corpo físico se tornará a prova inegável desse alinhamento.

Quero equilibrar os meus desejos e experiências

Não é possível levar o seu corpo a um estado de saúde perfeita pensando unicamente nos aspectos físicos do ser para só depois aplicar algum tipo de ação sobre o corpo. Sem uma compreensão

Perspectivas sobre saúde, riqueza, peso e mente

da Ligação que existe entre o "você físico" e o "Você Interior Vibracional Não Físico" não será possível alcançar o entendimento consistente nem o controle dessa questão. Em outras palavras, embora possa parecer que o estado de Bem-estar e a boa aparência física sejam simplesmente o resultado de seu comportamento em relação à alimentação e às atividades físicas, a questão tem muito mais a ver com o alinhamento vibracional entre os aspectos físico e Não físico do ser.

A partir do momento em que você aceitar a totalidade do seu Ser e tornar esse alinhamento vibracional a prioridade máxima na sua vida, estará a meio-caminho de alcançar e manter o seu corpo físico desejado. Mas se você usa condições de outras pessoas, experiências alheias e opiniões externas em sua busca pelo Bem-estar, não será capaz de controlar a condição do seu corpo físico. Em outras palavras, enquanto você lutar por um padrão físico baseado em comparações com experiências de outras pessoas, em vez de buscar o próprio alinhamento pessoal entre o "você" e o *Você*, não lhe será possível descobrir a chave para o controle do próprio corpo.

Eu não preciso comparar o meu corpo com outros

Gostaríamos de ajudá-lo a compreender que não existe um estado de ser que pareça mais adequado ou correto, nem mesmo mais desejado, pois existe uma variedade imensa de estados de corpos que estavam pré-programados para você no instante em que você assumiu esse corpo físico. Se a intenção das pessoas fosse considerar todos esses estados como iguais, mais pessoas seriam idênticas, e elas não são. O ser humano exibe uma infindável variedade de tipos, tamanhos e diferenças entre eles, e isso é tremendamente vantajoso para o todo. Vocês assumem a forma física em uma variedade tão grande a fim de acrescentar equilíbrio a esse tempo e espaço determinados.

Portanto, gostaríamos de incentivá-los a fazer o seguinte: Em vez de olhar para si mesmos e reconhecer que lhes falta essa ou aquela característica, como muitos de vocês fazem, queremos mostrar as vantagens de vocês serem exatamente como *são*. Em outras palavras, quando vocês forem observar e analisar o próprio corpo, gastem mais tempo reparando nas vantagens que ele oferece não apenas para você, mas para o equilíbrio de *Tudo-o-Que-É*.

Jerry: Eu me lembro que costumava me exercitar em um trapézio (no circo), mas era muito pesado para ser o que eles chamavam de "voador" e era leve demais para ser o que se denominava "receptor". Devido a isso os meus exercícios no trapézio não me deixavam muito à vontade, a não ser quando conseguíamos um receptor mais pesado ou um voador mais leve, por assim dizer. Apesar disso eu continuava sendo um trapezista, mas apresentava para o público o que chamávamos de número solo, onde ninguém me "recebia" e eu não precisava "agarrar" ninguém. Mesmo assim eu não me via em situação de inferioridade, nem achava que devia ser maior ou menor do que era. Simplesmente descobri algo que gostava de fazer e isso sempre me dava o mesmo sentimento de gratificação por ser um trapezista.

[*Abraham*: Ótimo! Isso é Excelente!]

E se eu me enxergasse como perfeito?

Jerry: Então nós não deveríamos nos preocupar com o nosso peso, nem com a nossa habilidade mental, nem com o nosso talento? Deveríamos nos ver como seres perfeitos?

Abraham: Não estamos incentivando vocês a enxergarem o seu atual estado físico, não importa qual seja, e o considerarem "perfeito", pois vocês sempre estarão lutando e tentando conseguir algo que está *adiante do que é*. Mas encontrar aspectos da sua atual experiência que lhes pareçam bons quando focados vai fazer com que vocês se alinhem com a perspectiva do seu Eu Interior, que sempre está focado no seu Bem-estar.

Incentivamos uma harmonização entre o que você *pensa sobre o seu corpo e o que o seu* Ser Interior *pensa sobre o seu corpo, em vez de tentar condições para que o seu corpo reaja às condições dos outros corpos que você vê à sua volta.*

Lutar contra o indesejado atrai mais do indesejado

Abraham: À medida que compreender que a criação ocorre através dos pensamentos, e não por meio da ação, você realizará muito mais desejos com muito menos esforço — e, como não haverá desgastes nem lutas para isso, será muito mais divertido. Você emite pensamentos em todos os momentos em que está acordado, e se tiver uma propensão para o lado positivo, os pensamentos de Bem-estar lhe servirão muito bem.

Você nasceu em uma sociedade que começou a alertá-lo sobre as coisas indesejadas logo após seu nascimento, e, ao longo do tempo, quase todo mundo aprendeu a se manter em guarda devido a isso. Você acompanha a "guerra contra as drogas", a "guerra contra a aids" e a "guerra contra o câncer". A maioria das pessoas acredita sinceramente que a maneira de conseguir o que *quer* é se defender contra o que *não quer* e, devido a isso, essas pessoas gastam muito mais da sua energia afastando delas o indesejado quando, se elas pudessem ver a *Lei da Atração* pela nossa ótica — se elas pudessem se aceitar como focos de atração por meio dos pensamentos que emitem, perceberiam o equívoco de adotar essa abordagem retrógrada e prejudicial.

Ao dizer: "Estou doente e não quero ficar doente, então vou vencer essa doença, vou atacá-la e derrotá-la", você está, a partir dessa postura de se manter em guarda, na defensiva, repleto de emoções negativas e se agarrando cada vez mais à doença.

A atenção que eu dedico à carência de alguma coisa atrai mais carência

Abraham: Toda questão, na verdade, tem duas faces, como uma moeda. Existe a face do que você quer e a outra face, que é a carência por você não ter o que quer. Com relação ao seu corpo, uma vez que todos os pensamentos que você emite são filtrados através da perspectiva que você tem desse corpo, se ele não sentir as coisas do jeito que você quer que sinta ou pareça do jeito que você quer que pareça, é natural que uma grande parcela dos seus pensamentos (uma proporção desequilibrada deles, na verdade) seja levada para o lado de perda dessa equação, em vez de se dirigir para o lado da verdadeira vontade.

A partir da sua posição de falta e carência, você só conseguirá atrair mais dela, e é por essa razão que a maioria das dietas, por exemplo, não funciona: Você tem consciência da sua gordura, sabe que seu corpo tem a aparência que você não queria que tivesse, e quando chega a um ponto tal que não consegue mais suportar a situação (seja por decisão pessoal ou pela zombaria dos outros) você diz: "Não aguento mais isso. Vou entrar numa dieta e me livrar de todo o excesso de peso que *não quero* na minha vida". No entanto, a sua atenção está centrada no que você não quer (o excesso de peso), então é exatamente isso que você consegue.

A forma certa de alcançar o que você deseja é voltar toda a atenção para o que você quer, *e não para o que você* não quer.

Plantar sementes de medo faz nascer mais medo

Jerry: Um querido amigo, meu mentor na área de negócios, se ofereceu como voluntário para participar de um estudo médico. Explicou que, embora tivesse uma saúde excelente, estava disposto a participar do estudo se isso pudesse ajudar os outros, já que muitos homens que moravam na mesma região e tinham a sua faixa etária estavam morrendo de uma determinada doença. Pois bem, não se passaram mais de algumas semanas e nós recebemos a notícia de que ele fora diagnosticado com a doença. No momento ele já não está em tão boa forma física, mas mesmo assim ele não parece ter medo da doença. Será que esse meu amigo criou a doença para si mesmo ao simplesmente focar a atenção nela?

Abraham: Foi a atenção que ele deu à doença — ou seja, a sua intenção de ser útil aos outros. Ao fazer isso, ele permitiu que os médicos o investigassem, apalpassem e observassem. Durante o processo de investigação, exploração e observação, ele recebeu estímulos mentais de todos à sua volta, que o tornaram consciente da possibilidade — não apenas da possibilidade, mas da *probabilidade* de ele pegar a doença.

Eles plantaram nele a semente da probabilidade e, a partir daí, com a investigação, a exploração e a observação, o corpo dele respondeu ao que viu, sem o saber, como resposta à busca do equilíbrio pelo pensamento.

Você nos ofereceu um exemplo maravilhoso, porque a enfermidade não existia dentro dele até que a *atenção* à doença entrou em sua mente, e a partir do momento que a atenção à doença entrou, o seu corpo respondeu de acordo.

O potencial para a saúde perfeita ou a doença está sempre dentro de você. Seus pensamentos é que determinam qual dessas experiências você vai vivenciar, e em que grau.

A atenção dada à doença atrai a doença?

Jerry: Até que nível nós podemos brincar com os pensamentos sobre doenças? Por exemplo: uma pessoa assiste à tevê e resolve se oferecer para um exame grátis de algum órgão, dizendo: Bem, vou ajudar nas pesquisas. Estou bem de saúde, por que não fazê-lo, já que é grátis?". Quais são as chances de isso resultar no que você está dizendo: um estímulo do pensamento que acaba levando a um resultado não desejado?

Abraham: Quase cem por cento de chance. Devido à atenção constante que a sua sociedade dedica às doenças, elas estão resistindo cada vez mais. Com toda a tecnologia médica que vocês têm nas mãos, todas as ferramentas e novas descobertas, existem mais pessoas com doenças crônicas do que antes. A prevalência de tantas doenças graves é resultado, predominantemente, da sua atenção à doença.

Você perguntou: "Até que ponto podemos brincar com isso?" Nós respondemos: Vocês são muito exigentes com o que comem, com o que vestem, com os automóveis que dirigem, mas não são cuidadosos com o que pensam.

Nós insistimos nisso: vocês devem ser particularmente exigentes com o que pensam. Mantenham os seus pensamentos lado a lado com aquilo que está em harmonia com os seus desejos. Pensem na saúde, e não na falta dela. Pensem no que vocês querem em vez de pensar na falta do que não possuem.

As doenças não derivam nem se perpetuam só por causa da atenção que vocês fornecem às enfermidades em geral. Lembrem-se de que elas surgem a partir dos seus pensamentos de vulnerabilidade e cautela, genericamente falando. Treinem os pensamentos emitidos sobre todos os assuntos (não apenas a saúde física) e levem-nos na direção do que vocês *desejam* para si mesmos. Por meio do estado emocional aprimorado que vocês obterão, o seu Bem-estar físico estará assegurado.

A minha atenção está focada de forma predominante no meu bem-estar?

Jerry: Uma querida amiga recentemente construiu um cômodo extra em sua casa a fim de que sua sogra, cujo estado de saúde havia piorado, pudesse morar com ela. A senhora enferma falava o tempo todo de doenças, contava como se sentia mal, comentava o quanto a sua saúde era precária, dizia-se muito infeliz e só falava de cirurgias disso e daquilo.

Foi então que a mãe dessa nossa amiga, que tinha 85 anos, veio visitá-los no Natal. Ela nunca colocara os pés em um hospital em toda a sua vida, mas menos de uma semana depois de estar naquela casa em companhia da enferma, que continuava falando de doenças constantemente, sua saúde começou a decair de forma drástica. Ela acabou sendo internada e, por fim, colocaram-na em um asilo geriátrico. Será possível que a saúde de uma pessoa possa decair de forma tão dramática como resposta a poucos dias de influência negativa?

Abraham: O potencial para a doença ou para o Bem-estar está dentro de nós o tempo todo. Qualquer coisa na qual você foca a atenção começa a nutrir em seu interior a manifestação da essência desse pensamento. Como já dissemos, o pensamento é poderosíssimo.

Embora isso não seja necessário nem aconselhável, a maioria das pessoas que chegou aos 85 anos já recebeu fortes influências negativas relacionadas ao seu corpo. São constantemente bombardeadas com ideias de saúde fraca, da necessidade de fazerem um bom plano de saúde, da importância de um plano especial para funerais, de como devem preparar um testamento, a fim de se pre-

208   Dinheiro atrai dinheiro

pararem para a própria morte e assim por diante. Portanto, a mulher que adoeceu não recebeu da idosa enferma a primeira influência negativa sobre o seu Bem-estar físico.

Entretanto, como ela já estava oscilando naquela direção e sentindo-se insegura quanto à própria longevidade, a intensidade das conversas da outra mulher e as respostas que obteve das pessoas à sua volta fizeram com que o seu equilíbrio se perdesse a ponto de sintomas negativos imediatamente surgirem em seu corpo. A partir daí ela voltou a atenção para os próprios sintomas negativos e eles, nesse ambiente intenso, pioraram rapidamente.

Quando uma pessoa começa a estimular de forma predominante os pensamentos sobre a doença, em vez de pensar na saúde, mentaliza a falta de Bem-estar, em vez do Bem-estar completo, e se sente mais vulnerável, colocando-se na defensiva ou, às vezes, zangada. Então, as células dessa pessoa começam a responder para equilibrar esse pensamento. Sim, é possível que em questão de semanas, dias, ou até horas esse processo negativo possa ter início.

Tudo que você vivencia é o resultado dos pensamentos que emite, sem exceção.

A realidade física dos outros não deve ser a minha realidade

Abraham: Quando você vê o que acontece fisicamente à sua volta, muitas vezes essa *evidência física* lhe parece mais real que um *pensamento*. Você nos diz coisas como: "Abraham, isso é verdadeiro, não é apenas um pensamento", como se algo *verdadeiramente real* e um *pensamento* fossem coisas diferentes. Você deve lembrar que o Universo não distingue entre seus pensamentos relacionados com a realidade atual ou com a realidade imaginada. O Universo e a *Lei da Atração* simplesmente respondem ao seu pensamento — real ou imaginário, quer ele esteja ocorrendo em um momento atual, quer seja uma simples lembrança.

Quaisquer evidências que você perceba à sua volta são, nada mais nada menos, do que os indicadores manifestados pelo pensamento de alguém, e não há razão para que as criações mentais das outras pessoas façam você se sentir assustado ou vulnerável.

Não existe uma condição imutável. Não existe nenhum tipo de situação física, não importa o estado de degeneração negativa que ela represente, que não possa melhorar. É preciso apenas a compreensão da Lei da Atração, a reorientação das emoções e a determinação de focar a atenção, deliberadamente, nas coisas que fazem você se sentir bem. Se você compreender que o seu corpo sempre responde ao que você pensa e se puder manter os pensamentos onde deseja que estejam, você melhorará em tudo.

Como posso influenciar todos à minha volta para que eles mantenham a saúde?

Jerry: Então, qual é a melhor coisa a fazer para manter ou recuperar a minha saúde perfeita ou para influenciar os outros em volta a encontrar saúde perfeita *deles*?

Abraham: Na verdade, os processos de recuperar a saúde e mantê-la são exatamente os mesmos: *Foque sempre nas coisas boas.* A grande diferença entre recuperar e manter a saúde é que é mais fácil pensar em coisas boas quando você se sente bem do quando se sente mal. Devido a isso, *manter* a saúde é muito mais fácil do que *recuperá-la.*

A melhor forma de influenciar ou outros a ter boa saúde é vivenciá-la. A melhor forma de levar os outros a pensar em doença é você ficar doente.

Sabemos que, para quem está em um lugar que não deseja estar, pode parecer simplista a ideia de buscar um pensamento bom, pura e simplesmente. Mas nós lhe garantimos que se você estiver determinado a melhorar o seu astral escolhendo apenas pensamentos que o farão se sentir melhor, notará uma melhora imediata em qualquer coisa que o esteja perturbando.

Vou relaxar e me concentrar no bem-estar, na hora de dormir

Abraham: O seu estado natural é o de Bem-estar absoluto. Você não precisa mais lutar contra a doença. Simplesmente relaxe profundamente e imagine o seu Bem-estar físico e mental. Ao se colocar na cama hoje à noite, antes de dormir, sinta o maravilhoso conforto do colchão macio sob o seu corpo. Observe o quanto a cama é grande. Perceba o travesseiro sob o seu pescoço. Sinta a maciez do tecido em sua pele. Fixe a atenção nas sensações agradáveis, pois sempre que você pensa em coisas boas corta o combustível da doença.

Todas as vezes que você pensa em algo que o faz se sentir bem você está impedindo a doença de ir em frente. Do mesmo modo, sempre que você está pensando na doença está acrescentando um pouco mais de lenha à fogueira, por assim dizer.

Sempre que você consegue manter o pensamento em algo positivo por cinco segundos interrompe o fluxo da doença durante esses segundos. Ao conseguir manter o bom astral por dez segundos, você interrompe o combustível da doença pelo mesmo período. Quando você observa o quanto se sente bem neste exato momento, e vê a sua vida como sendo um estado de Bem-estar constante, *você começa a se abastecer de saúde.*

As emoções negativas indicam pensamentos pouco saudáveis?

Abraham: À medida que você emite pensamentos de doença, o motivo das muitas emoções negativas que surgem é o fato de tais pensamentos estarem absolutamente fora de sintonia com o conhecimento maior de *quem-você-realmente-é*. As emoções negativas vivenciadas sob a forma de *preocupação, raiva* ou *medo* a respeito da doença são indicativas de severas restrições ao fluxo de energia, restrições criadas entre você e *quem-você-realmente-é*.

O seu completo Bem-estar se impõe quando você aceita o fluxo total das energias Não Físicas do seu *Ser Interior*. Portanto, sempre que você pensa: *"Estou bem"* ou *"Estou melhorando"* ou *"Estou são, o meu estado natural é estar são"*, tais pensamentos vibram em um lugar que está em harmonia total com o que o seu *Ser Interior* conhece, e você recebe todos os benefícios energéticos que fluem a partir do seu *Ser Interior*.

Todo pensamento vibra. Sabendo disso, foque os pensamentos nas coisas que fazem você se sentir bem, pense em coisas boas que atraiam outras coisas boas, e outras e mais outras... Até a sua frequência vibracional se elevar a um ponto tal que o seu Ser Interior *envolva o seu corpo por completo. Nesse momento você se colocará no lugar do Ser Interior e todos os seus mecanismos físicos o acompanharão de imediato — nós garantimos isso. A partir desse momento, pode esperar evidências físicas marcantes da sua recuperação, pois esta é a* Lei.

Até que ponto eu posso controlar o meu corpo?

Jerry: Bem, já que estamos falando de "Perspectivas de Saúde, Peso e Mente" eu pergunto: *Como posso chegar aonde quero e me manter lá?* Vejo que existe um número espantoso de pessoas que se preocupam com o peso, além da saúde física e mental. E pela quantidade de atenção dedicada aos problemas de saúde, compreendo o porquê de as pessoas estarem tão preocupadas.

Dinheiro atrai dinheiro

Quando eu era menino, tive a felicidade de descobrir que possuía controle sobre meu próprio corpo. Lembro-me de uma ocasião, quando tinha mais ou menos nove anos, em que visitei uma feira rural onde dois lutadores profissionais se propunham a enfrentar qualquer adversário. Os fazendeiros presentes pagavam uma quantia para entrar no ringue e lutar com os boxeadores, e se alguém conseguisse derrotá-los poderia embolsar um bom dinheiro. Só que os fazendeiros sempre viravam saco de pancada.

Lembro-me de ficar em uma pequena tenda de lona, ao lado de lampiões de gás ou querosene, olhando atentamente os reflexos da luz nas costas suadas de um dos boxeadores. Fiquei absolutamen te fascinado ao reparar que a coluna dele estava oculta entre duas camadas de músculos que lhe desciam até a cintura, enquanto a minha coluna era mais parecida com a do mascote da nossa cidadezinha em Arkansas, um javali esquelético. Minha coluna aparecia toda por baixo da pele e não havia músculo algum em volta dela, enquanto a do lutador parecia tão revestida de músculos que nem dava para vê-la. Adorei ficar observando a movimentação daqueles músculos. Gostei tanto do que vi na feira que oitos anos depois daquele dia os músculos das minhas costas também estavam iguais aos dele. A partir dessa experiência, descobri que era possível criar o meu próprio corpo.

Como resultado da minha saúde muito precária, quando criança, aprendi que, de algum modo, eu conseguia controlar o meu estado de saúde. Tentei vários médicos ao longo dos anos, mas seus diagnósticos e tratamentos eram quase sempre equivocados. Não demorei muito para descobrir que estaria melhor me mantendo longe dos médicos, pois não encontrava nenhum no qual eu confiasse cegamente. Eles quase sempre estavam errados quando tentavam me ajudar, então decidi controlar o meu próprio corpo.

Mesmo assim eu me sinto preocupado em como o meu corpo vai se manter saudável e quais serão as minhas condições físicas

Perspectivas sobre saúde, riqueza, peso e mente

no futuro. Será que eu conseguirei, digamos, manter o meu peso atual, a minha mente sã e o meu corpo em forma? Estou bem, mas às vezes me pergunto: *Será que conseguirei me manter bem a vida toda?* Foi por isso que resolvi tocar nesse assunto.

Abraham: Agradecemos pela forma como você colocou a questão, pois o corpo e a mente estão constantemente ligados.

Seu corpo responde continuamente aos seus pensamentos. Na verdade, não respondem a mais nada além disso. Ele é um reflexo perfeito da forma como você pensa. Nada afeta mais o corpo físico do que os pensamentos. Foi muito bom você descobrir, ainda jovem, que possuía controle sobre o seu corpo.

Ao reconhecer de forma consciente a correlação absoluta entre o que você pensa e o que experimenta, você consegue, depois de algum tempo, controlar toda a sua vida. Para alcançar as coisas desejadas, e *não* as indesejadas, basta perceber que o controle que você busca já existe dentro de você e então, deliberadamente, mentalizar as coisas que deseja vivenciar.

Pensamentos de declínio físico são sempre desagradáveis, porque ninguém deseja a própria decadência física. Portanto utilize o seu *Sistema de Orientação*, escolha pensamentos agradáveis e não haverá motivos para você se preocupar com o tempo que passa. Na verdade, trata-se apenas de tomar esta decisão:

Reconheço que eu possuo o único e absoluto controle do meu instrumento físico. Reconheço também que eu sou o resultado dos pensamentos que emito.

No dia do seu nascimento você possuía conhecimento (não *esperança*, nem *desejo*, mas um profundo *conhecimento*) de que a base da sua vida é a liberdade absoluta, que a sua busca principal é a alegria e que o resultado da sua experiência ao longo dos anos seria crescimento; você também sabia que é perfeito e continua buscando cada vez mais perfeição.

Podemos fazer crescer, de forma consciente, músculos e ossos?

Jerry: Quando eu era jovem, acrescentei massa muscular ao meu corpo de forma consciente e deliberada, mas nós podemos provocar o mesmo efeito nos ossos?

Abraham: Podem, sim, e do mesmo modo. A diferença é que a crença no poder sobre os músculos já existe em suas mentes, e a crença no poder sobre os ossos, não.

Jerry: Isso é verdade. Conheci um homem que desenvolvera uma musculatura magnífica e quis fazer o mesmo. Como outros homens trabalhavam a própria musculatura, eu acreditei que poderia fazer o mesmo. Quanto aos ossos, porém, nunca vi ninguém alterá-los.

Abraham: Esse é o motivo de não haver mais mudanças nas sociedades humanas de hoje em dia, pois a maioria das pessoas está dando mais atenção ao *que-é*. Para efetuar mudanças vocês devem olhar além do *que-é*.

Todo processo ocorre de forma muito mais lenta quando as pessoas necessitam de provas para acreditar nas mudanças, pois elas precisam esperar que alguém de fora crie algo novo para, só então, poderem acreditar. No entanto, se você entender que o Universo e a Lei da Atração responderão a algo apenas imaginado tão depressa quanto respondem a algo de existência confirmada, então poderá partir mais rapidamente para novas criações sem precisar esperar que alguém as alcance antes.

Jerry: Então, o desafio é ser o "pioneiro" — ser o primeiro a compreender isso.

Perspectivas sobre saúde, riqueza, peso e mente

Abraham: Estar na vanguarda exige visão e expectativas positivas, mas também é aí que reside o mais poderoso regozijo. Desejar uma coisa e não ter dúvidas sobre consegui-la é mais satisfatória das experiências humanas, enquanto desejar algo e não acreditar na própria capacidade de consegui-lo não é nada agradável. Quando você pensa unicamente no que deseja, sem contradições constantes que levam à dúvida e à descrença, a resposta do Universo vem com rapidez e, com o tempo, você começa a sentir o poder do pensamento deliberado. Só que alcançar esse estado de pensamentos "não maculados" leva tempo e exige prática. É necessário que você passe menos tempo reparando em *como as coisas são* e mais tempo visualizando *o que gostaria* de vivenciar. A fim de contar uma história nova e melhorada sobre a sua experiência física, você deve passar o maior tempo possível pensando e falando sobre a experiência que quer vivenciar.

A coisa mais poderosa a fazer, e que lhe dará um nível de alavancagem muito maior do que qualquer ação, é passar algum tempo, todos os dias, visualizando a sua vida como você quer que ela seja. Sugerimos que vá para um lugar privativo e sossegado durante 15 minutos todos os dias, onde você possa fechar os olhos e imaginar o seu corpo, o seu ambiente, os seus relacionamentos e a sua vida do jeito que lhe agrada.

O que passou não tem nada a ver com o que virá, e o que se passa com os outros não tem nada a ver com a sua própria experiência, mas você deve encontrar um jeito de se separar de tudo isso — se desvincular não só do passado, mas também das experiências alheias — a fim de se transformar naquilo que deseja ser.

E quando o desejo de alguém se sobrepõe à sua crença?

Jerry: As pessoas praticam corrida há milhares de anos, mas nunca ninguém tinha sido capaz de correr dois quilômetros em quatro minutos, até que um homem chamado Roger Bannister conseguiu isso. Depois de ele ter conseguido essa façanha, muitos outros também lograram correr dois quilômetros em quatro minutos.

Abraham: Quando as pessoas não se permitem achar que o fato de ninguém ter conseguido antes as impede de fazê-lo, elas adquirem grande vantagem sobre os outros, pois no instante em que atravessam esse ponto e criam a sua realidade, os outros podem observar essa ação e, com o tempo, passar a *acreditar* ou *esperar* pelo sucesso. Por esse motivo, tudo que você conquista sempre tem valor para a sociedade.

A sua plataforma progressiva de lançamento na vida continua a se expandir, e a existência se torna cada vez melhor para todos à sua volta. Entretanto, queremos que você vá além do ponto em que precisa ver para crer. Queremos que compreenda que se você acredita em alguma coisa, poderá vê-la acontecer. Qualquer ideia que você exercite em sua mente durante tempo bastante para senti-la como algo natural deverá se tornar realidade. *A Lei da Atração* garante isso.

Você sentirá um enorme sentimento de libertação ao perceber que não tem de esperar por alguém que alcance a façanha para ver que ela pode ser alcançada, e você mesmo deve se permitir fazê-lo. À medida que coloca em prática novos pensamentos, tenta aprimorar as emoções e vê a prova de que o Universo sempre lhe traz tudo, você conhece o verdadeiro poder pessoal.

Se alguém chegar e lhe disser que você tem uma doença incurável você dirá, com toda a confiança: "Eu decido viver porque sou o criador de minha própria experiência." Se esse desejo for forte o bastante, você poderá contrabalançar as crenças negativas e sua recuperação terá início.

Esse processo não é muito diferente da história da mãe cujo filho ficou preso sob um objeto que era muitas e muitas vezes mais pesado que qualquer objeto que ela tivesse erguido na vida. Então, graças ao seu poderoso desejo de salvar o filho, ela ergueu o objeto. Sob condições normais ela jamais conseguiria levantar tal peso, mas por meio de um desejo poderoso, as suas crenças normais se tornaram temporariamente irrelevantes. Se você perguntasse a ela: "Você *acredita* que pode erguer esse objeto?" ela responderia: "É claro que não. Mal consigo levantar minha mala de viagem do chão quando ela está cheia". Só que a *crença* estabelecida não teve nada a ver com esse *fato*: o filho dela estava morrendo e a sua vontade era salvar o filho — e ela conseguiu fazê-lo.

Mas e se eu acreditar em germes perigosos?

Jerry: Eu quero ser saudável, quero de verdade, mas também acredito que possa pegar algumas doenças. É por isso que sempre que eu vou visitar alguém no hospital eu prendo a respiração ao caminhar pelos corredores, para evitar pegar germes.

Abraham: Suas visitas devem ser bem rápidas (risos).

Jerry: Sim, são rapidíssimas, e eu vou para a janela a toda hora a fim de respirar um pouco de ar puro. Se eu acredito que posso evitar os germes prendendo a respiração, essa crença vai me impedir de ficar doente?

Abraham: Você está mantendo o equilíbrio vibracional, mas de uma forma estranha. Você *quer* saúde, *acredita* que os germes podem fazê-lo ficar doente, *acredita também* que o seu truque para evitar os germes está impedindo as doenças e, devido a isso, alcança um ponto de equilíbrio que funciona para você. Entretanto, está seguindo o caminho errado.

Se você estivesse realmente ouvindo o *Sistema de Orientação*, não entraria em um ambiente onde acredita haver germes que po-

218 Dinheiro atrai dinheiro

dem acabar com o seu Bem-estar. O medo de ir ao hospital indica que você pretende agir antes de ter alcançado o alinhamento vibracional. Você poderia simplesmente não ir ao hospital, mas nesse caso se sentiria pouco à vontade, pois sabe que o seu amigo doente apreciaria uma visita sua. Por causa disso, achou um meio de visitar o seu amigo sem medo. Alcançou um alinhamento vibracional *antes* do ato de entrar no hospital. Com o tempo, você poderá *acreditar* tanto no seu Bem-estar, ou o seu *desejo* pelo Bem-estar poderá se tornar tão vívido que você será capaz de entrar em qualquer ambiente sem sentir uma única ameaça ao seu Bem-estar.

Quando você está alinhado com *quem-você-realmente-é* e ouve o seu poderoso *Sistema de Orientação*, nunca entra em um ambiente onde o seu Bem-estar poderá ser ameaçado. Infelizmente, muitas pessoas se desviam do seu *Sistema de Orientação* só para agradar os outros. Duas pessoas podem entrar em um hospital ao mesmo tempo, uma sem se sentir ameaçada e a outra imaginando uma grande ameaça ao seu Bem-estar físico. A primeira não ficará doente; a segunda ficará — não devido aos germes presentes no local, mas devido ao relacionamento vibracional dela em relação ao próprio senso de Bem-estar.

Não pretendemos alterar as suas crenças, pois não as vemos como inadequadas. Queremos apenas que você tome consciência do seu Sistema de Orientação Emocional, a fim de fazê-lo alcançar o balanço de vibração entre os seus desejos e as suas crenças. Fazer a coisa "certa" significa fazer o que está em harmonia com sua intenção e com as suas crenças atuais.

Jerry: Então não há nada de errado em ser covarde e "escapar pela tangente"?

Abraham: Há muitas pessoas que contornam o seu *Sistema de Orientação* para tentar agradar aos outros, e muitas pessoas chamam de "egoísmo" ou "covardia" o fato de você ousar agradar a si mesmo em vez de agradar aos outros. Algumas pessoas o chamarão de "egoísta" simplesmente por você não ceder ao egoísmo delas, sem perceber a hipocrisia de suas exigências.

Às vezes nós somos acusados de ensinar e incentivar comportamentos *egoístas*, e admitimos que isso é verdade, porque se você não for egoísta o bastante para cuidar da própria vibração e, a partir daí, se manter alinhado com sua Fonte (com quem *você-realmente-é*), então não haverá nada para oferecer aos outros, para início de conversa. Quando os outros chamam você de "covarde" ou "egoísta", as vibrações deles estão obviamente desequilibradas, e a modificação do seu comportamento não lhes restaurará o equilíbrio.

Quanto mais você pensa e fala do próprio Bem-estar físico, mais arraigados ficarão os seus próprios padrões vibracionais de Bem-estar, e mais a *Lei da Atração* vai rodear você com coisas que ampliem e sirvam de apoio a essas crenças.

Quanto mais você criar uma história pessoal de Bem-estar, menos vulnerável se sentirá. Seu ponto de atração se modificará de tal forma que situações diferentes poderão rodeá-lo, mas você também se sentirá diferente em relação a elas.

Sou guiado na direção daquilo que eu quero

Abraham: O único caminho para a vida que você deseja passa pela perda da resistência, passa pela maior aceitação: a aceitação da sua Ligação à Fonte, ao seu *Ser Interior*, a *quem-você-realmente-é* e a tudo que quer para si. Essa aceitação lhe aparecerá sob a forma de sensações agradáveis. Se você fizer dessa a sua maior prioridade, sempre que você estiver em meio a uma conversa desarmônica com a saúde que deseja, vai se sentir mal, será alertado pela própria vigilância, poderá escolher entre um pensamento que o faça se sentir melhor e voltará aos trilhos.

Sempre que você sentir alguma emoção negativa, saiba que isso é o seu *Sistema de Orientação* ajudando-o a perceber que você está, nesse instante, emitindo pensamentos de resistência que atrapalham o Fluxo do Bem-estar e que, se não fosse assim, você estaria vivenciando esse fluxo por inteiro. É como se o seu *Sistema de Orientação* estivesse dizendo:

"Veja só, você está repetindo o erro; veja só, você está repetindo o erro; veja só, você está repetindo o erro. Essa emoção negativa significa que você está atraindo o que não quer".

Muitas pessoas ignoram o seu *Sistema de Orientação* e toleram emoções negativas. Ao fazer isso elas se privam dos benefícios da Orientação a partir de uma Perspectiva mais Ampla. Uma vez que a vida o levou a identificar o desejo por algo, você nunca mais conseguirá olhar para o lado oposto ou para a falta desse algo sem se sentir negativo. Quando um desejo por alguma coisa nasce, você deve buscá-la a fim de se sentir bem, pois *é impossível reverter o processo e ser menos do que você se tornou.* Uma vez identificado o desejo para o Bem-estar ou por uma condição específica do corpo, você nunca mais conseguirá focar a atenção na falta dela sem se sentir negativo.

Sempre que você sentir negatividade, pare o que estiver fazendo e se pergunte: "O que eu quero?" A partir daí, por você ter voltado a atenção para o que realmente deseja, o sentimento negativo vai ser substituído por um sentimento positivo, a atração negativa se transformará em atração positiva e você voltará aos trilhos.

Em primeiro lugar eu devo estar disposto a agradar a mim mesmo

Abraham: Quando você segue uma linha de pensamento fixa por algum tempo, não é fácil mudar subitamente de direção, porque a *Lei da Atração* estará fornecendo as coisas que combinam com a sua linha de pensamento atual. Às vezes, quando você se vê triste

Perspectivas sobre saúde, riqueza, peso e mente

e desanimado, alguém que não esteja na mesma espiral de negatividade não concorda com a sua avaliação do assunto, o que serve apenas para fazer você defender ainda mais sua posição negativa.

Tentar defender ou justificar a sua opinião só serve para manter seu estado de resistência por mais tempo. O motivo de tanta gente se manter resistente sem necessidade é o fato de que, para essas pessoas, é mais importante estar "certo" do que se sentir bem.

Quando você encontra uma pessoa determinada a convencer você de que ela está certa e ela o mantém em uma conversa negativa, tentando convencê-lo, às vezes você será visto como "insensível" ou "frio" se não ouvi-la e concordar com seus pontos de vista. Mas quando você abre mão do seu sentimento positivo (que só surge quando você escolhe pensamentos que se harmonizam com sua Perspectiva Mais Ampla) a fim de agradar a um amigo negativo que quer fazer de você uma caixa de ressonância, você pagará um preço altíssimo por algo que não vai ajudar nem a você nem a ele. Aquele nó no estômago é o seu *Ser Interior* dizendo: *Essa conversa não combina com o que eu quero.* Resumindo: você deve estar disposto a agradar a você mesmo antes de qualquer coisa, senão será arrastado pela negatividade que o envolve.

Existe um momento apropriado para morrer?

Jerry: Existe algum limite para o controle das nossas condições físicas à medida que nos aproximamos dos 100 anos de idade?

Abraham: Somente as limitações causadas pelos seus próprios pensamentos limitados, e todos eles são autoimpostos.

Jerry: Existe um momento para morrer? Se existe, qual é esse momento?

Abraham: A sua Consciência Pessoal nunca termina, portanto não existe "morte". Porém, haverá um fim para o período em que a sua Consciência flui através desse corpo físico em particular que você identifica como *você*.

Depende unicamente de você o momento em que você recolherá o foco desse corpo. Se você aprendeu a imaginar coisas agradáveis e continuar encontrando coisas boas nesse ambiente, além de elementos que o empolguem e despertem o seu interesse, não haverá limite para a quantidade de tempo em que você se manterá no seu corpo físico. Quando, porém, você enxerga as coisas sempre pelo lado negativo e vai diminuindo de forma crônica a Ligação com o Fluxo da Fonte de Energia, a sua vida física é diminuída, pois seu equipamento corporal já não consegue se sustentar por muito tempo sem o reabastecimento da Fonte de Energia.

Suas emoções negativas são um sinal de que você está cortando a abastecimento da Fonte de Energia. Seja feliz e viva mais tempo.

Todas as mortes são uma espécie de suicídio?

Jerry: Se é assim, todas as mortes são uma espécie de "suicídio"?

Abraham: Sim, essa é uma boa maneira de avaliar a questão. Uma vez que toda a sua vida deriva do equilíbrio dos seus pensamentos e mais ninguém, a não ser você, pode emitir seus pensamentos ou a sua vibração, então tudo o que acontece na sua vida física — inclusive o que você chama de morte é autoimposto.

A maioria das pessoas não decide morrer — elas simplesmente decidem não continuar a viver.

Jerry: Como vocês se sentem com relação aos que *decidem* morrer e cometem *suicídio*?

Perspectivas sobre saúde, riqueza, peso e mente   223

Abraham: Não faz diferença se o que você pensa foi escolhido deliberadamente ou se você está simplesmente observando de passagem algo e pensando nisso, a verdade é que seu foco está nessa ideia, oferecendo a mesma vibração e colhendo o resultado desse pensamento. Por isso, você está sempre criando a sua própria realidade, seja de propósito ou não.

Várias pessoas tentam controlar o seu comportamento por diferentes razões, e querem controlar o seu jeito de se comportar com relação à sua experiência pessoal, mas a frustração delas é muito grande, pois não há como controlar os outros. Todo esforço nesse sentido é fútil e desperdiçado. Devido a isso, muitos se sentem pouco à vontade com a ideia de se remover deliberadamente da própria experiência física por meio do "suicídio", mas queremos que você entenda que, mesmo que alguém faça isso, essa pessoa não deixará de existir. Tanto faz se ela saiu da experiência física por meio de "suicídio" deliberado ou de forma não deliberada, o Ser Eterno que ela é continua a existir, e Ele olha para trás, na direção da experiência física que acabou de abandonar, com amor e gratidão pela oportunidade.

Existem pessoas que sentem tanto ódio ao passar pela vida que esse constante afastamento da Fonte Eterna e do Bem-estar torna-se o motivo da própria morte. Existem outras que simplesmente não encontram razões interessantes para fixar a própria atenção e permanecer vivas. Elas se voltam para o mundo Não Físico, e essa é a razão da sua morte. E existem ainda aqueles que ainda não conseguiram compreender a Energia, nem a questão do pensamento nem do alinhamento. Eles querem desesperadamente se sentir bem, mas não conseguem impedir a dor crônica que experimentaram durante tanto tempo e escolhem, de forma deliberada, voltar à dimensão Não Física. Em qualquer desses casos, eles são Seres Eternos que, ao se reposicionarem na dimensão Não Física, se tornam completos, renovados e totalmente alinhados com *quem-realmente-são*.

Jerry: Então, cada um de nós escolhe, de certo modo, quanto tempo vai viver em cada existência?

Abraham: Vocês vieram para o plano físico com a finalidade de viver e se expandir de forma leve e alegre. Quando negligenciam seu *Sistema de Orientação* e continuam a emitir pensamentos que rejeitam sua Ligação com a Fonte, diminuem essa conexão com o Fluxo de Reabastecimento Energético da Fonte e, sem esse suporte, definham.

Processo para controlar o peso do corpo

Jerry: Que processos você recomendaria para quem deseja controlar o peso do corpo?

Abraham: Existem muitas crenças a respeito disso. Muitos métodos diferentes foram tentados e a maioria dos Seres que lutam para manter o controle do peso já tentou vários métodos com pouco sucesso. Devido a isso, a sua *crença* é que elas não conseguem controlar o peso e, sendo assim, não conseguem mesmo.

Nossa sugestão: as pessoas devem visualizar o corpo como desejam que ele seja pois, desse modo, estarão atraindo tal imagem. As ideias, a percepção pelos outros e todas as circunstâncias e eventos que promoverão isso surgirão em suas vidas assim que elas começarem a se enxergar do modo que realmente desejam ser.

Se você se sente gordo, não consegue atrair um corpo magro. Quando você se sente pobre, não consegue atrair prosperidade O que você é — o que você *sente* que é — representa a base de tudo que você atrai. É por isso que dizemos que "Quanto melhor as coisas estiverem, melhor elas ficarão, e quanto piores estiverem, piores se tornarão".

Quando você se sentir negativo a respeito de alguma coisa, não tente forçar a barra e resolver o problema de imediato, pois a sua atenção negativa tornará tudo ainda pior. Distraia a mente da questão até se sentir melhor, e só então tente abordar o problema a partir de uma perspectiva positiva e renovada.

Jerry: Então é por isso que as pessoas enfrentam uma "dieta radical", perdem dezenas de quilos e depois readquirem todo o peso anterior? É porque o *desejo* era forte, mas elas não tinham a *crença* e a visão de si mesmos como pessoas magras, e acabavam por voltar ao ponto de serem gordas?

Abraham: Elas *querem* a comida; *acreditam* que a comida as deixará gordas. Assim, estão mentalizando o que *não* desejam. Por meio dessa crença, elas criam o que não querem. Mais uma vez, isso é seguir pelo caminho mais difícil. Na maioria das vezes o motivo de elas terem perdido peso e depois ganharem todos os quilos de volta é nunca terem criado uma imagem de si mesmas como gostariam de ser. Continuam se sentindo gordas. Continuam pensando em si mesmas desse jeito, e é apenas essa imagem que elas mantêm na mente. O seu corpo responde à imagem que você tem de si mesmo... *Sempre.* Se você se vê saudável, obterá saúde. Se você se vê magro, ou qualquer outra coisa relacionada com a musculatura, a forma ou o peso, é assim que você será.

Com relação à comida, posso fazer o que me deixa feliz?

Abraham: Muita gente argumenta que se as pessoas seguirem os nossos conselhos e fizerem o que as deixa felizes, buscando sempre as coisas agradáveis, acabarão ingerindo alegremente coisas prejudiciais à sua saúde ou ao seu peso. As pessoas muitas vezes escolhem a comida para preencher o vazio de não se sentirem felizes. Entretanto, se você anda cuidando do seu equilíbrio vibracional há algum tempo, já aprendeu sobre o poder de direcionar positivamente os seus pensamentos para a imagem idealizada do seu corpo e, por conta disso, sabe que comer uma comida específica vai de encontro à conquista daquele desejo, a emoção negativa que surgirá vai lhe servir de guia.

Não é uma boa ideia agir de forma a trazer emoções negativas, porque elas mostram que há desequilíbrio energético, e qualquer atitude que você tomar em um momento emocionalmente negativo sempre produzirá resultados negativos.

Emoções negativas não surgem em uma pessoa pelo fato de uma comida em particular ser contrária ao Bem-estar, e sim por causa de pensamentos contraditórios atuais. Duas pessoas podem seguir exatamente a mesma dieta, podem seguir o mesmo programa de exercícios e obter resultados opostos, o que mostra que há muito mais nessa equação do que o simples consumo de comida ou a queima de calorias.

Seus resultados têm a ver unicamente com o alinhamento de Energia causado pelos pensamentos que você emite.

Um bom princípio básico a respeito disso é: "Fique feliz e então coma, nunca tente comer para ficar feliz". Ao fazer do seu equilíbrio emocional a sua maior prioridade, o seu relacionamento com a comida vai mudar, bem como o seu impulso em relação aos alimentos, mas o mais importante é que a sua *resposta* à comida vai mudar. Alterar o *comportamento* em relação à comida sem primeiro cuidar da vibração traz resultados mínimos, mas alterações determinadas pelo *pensamento* dão bons resultados sem a necessidade de alterar o *comportamento*.

Portanto, vamos supor que você decidiu ser magro ou magra, mas não se vê no espelho como gostaria. A sua crença é: *Se eu comer isso, vou engordar.* Como você tem o desejo de ser magro(a), mas a *crença* de que comer determinado alimento vai fazê-lo gordo(a), sentirá emoções negativas se provar tal comida. Pode chamar isso de *culpa, desapontamento* ou *raiva,* chame como quiser.

Comer determinada comida o faz se sentir mal porque, devido ao seu conjunto de crenças e considerando o seu desejo, essa ação não é harmônica. No entanto, se você faz o que o deixa feliz, vai reparar que se sente bem por comer coisas que se harmonizam com as suas crenças e mal a respeito de comer coisas que não se harmonizam. Uma vez que um desejo foi incrustado dentro de você, não é possível se comportar de forma que contradiga isso sem sentir emoções negativas.

Quais são as minhas crenças a respeito de comida?

Abraham: Suas crenças em relação à comida determinam as experiências que você vivenciará.

- Se você *acredita* que pode comer de tudo sem ganhar peso, essa será a sua experiência.
- Se você *acredita* que ganha peso com facilidade, é isso que acontecerá.
- Se você *acredita* que certas comidas lhe trarão mais energia, elas o farão.
- Se você quer ser magro, *acredita* que uma determinada dieta não o levará à magreza e mesmo assim a segue, ganhará peso.

As pessoas inicialmente reagem à nossa análise aparentemente simplista das crenças delas sobre comida e o quanto elas afetam a realidade física porque acreditam que suas crenças surgiram da observação, e é difícil, para elas, lutar com a prova "palpável" que a vida e a observação do que acontece aos outros lhes trouxe.

Entretanto, a simples observação dos resultados lhe traz informações escassas e inadequadas, pois a não ser que você considere o *desejo* e a *expectativa*, calcular a ação do que foi ou não foi comido é irrelevante. Não se pode deixar de fora os ingredientes mais importantes da receita de criação e compreender o ganho.

As pessoas respondem de formas diversas à comida porque a constante dessa equação não é a comida, e sim o pensamento. É a maneira de você encarar a comida que faz a diferença.

As opiniões dos outros sobre o meu corpo são irrelevantes

Pergunta: Uma pessoa importante na minha vida reclamou do "pneuzinho" que eu exibia na linha da cintura, e comentou que seria ótimo se eu me esforçasse para me livrar dele — malhando um pouco, comendo menos ou pedindo só saladas. Como ela é uma pessoa especial, eu me animei a fazer isso, mas o meu "pneuzinho" aumentou.

Abraham: Compreenda que se uma pessoa está ao seu lado não precisa explicar que ela é *especial* ou importante, pois todos supõem que sim.

Na verdade eu falei isso de brincadeira. É claro que sabemos que as pessoas à sua volta são importantes e especiais, mas você não pode permitir que as opiniões delas sejam mais importantes do que as suas. Sempre que alguém faz você focar a atenção em algo que o faz se sentir mal, você recebe influência negativa.

Queremos que você exercite a força dos próprios pensamentos de forma tão constante que torne as opiniões alheias irrelevantes. A unica liberdade que você vai vivenciar virá no dia em que alcançar uma ausência total de resistência. Nesse dia você terá descoberto como alinhar os pensamentos crônicos com os pensamentos do seu próprio *Ser Interior*. Nunca vimos alguém conquistar esse alinhamento completo ou a sensação de liberdade plena guiando-se pelos desejos e crenças alheias. Existem tantas peças móveis nesses elementos que ninguém consegue dar conta de todas elas.

Portanto, quando alguém lhe disser: "Tem uma coisa em você que não me agrada", responda "Pois então olhe com mais atenção. Que tal o meu nariz? Ele não é bonito? E essa minha orelha, não é perfeita?" Ou seja, devemos sempre incentivar os outros a buscar coisas positivas em nós e levar isso na brincadeira, sem permitir que ninguém atinja nossos sentimentos. Na verdade, devemos exercitar tal postura ao longo de toda a vida até nos tornarmos invulneráveis a mágoas desse tipo.

Um exemplo da minha "velha" história sobre o meu corpo

Não estou feliz com a aparência do meu corpo, sinto-me gordo. Estive em forma e com o corpo esbelto em alguns momentos ao longo da vida, mas isso nunca foi fácil, e esses períodos foram curtos. Sempre me pareceu extremamente trabalhoso chegar perto do meu peso ideal, e depois de chegar lá eu nunca conseguia me manter magro. Estou cansado de me privar das coisas saborosas para, no fim, me sentir gordo do mesmo jeito. Isso é duro de encarar. Não possuo o tipo de metabolismo que me permita comer qualquer coisa gostosa sem engordar, e isso não é justo. O problema é que eu também não gosto de ser gordo...

Um exemplo da minha "nova" história sobre o meu corpo

Meu corpo é basicamente um reflexo das coisas que eu penso. Estou feliz por entender o poder de direcionar meus pensamentos e sempre tento ver mudanças positivas no meu corpo que também reflitam as mudanças no meu jeito de pensar. Sinto-me bem diante da expectativa de um corpo esbelto e belo. Tenho confiança nas mudanças que estão acontecendo. Enquanto isso eu estou me sentindo tão bem, de modo geral, que não me sinto infeliz com o meu corpo atual. É divertido ter um propósito definido e mais divertido ainda ver os resultados dos pensamentos que escolhi. Meu corpo responde de imediato aos meus pensamentos. É bom saber disso.

Não existe um jeito certo ou errado de contar a sua história melhorada. Ela pode se referir ao seu passado, presente ou futuro. O único critério importante é estar consciente da sua intenção de contar uma versão melhorada e mais agradável da própria história. Repetir muitas histórias agradáveis como essa ao longo do dia modifica o seu ponto de atração. Lembre-se apenas de que a história que *você* conta é a base da *sua* vida. Portanto, conte-a do jeito que você quer que ela seja.

Parte 5

Carreiras e fontes rentáveis de prazer

Quais são os primeiros passos na escolha da minha carreira?

Jerry: Como poderemos saber se escolhemos a carreira certa? E como ser bem-sucedido na carreira que escolhemos?

Abraham: Qual a sua definição de *carreira*?

Jerry: *Carreira* é o trabalho mais importante da sua vida. Uma ocupação à qual as pessoas possam se entregar de coração e dar o melhor de si. É claro que, na maioria dos casos, todos também querem um bom retorno financeiro a partir da carreira.

Abraham: O que você quer dizer com *o trabalho mais importante da vida*?

Jerry: Um trabalho que as pessoas planejem passar toda a vida realizando, como um emprego, uma profissão, um negócio, um comércio, coisas assim...

Abraham: Você está me dizendo que é uma crença disseminada entre vocês ou um desejo aceitável na sua cultura o fato de alguém escolher uma carreira e esperar viver feliz para sempre com ela, trabalhando nesse único campo a vida inteira?

Jerry: Bem, pelo que eu me lembro, as coisas sempre foram assim, tradicionalmente. Desde quando eu era criança as pessoas me perguntavam o que eu queria ser quando crescesse. É interessante perceber agora que desde que eu era muito jovem os adultos à minha volta me instigaram um senso de urgência para escolher uma carreira. Lembro-me de observar o leiteiro entregando lindas e deliciosas garrafas de leite em nossa porta e pensar, ao vê-lo ir embora todos os dias, que aquela era a carreira que eu escolheria. Depois, ao testemunhar o momento em que um policial praticamente *obrigou* minha mãe a parar o carro no acostamento da estrada, senti uma imensa admiração por ele, como sentiria por qualquer um que obrigasse minha mãe a fazer qualquer coisa. Por algum tempo eu decidi que seria policial. Pouco tempo depois disso, um médico curou meu braço quebrado, e eu resolvi que gostaria de ser médico. E quando a nossa casa pegou fogo, a melhor profissão do mundo me pareceu a de bombeiro.

E depois de me transformar no que muitos consideram adulto, continuava observando e considerando uma infinidade de opções a partir da minha perspectiva eternamente mutante. Os que estavam à minha volta ficaram um pouco desapontados por eu continuar a passar de uma profissão para outra, em vez de me acomodar em uma única opção, que seria o "trabalho da minha vida" ou a minha "carreira".

Abraham: Muitas pessoas, ao lerem as histórias que você contou sobre a sua infância e os eventos que influenciaram a imagem do que você queria ser quando crescesse talvez considerem a sua instabilidade de ideias uma prova de criancice ou de falta de noção

Carreiras e fontes rentáveis de prazer

sobre a realidade. Mas devemos reconhecer uma coisa: você foi, como todo mundo é, inspirado pelos eventos da sua vida. Quando alguém se permite seguir o fluxo dessas ideias inspiradas, o seu potencial para uma experiência gratificante é muito maior do que se ele fosse seguir uma carreira com base nas várias razões que as outras pessoas usam para justificar suas escolhas, tais como a tradição de família ou o potencial de um bom salário.

Não é de surpreender que tanta gente tenha dificuldade em escolher o que vão fazer pelo resto da vida, porque vocês são Seres multifacetados. O seu objetivo dominante na vida é aproveitar a sua base de liberdade absoluta e, nessa sua busca por experiências alegres, vivenciar a própria expansão e o crescimento. Ou seja, sem uma percepção verdadeira de *liberdade*, uma pessoa nunca conseguirá ser *feliz*, e sem essa *alegria e felicidade* ela não conseguirá vivenciar a verdadeira *expansão*. Por isso é que, embora pareça criancice para muitos, é natural que a própria vida inspire a próxima aventura, e depois a próxima e também a que vem a seguir.

Nós o incentivamos a descobrir, o mais cedo possível na vida, que a sua intenção dominante e também razão de existir é viver feliz para sempre.

Essa seria uma excelente escolha de carreira: gravitar em torno das atividades e abraçar apenas os desejos que se harmonizem com suas intenções mais profundas, que são liberdade, crescimento e alegria. *Faça da vontade de ser feliz a sua "carreira", em vez de tentar achar um trabalho que lhe dê muito dinheiro para só então buscar coisas para comprar... Coisas que o farão feliz. Quando ser feliz passa a ter importância fundamental na sua vida — e você ganha a vida fazendo uma coisa que o deixa feliz — você encontrou a melhor de todas as combinações.*

Você pode se tornar um especialista em se sentir bem sob quaisquer condições, mas quando você se tornar bom na tarefa de alcançar o equilíbrio vibracional em primeiro lugar, para então atrair as circunstâncias e eventos a partir desse lugar feliz, o seu potencial para felicidade sustentável será muito maior.

"Em que você trabalha?"

Jerry: Hoje em dia ainda existem culturas, (normalmente nós as denominamos primitivas ou selvagens) que parecem viver exclusivamente para o momento presente, sem trabalhos específicos. Quando estão com fome eles pescam ou pegam frutas nas árvores.

Abraham: Será que esses povos primitivos vão ler o que você escreveu sobre eles? (risos). Não, creio que não. Qual é a categoria das pessoas que vão ler este texto?

Jerry: Gente que acredita que é essencial ter algum tipo de trabalho ou emprego que gere dinheiro ou renda.

Abraham: Na sua opinião, qual a principal razão de as pessoas acreditarem que podem encontrar uma carreira quando ainda são jovens, e depois seguir essa carreira pelo resto da vida?

Jerry: Bem, é claro que não posso responder por todo mundo, mas me parece uma questão quase moral ou ética que nós *devemos* (ou *temos*) encontrar um trabalho que renda algum dinheiro. É considerado impróprio receber dinheiro sem oferecer algo em troca ou sem ser produtivo de algum modo.

Abraham: Você tem razão. A maioria das pessoas tem necessidade de justificar a própria existência por meio do esforço ou do trabalho, e esse é, talvez, o motivo da primeira pergunta que você faz quando conhece outra pessoa: *Em que você trabalha?*

Jerry: Durante mais ou menos 40 anos eu ganhei a vida trabalhando entre uma hora e uma hora e meia por dia. Muitas vezes as pessoas demonstravam uma espécie de ressentimento por eu ser capaz de ganhar tanto dinheiro sem trabalhar mais tempo. Isso normalmente me levava a lançar justificativas sobre a quantidade imensa de energia que eu gastava naqueles 90 minutos, quantos anos eu levei para me aperfeiçoar naquilo que fazia e o esforço que desempenhei para dar início ao meu trabalho. Sempre tive necessidade de justificar que eu *estava*, na verdade, pagando um preço justo pelo que recebia.

Abraham: Quando você se coloca em alinhamento vibracional (ou seja, quando você está alinhado com a Fonte que existe dentro de você e os seus próprios desejos e crenças estão em equilíbrio), nunca sente necessidade de se justificar com ninguém. Muitas pessoas tentam justificar seu comportamento e suas ações para os outros, mas é sempre uma má ideia utilizar as opiniões e palpites dos outros como guia quando você busca se alinhar com seu próprio *Sistema de Orientação*.

Muitas pessoas, no começo da vida, tentam alcançar um ponto de conformidade com as regras e as opiniões dos outros, mas se elas permitirem que essa postura se torne o foco central das decisões que tomam, ficarão cada vez mais afastadas do alinhamento com *quem-elas-realmente-são*, bem como das intenções que tinham ao nascer, sem falar nas intenções que desenvolveram a partir da própria vida, ao vivenciá-la. *Você nunca terá a maravilhosa experiência de se sentir livre até abrir mão do desejo de agradar aos outros e substituí-lo por uma poderosa intenção de se alinhar com quem-você-realmente-é (com a sua Fonte), cuidando de como se sente e escolhendo pensamentos agradáveis que mostrem que você alcançou seu ponto de alinhamento.*

Ao perceber que alguém o desaprova ou hostiliza, é natural que você queira se defender, mas essa necessidade de defesa desaparecerá rapidamente quando você tiver treinado o alinhamento com o Ser Interior, pois então todas as suas sensações de vulnerabilidade serão substituídas pelo sentimento seguro de *quem-você-realmente-é*.

Não importam as escolhas que você faça, sempre haverá alguém que discorde dessas escolhas, mas quando você encontra o seu equilíbrio e mantém o alinhamento, a maioria das pessoas que o observarem estará mais inclinada a lhe perguntar o segredo do seu sucesso, em vez de criticá-lo por ser vitorioso. Quanto aos que continuarem a criticá-lo, esses não se satisfarão com suas respostas, não importa o quanto elas sejam convincentes.

Não é função sua consertar o sentimento de falta que existe nos outros; o seu papel é *se* manter em equilíbrio. Quando você permite que a sociedade ou qualquer pessoa defina o que você deve querer ou como deve se comportar, acaba perdendo o equilíbrio, pois o seu senso de liberdade, que está ligado ao local mais profundo do seu Ser, se sente desafiado.

Sempre que você prestar atenção ao seu jeito de sentir as coisas e emitir pensamentos poderosos que estejam alinhados com quem-você-realmente-é, estará dando um exemplo de prosperidade e expansão que será de imenso valor aos que tiverem a bênção de observá-lo.

Não se pode ficar pobre o bastante para ajudar os pobres a prosperar, nem doente o bastante para ajudar os enfermos a readquirir saúde. Só você e unicamente você é quem conseguirá se elevar rumo à posição de força, clareza e alinhamento.

A *Lei da Atração* e a carreira

Abraham: Qual é a principal razão de alguém escolher uma carreira?

Jerry: Li um estudo recente cuja conclusão foi a de que a maioria das pessoas busca alcançar *prestígio* na vida. Se elas tiverem de escolher entre ter um título mais elevado ou mais dinheiro, a maioria escolherá o título.

Abraham: Pois as pessoas que desejam prestígio substituíram o próprio *Sistema de Orientação* pela busca da aprovação dos outros, e essa é uma forma pouco gratificante de viver, pois as pessoas que você quer agradar não mantêm a atenção no outro por muito tempo. O estudo que você citou provavelmente está corretíssimo, porque a maioria das pessoas se preocupa mais com o que os outros vão pensar delas do que com o que elas mesmas sentem, mas essa forma de orientação não faz sentido algum.

Às vezes as pessoas se preocupam com o fato de que, se considerarem apenas o que as faz feliz acima de todas as coisas, estarão agindo de forma egoísta, ou sendo descuidadas e injustas com os que estão à sua volta, mas sabemos que a verdade é exatamente o contrário.

Quando você cuida do seu alinhamento com a Fonte (que é representada pelo seu jeito de sentir as coisas), e trabalha duro para manter essa Ligação, qualquer pessoa que seja o seu objeto de atenção recebe benefícios só de você olhar para ela. Não dá para levantar o astral dos outros sem estar conectado à Fonte de Bem-Estar.

Entendemos que é muito bom quando os outros fazem de você um objeto de atenção por pura admiração, pois eles estão fazendo exatamente o que explicávamos ainda agora: ao demonstrar apreciação por você, eles também se ligam à Fonte e a fazem despejar bênçãos sobre a sua cabeça. Lembre-se, porém, de que pedir aos outros que se mantenham sempre alinhados com a Fonte e continuem tendo *você* como objeto de atenção visando a continuidade dos benefícios do Bem-Estar que isso fornece é impraticável, porque você não pode controlar a ligação deles e se manter eternamente como objeto de atenção. Entretanto, você possui controle absoluto sobre a sua própria ligação com a Fonte, e quando a sua intenção dominante é manter essa ligação, deixando os outros fora da equação, então você está livre do fardo de tentar agradar aos outros (algo que não dá para fazer sempre), e consegue manter uma Ligação e um sentimento de Bem-Estar constantes.

Algo interessante a notar é o seguinte: as pessoas que cuidam do que sentem; as que se mantêm constantemente em uma atitude de emoções agradáveis e positivas; as que estão ligadas à Fonte e deixam fluir pensamentos positivos na direção do seu foco são também as pessoas que os outros consideram *atraentes*, e geralmente recebem admiração e aprovação quase generalizada.

Não dá para conseguir a aprovação que você busca a partir de um ponto de *necessidade* ou de *falta*. Uma sala de trabalho com uma vista espetacular, uma vaga de estacionamento com o seu nome escrito no piso ou um título pomposo não conseguem preencher o vazio provocado por não estar alinhado com *quem-você-realmente-é*. Ao alcançar tal alinhamento, todas essas coisas lhe parecem menos importantes. O mais interessante é que elas acabam por surgir em sua vida, do mesmo jeito.

Posso preencher o meu vazio servindo aos outros?

Jerry: Durante os vinte anos que passei exercendo vários cargos na indústria do entretenimento eu me diverti muito; aquele trabalho exigia só parte do meu tempo e eu curtia uma infinidade de desafios e aventuras, pois sempre surgiam novas experiências. Muitas vezes, porém, eu comentava com os amigos que me sentia caminhando com sucesso pelas areias da vida, mas, quando olhava para trás, não havia pegadas. Sentia que levava prazeres e alegrias temporárias ao meu público, mas não lhes deixava nada de permanente.

Será que essa necessidade de elevar as outras pessoas e levantar o astral delas é algo inerente a nós? Ela vem de outros níveis de nós mesmos ou aprendemos a sentir essa necessidade com as pessoas à nossa volta, a partir do momento em que entramos neste ambiente físico?

Abraham: Vocês nasceram desejando ser úteis, querendo elevar os outros. E também nasceram com o conhecimento de que possuem muito valor. A maior parte do sentimento de falta que você descreve não vem do fato de você não ter conseguido ajudar os outros de forma permanente, e sim porque seus pensamentos o estavam mantendo afastado do alinhamento pessoal. A coisa funciona do seguinte modo: Quando você se alinha com *quem-você-realmente-é* (o seu *Ser Interior* ou Força), automaticamente eleva as pessoas com quem entra em contato, *e*, devido a esse alinhamento, não percebe os que estão desalinhados.

A Lei da Atração não o rodeia de gente insatisfeita quando você está satisfeito. Do mesmo modo, ela também não o rodeia de gente satisfeita quando você está insatisfeito.

Não dá para compensar o próprio desalinhamento oferecendo mais tempo, energia ou ação. Ao ficar desalinhado, você não consegue encontrar ideias que sejam eficazes o bastante para fazer diferença. O valor que você tem para os outros depende de uma única coisa: seu alinhamento pessoal com a Fonte. A única coisa que você tem para oferecer aos outros é o exemplo do próprio alinhamento — no qual eles poderão reparar, depois desejar e então trabalhar para obter. Mas *você* não pode simplesmente dar isso a eles.

Os momentos de diversão e entretenimento que você ofereceu ao seu público eram, na verdade, uma dádiva muito maior do que conseguiu reconhecer na época, porque você lhe estava fornecendo distração das coisas que os preocupavam; na ausência de atenção aos problemas os membros da plateia alcançavam, em muitos casos, um alinhamento temporário com a Fonte. Mas você não pode continuar seguindo pela vida ao lado deles, mantendo-se como seu único objeto de atenção, a fim de manter os bons sentimentos que inspirou.

Todos são responsáveis pelos pensamentos que emitem e as coisas que escolhem como objeto de atenção.

Todos vocês possuem, bem lá no fundo, uma percepção de que estão aqui para serem criadores felizes, estão sempre sendo chamados na direção dessa plenitude, e a lista de exigências que devem cumprir para alcançá-la não é grande. Seu propósito original era deixar que o seu ambiente físico servisse de inspiração para suas infindáveis ideias de expansão ou desejo, e em seguida vocês pretendiam se alinhar com a Fonte de Energia dentro de vocês, a fim de alcançar tais objetivos. Ou seja, vocês sabiam desde o início que os seus desejos nasceriam da sua participação aqui, e então, depois que eles estivessem fortes e vibrantes por dentro, vocês poderiam focar os pensamentos até atingir um sentimento de expectativa, quando todos os desejos se realizariam.

O principal papel que as pessoas à sua volta desempenham na equação para a criação é que elas fornecem uma grande variedade a partir da qual seus desejos nascem.

Não era a sua intenção primordial medir o próprio valor através da comparação com os outros, e sim receber inspirações para novas ideias por meio de uma combinação de coisas à sua volta. Qualquer comparação com o próximo devia servir apenas para criar em você um desejo expandido. Ela não foi planejada para ser um meio de diminuí-lo ou fazê-lo sentir perda de valor pessoal.

A sua vida não se resume ao que você vai fazer depois do trabalho, durante o fim de semana ou quando se aposentar. A sua vida acontece neste exato momento e vale pelo que você sente agora. Se o seu trabalho lhe parece desagradável, pouco gratificante ou duro de enfrentar, não é porque você está no lugar errado, mas porque a sua perspectiva está enevoada por pensamentos contraditórios.

Você não pode esperar um final feliz para uma viagem que não foi prazerosa ao longo do caminho. O fim certamente não justifica os meios. Os meios, ou o caminho trilhado ao longo do tempo, sempre trazem a essência de um final idêntico a eles.

O meu sucesso animará os outros?

Jerry: Minha liberdade sempre foi o que havia de mais importante para mim, por isso eu nunca desisti dela em troca de dinheiro. Sempre disse que tinha pouco interesse pelo dinheiro porque não estava disposto a abrir mão da minha liberdade para obtê-lo. Porém, com o passar do tempo, a sensação de "não estar deixando pegadas na areia" me fez questionar se não havia algo mais profundo na vida do que simplesmente se divertir.

Pouco depois dessa percepção, descobri o livro *Pense e enriqueça*, de Napoleon Hill*, e embora a ideia de *pensar e enriquecer* fosse algo no qual eu negaria qualquer tipo de interesse específico, o livro chamou minha atenção e eu me senti atraído por ele. Eu o peguei e senti um arrepio por todo o corpo, como se eu tivesse encontrado uma coisa que teria grande impacto na minha vida. O livro dizia: *Decida o que você quer!* Essa era uma afirmação aparentemente simples, mas eu senti o poder dela de uma forma nova e estranha. Pela primeira vez em toda a minha vida eu comecei a tomar decisões, de forma consciente, sobre o que queria, e comecei também a escrevê-las em um papel:

"Quero trabalhar por conta própria; quero um negócio só meu; não quero um local fixo para trabalhar nem quero sentir meus pés pregados no chão; não quero empregados, pois não desejo esse tipo de responsabilidade. O que eu quero é *liberdade*."

---

* Lançado no Brasil pela Editora Record (*N. do T.*)

Eu queria ser capaz de controlar minhas fontes de renda. Queria ter mobilidade para viajar e ir a qualquer lugar que desejasse.

Queria que o meu trabalho fosse algo por meio do qual todas as vidas que eu tocasse fossem elevadas de algum modo (ou pelo menos tivessem consciência de onde estavam), e ninguém se sentisse diminuído por de ter me conhecido.

As pessoas costumavam rir quando eu falava essas coisas. Todos diziam: "Ora, Jerry, você é um sonhador. Não existe um trabalho assim". E eu respondia: "Mas deve haver. Emerson disse: 'Ninguém teria um desejo se não tivesse também a capacidade de realizá-lo'." Eu acreditava nisso e esperava que, ao longo do caminho, as oportunidades começassem a surgir.

Menos de 30 dias depois de enxergar com clareza o que eu *queria*, conheci um homem que me mostrou um negócio que eu poderia levar para a Califórnia, e isso foi a resposta a tudo o que eu esperava. Foi assim que, durante os anos que se seguiram, o negócio se consolidou, prosperou e, mais uma vez, eu alcancei a essência de tudo que havia desejado por escrito.

Eu queria liberdade, crescimento e alegria

Jerry: Eu não disse que precisava ser alguma coisa que eu fosse capaz de realizar ou tivesse o talento, a habilidade ou a inteligência de realizar. Eu simplesmente disse: *É isso que eu quero.*

Isso pode acontecer com cada um de nós? Cada um de nós pode ter o que bem quiser a partir do momento em que fica claro em nossa mente o que desejamos?

Abraham: Sim. *Se a sua experiência de vida inspirou o desejo dentro de você ela também possui os recursos para satisfazê-lo até o último detalhe.*

Você chegou a essas decisões a respeito do que deseja ao longo de muito tempo e através das experiências de vida que teve. Seu ponto de decisão em focar nessas decisões e escrevê-las de forma completa provocou uma ênfase na sua *crença* em relação a elas. Quando seus *desejos* e *crenças* se juntam, a *expectativa* acontece. E uma vez que a *expectativa* por qualquer coisa está dentro de você, ela entra rapidamente na sua vida.

Ser livre era o elemento mais importante nos desejos que você sentia por algum tempo; sempre que você via algo que não lhe parecia uma ameaça ao desejo de ser livre e tinha o potencial de trazer dinheiro, você permitia que esse desejo por mais dinheiro se expandisse, e qualquer coisa que você achasse que tinha o potencial de enfraquecer sua liberdade era repelida de imediato.

Você nasceu com uma tríade de intenções pulsando por dentro: *liberdade, crescimento* e *alegria*. A *liberdade* é a base de tudo o que você é, porque tudo que vem para você surge em resposta aos pensamentos que você emite, e mais ninguém além de você tem controle sobre eles. Quando a *alegria* é sua busca dominante e isso o leva a colocar o que pensa em alinhamento com *quem-você-realmente-é*, toda a resistência desaparece e você permite a *expansão* ou o *crescimento* que sua experiência de vida inspira por dentro.

Quero que a minha vida seja boa

Abraham: Ao escolher uma carreira ou ao fazer as coisas usuais que o seu trabalho atual exige, se sua intenção dominante for sentir alegria ao desempenhar tais tarefas, sua tríade de intenções se colocará em alinhamento de forma rápida e acelerada, pois ao conseguir se sentir bem você se coloca em completo alinhamento com os aspectos mais amplos e Não Físicos do Ser. Esse alinhamento, então, permite a expansão rumo a todas as coisas que sua vida o ajudou a identifi-

car como objeto de desejo, de modo que o seu crescimento ocorre de forma rápida e satisfatória.

Liberdade é a base da sua experiência de vida; não se trata de algo que você precisa conquistar. *Alegria* é o seu objetivo. *Crescimento* é o resultado de tudo isso. Mas se você acredita que não é digno e tenta provar seu valor através de ações, não encontra o equilíbrio.

Muitas vezes nós já explicamos essa tríade perfeita de intenções de *liberdade*, *crescimento* e *alegria*, mas a maioria dos Seres físicos na mesma hora foca a atenção na ideia do *crescimento* em sua equivocada tentativa de provar o próprio valor — um valor, aliás, que nunca foi questionado.

Você não tem nada a provar nem a justificar. Sua própria existência já é justificativa suficiente.

Sou eu que crio minha própria carreira jubilosa

Abraham: Gostaríamos que você encarasse a sua "carreira" como a criação de uma experiência de vida jubilosa. Você não é simplesmente um reciclador de coisas que outra pessoa criou, nem um amontoador de elementos.

Você é um criador, e o objeto da sua criação é uma experiência de vida jubilosa. Essa é a sua missão. Essa é a sua busca. É por isso que você está aqui.

É imoral receber sem dar nada em troca?

Jerry: Abraham, você acha que é moralmente certo ou eticamente correto as pessoas nunca devolverem o que recebem? Por exemplo, se elas possuem uma vasta fortuna herdada ou ganharam di-

Carreiras e fontes rentáveis de prazer

nheiro na loteria, vivem por conta do Estado ou de dinheiro de doações? Você diria que isso seria correto para *todos* nós?

Abraham: Sua pergunta continua insinuando que existe um preço a pagar pelo Bem-estar que flui de você, e que algum tipo de ação é exigida para justificar o fluxo desse Bem-estar. Não é esse o caso.

Não é necessário e nem possível justificar o Bem-estar que flui para você, mas é necessário alinhá-lo com o seu Bem-estar. Você não pode se focar na falta do Bem-estar e permitir que esse mesmo Bem-estar entre em sua vida.

Muitas pessoas focam a atenção nas coisas indesejadas, sem demonstrar atenção deliberada à Orientação emocional dentro delas, e então eles tentam compensar a sua falta de pensamentos com ação física. Devido ao alinhamento de Energia, eles não conseguem resultados da sua ação, e então tentam com mais vontade através do oferecimento de mais ação, mas mesmo assim as coisas não melhoram.

Como o ar que você respira, a abundância de todas as coisas está ao seu alcance. Sua vida vai simplesmente ser tão boa quanto você permitir que ela seja.

Se você crê que deve trabalhar muito para que a abundância chegue, ela certamente não virá sem trabalho duro. Em muitos casos, porém, quanto mais você trabalha, pior se sente, e quanto pior você se sente, mais impede os resultados que queria alcançar pelo trabalho duro. Não é de espantar que tantas pessoas se mostrem desmotivadas e não saibam para onde ir, pois acham que, não importa o que façam, nunca prosperam.

Gratidão, amor e *alinhamento* com a Fonte é o mais completo dos "pagamentos", por assim dizer. Em sua *dor* ou *luta* você não tem nada para dar. Muitos reclamam de desigualdades ou injustiças ao perceber que muitas pessoas recebem muito em troca de,

Dinheiro atrai dinheiro

aparentemente, pouco esforço, enquanto outros que trabalham duro muitas vezes alcançam pouco sucesso, mas a *Lei da Atração* é sempre consistentemente justa.

O que você vive é sempre uma réplica exata dos seus padrões vibracionais de pensamento. Nada poderia ser mais justo do que a vida que você leva, pois à medida que você pensa, vibra, e à medida que vibra, atrai. Portanto, você sempre recebe de volta a essência do que oferece.

Jerry: Se tirarmos o dinheiro dessa equação e se não fizermos nada em função do dinheiro, o que *deveríamos* fazer com a nossa vida?

Abraham: O que a maioria das pessoas faz com suas vidas é oferecer ações para tentar compensar o desequilíbrio vibracional. Em outras palavras, elas pensam demais nas coisas que *não desejam*; ao fazerem isso, impedem o que *realmente querem* fluir com facilidade em sua vida, e então tentam compensar o desalinhamento por meio da ação. Se você cuidar, antes de qualquer coisa, do seu alinhamento vibracional — reconhecendo o valor das emoções e tentando se focar unicamente nas coisas agradáveis — você vai se beneficiar tremendamente desse alinhamento, e coisas maravilhosas vão fluir em sua direção com muito menos ação de sua parte.

A maior parte da ação é oferecida hoje em dia em meio a uma tremenda resistência vibracional, e essa é a razão de tantas pessoas acreditarem que a vida é uma luta. Essa é também a razão pela qual muitos, como você, acreditam que o sucesso e a liberdade estão em conflito um com o outro quando, na realidade, são sinônimos.

Não é necessário tirar o dinheiro dessa equação, mas é importante que você transforme a busca pela alegria na parte mais importan-

te da sua equação pessoal. Ao fazer isso a abundância fluirá para você de todas as maneiras.

Bem-vindo ao planeta Terra

Abraham: Se nós estivéssemos conversando com você no primeiro dia da sua experiência física, lhe seríamos de grande utilidade, pois lhe diríamos:

"Seja bem-vindo ao planeta Terra. Não há nada que você não possa fazer ou ter. O seu trabalho aqui — a carreira mais importante da sua vida — é buscar a alegria.

Você vive em um Universo de liberdade absoluta. É tão livre que tudo que você pensar será atraído para você.

Quando você emitir pensamentos que lhe são agradáveis, estará em harmonia com quem-você-realmente-é. Portanto, utilize essa liberdade profunda. Busque a alegria antes de qualquer coisa e todo o crescimento que você puder imaginar lhe chegará de forma jubilosa e abundante."

Mas este não é o primeiro dia da sua vida. Na maioria dos casos, você está lendo este livro muito depois de ter se convencido de que não é livre, não tem valor e deve provar, por meio da ação, que merece receber as coisas que almeja. Muitos de vocês estão, neste exato momento, envolvidos em carreiras ou trabalhos que não consideram agradáveis, mas acham que não podem simplesmente largar tudo porque as repercussões financeiras disso provocariam um desconforto muito maior do que o que já estão experimentando. Muitos outros que atualmente não têm um trabalho que gere renda suficiente sentem o desconforto de não possuir meios de sustento próprio ou que garantam uma segurança futura. Porém, não importa a situação em que esteja neste instante, se você tomar a decisão de olhar para os aspectos positivos de onde está agora vai parar de oferecer resistência, que é a única coisa que o mantém longe do que deseja.

Você não precisa voltar atrás e desfazer nada, nem se martirizar pelo que não alcançou. Se pudesse enxergar este instante como, essencialmente, o início da sua experiência de vida, fazendo o melhor possível para resistir aos maus sentimentos, às resistências, aos pensamentos de ter pouco merecimento ou valor ou aos ressentimentos provocados muitas vezes pela questão do dinheiro, a sua imagem financeira começaria a se modificar agora mesmo. Tudo o que você precisa dizer é:

Aqui estou eu, no primeiro dia do resto da minha experiência física de vida. Minha grande intenção, a partir deste momento, é buscar motivos para me sentir bem. Quero me sentir bem. Nada é mais importante do que me sentir bem.

O mais importante é se sentir bem

Abraham: Muitas vezes existem coisas em seu ambiente de trabalho que não o levam a se sentir bem, e muitas vezes você acredita que a única chance de você se sentir realmente bem seria escapar dessas influências negativas. Mas a ideia de desistir de tudo e ir embora também não lhe parece agradável, pois isso poderia provocar uma ruptura no seu fluxo de dinheiro justamente no momento em que sua situação financeira já está apertada, e então você vai em frente, infeliz e se sentindo aprisionado.

Se você pudesse se afastar um pouco e enxergar a sua carreira não como o trabalho que você está realizando em troca de dinheiro, mas como o dispêndio da sua vida em troca de júbilo, perceberia que muitos dos pensamentos que você emite e muitas das palavras que pronuncia não estão alinhadas com essa busca pela alegria. Se você disser: "Nada é mais importante do que eu me sentir bem", vai se ver rumando para pensamentos, palavras e comportamentos diferentes.

O exercício simples de olhar de forma deliberada para os aspectos positivos do seu trabalho atual e para as pessoas que trabalham com você vai lhe proporcionar uma imediata sensação de alívio. Esse alívio vai indicar uma mudança de vibração, o que implica que o seu ponto de atração mudou. Quando isso acontecer, a *Lei da Atração* lhe provocará um encontro com pessoas diferentes e isso vai até mesmo fazer com que você vivencie experiências diferentes com as mesmas pessoas. Isso é uma espécie de criação de dentro para fora, em vez do contrário, que nunca funciona.

A partir da sua poderosa proposta de decidir se sentir bem, as coisas começarão a melhorar de forma dramática.

O que está impedindo a minha carreira de decolar?

Jerry: O que você diria às pessoas que estão entrando no mercado de trabalho agora ou estão mudando de carreira tendo em vista detalhes como potencial de maiores salários, crescimento, demanda por produtos, serviços e assim por diante. Como elas devem decidir que direção tomar?

Abraham: A vida que você viveu até agora o levou a determinar os detalhes da experiência que busca, e essa situação perfeita já está enfileirada à sua espera. Seu trabalho neste momento não é sair daí e alcançar um conjunto perfeito de circunstâncias, e sim *permitir* o desdobrar das condições que irão levá-lo direto a uma posição que satisfaça o grande número de intenções às quais você já chegou por meio da sua experiência de vida. Ou seja, você nunca sabe de forma mais clara o que *realmente quer* do que quando vivencia o que *não quer*.

Então, não ter dinheiro suficiente o leva a *pedir* mais dinheiro. Um patrão que não reconhece o seu valor faz com que você *busque* alguém que aprecie seu talento e disposição para o trabalho. Um emprego que lhe exija pouco o leva a *desejar* algo que inspire mais clareza e expansão por meio de você. Um emprego que exija várias viagens e trocas de condução para chegar lá lhe dará origem a um *desejo* por um emprego que seja perto de onde você mora, e assim por diante.

Queríamos dizer o seguinte para qualquer pessoa que esteja em busca de mudanças em seu ambiente de trabalho: "Isso já está preparado para você em uma espécie de Contrato Vibracional. A sua função é simplesmente se alinhar com as experiências passadas e atuais que o ajudaram a identificar o que você quer."

Pode parecer estranho, mas a maneira mais rápida de conseguir um ambiente de trabalho melhor é procurar coisas que o façam se sentir bem no seu ambiente atual. A maioria das pessoas faz exatamente o oposto, apontando as falhas e problemas do lugar onde está, em um esforço para justificar um ambiente melhor para si mesmas. Porém, como a *Lei da Atração* sempre traz mais daquilo sobre o qual você foca a sua atenção e você está focado em coisas que não quer, mais coisas indesejadas aparecerão em seu caminho.

Quando você larga uma situação por causa das coisas indesejadas que estão presentes, encontra a essência das mesmas coisas indesejadas na situação ou no emprego seguinte.

Pense e fale das coisas que você *realmente* quer.

Faça listas das coisas que são agradáveis no lugar onde você está.

Pense com empolgação nas coisas melhores que aparecerão em seu caminho.

Deixe de enfatizar o que você não gosta.

Dê ênfase ao que você gosta.

Observe a resposta do Universo à sua vibração melhorada.

Vou buscar razões para me sentir bem

Jerry: Então, em outras palavras, a não ser que as pessoas se foquem no que *desejam* e deixem de pensar no que *não desejam* na sua posição atual ou anterior, elas vão continuar do mesmo jeito, recriando, de certo modo, a situação negativa?

Abraham: Isso está absolutamente certo.

Não importa o quanto seja justificável a sua emoção negativa, ao pensar nela você continua estragando o seu futuro.

A maioria de vocês reflete tanto sobre o que quer que daria para encher 10 ou 20 vidas, mas a manifestação dessas coisas não acontece porque sua porta continua fechada. O motivo de sua porta estar fechada é você estar muito ocupado reclamando de como as coisas são ou estar muito ocupado defendendo o ponto em que se encontra.

Busque motivos para se sentir bem. Com a sua alegria você abrirá as portas, e quando abrir as portas, todas as coisas às quais você disse "eu quero" poderão fluir. Asseguramos que, sob essas condições, você viverá feliz para sempre — o que, afinal de contas, é exatamente o que planejou verdadeiramente ao se engajar na carreira de vivenciar a experiência física da vida.

Eu *quero* ou eu *tenho* de fazer?

Jerry: Quando eu era jovem, morei em várias fazendas imensas em Oklahoma, Missouri e Arkansas, e fazia muitas coisas diferentes para ganhar dinheiro. Todas elas significavam trabalho duro e nem um pouco divertido. As tarefas iam de colher amoras e criar e vender galinhas; de plantar, colher e vender tomates a cortar e vender lenha. Às vezes ganhava um bom dinheiro, mas não gosta-

254 Dinheiro atrai dinheiro

va nem um pouco do meu trabalho. Então, durante o ensino médio em Nova Orleans, tive mais uma série de empregos nada divertidos, consertando telhados, trabalhando em lanternagem de carros e como ascensorista. O primeiro emprego em que eu tive algum tipo de diversão foi quando trabalhei como salva-vidas na praia Pontchartrain.

Creio que eu era como muita gente à minha volta, e nunca me ocorreu que me divertir e ganhar dinheiro eram coisas que poderiam acontecer ao mesmo tempo. Durante o tempo em que eu desempenhava essas funções duras e nada divertidas, fazia coisas divertidas *depois* do trabalho. Saía com outros jovens, ia para o parque à noite, tocava violão, cantava em uma igreja e também no coro da Ópera de Nova Orleans. Liderei um grupo de escoteiros, trabalhei como acrobata e me ofereci como voluntário para dar aulas de ginástica e dança. Fazia coisas maravilhosas e divertidas, mas não ganhava dinheiro com nenhuma delas.

Entretanto, depois que fiquei adulto, nunca mais voltei a trabalhar durante muito tempo em algo que não gostasse. Em vez disso eu me tornei um trabalhador autônomo, e as coisas que antes fazia por diversão, continuei fazendo, só que comecei a receber dinheiro por elas.

Eu andava praticando muito e planejava me dedicar a uma carreira como músico, cantor, dançarino ou acrobata. Porém, aconteceu uma greve decretada pelo sindicato dos trabalhadores em oficinas e, enquanto estava parado, um homem da Associação Cristã de Moços sugeriu que eu me juntasse ao "El Gran Circo de Santos y Artigas", em Cuba, como trapezista. Por causa disso eu acabei não seguindo a carreira "segura" que meu pai planejava para mim, de lanterneiro ou consertador de telhados. (Eram empregos que me garantiam um ordenado fixo e eu era um bom operário, embora odiasse aquilo). Como resultado da greve *indesejada* eu acabei me voltando, com facilidade, na direção do que se tornou uma vida verdadeiramente jubilosa de aventuras e ganhos financeiros. Comecei como acrobata naquele circo cubano e acabei permanecendo na área do show business, de um jeito ou de outro, por mais de 20 anos.

Abraham: Veja como os detalhes da sua vida demonstram com clareza as coisas que lhe foram oferecidas. Você reparou em como aqueles primeiros anos trabalhando duro em coisas que você não apreciava o ajudaram a escolher não apenas o que identificava como o que *não queria*, mas também o ajudaram a determinar o que *preferia*? Além do mais, embora você passasse grande parte do tempo, na adolescência, trabalhando em coisas que não curtia, também passava muito tempo — cada minuto livre — fazendo coisas das quais realmente *gostava*. Desse modo, as duas partes da sua equação para a criação jubilosa já estavam no lugar. O trabalho duro fez você *pedir*; o tempo em que você tocava música, fazia ginástica e outras coisas que amava o colocou em uma posição contínua de *permitir*; depois, por meio do caminho de pouca resistência, o Universo lhe ofereceu um caminho viável para alcançar a felicidade, o crescimento e a alegria que buscava.

Devido ao intenso desagrado dos seus primeiros anos de trabalho pesado, você foi um dos poucos rapazes estranhos, esquisitos ou diferentes, dentro do seu grupo, que permitiram a si mesmos a busca da felicidade. E isso levou a muitas coisas que você passou a desejar.

Muitas pessoas sentem uma diferença gritante entre as coisas que *querem* e as coisas que acreditam que *devem* fazer. A maioria coloca qualquer coisa que gere dinheiro na categoria das *coisas que têm de fazer*. Eis o porquê de o dinheiro chegar de forma tão difícil e nunca ser suficiente.

Se você for sábio o bastante para seguir a pista dos pensamentos agradáveis, descobrirá que o caminho mais feliz o levará a todas as coisas que deseja. Ao buscar de forma deliberada os aspectos positivos ao longo do caminho, você acabará entrando em alinhamento vibracional com quem-você-realmente-é e com as coisas que realmente deseja, e, ao fazer isso, o Universo lhe trará meios viáveis de alcançar seus desejos.

E se o que me agrada também servir para atrair dinheiro?

Jerry: Por exemplo, Esther e eu não tínhamos intenção alguma de ganhar dinheiro usando o nosso trabalho com você, Abraham. Estávamos curtindo muito as coisas que aprendíamos e nos sentíamos muito empolgados pelos resultados positivos que alcançávamos em nível pessoal ao aplicar no dia a dia as coisas que aprendíamos, mas nunca foi intenção nossa transformar o nosso trabalho com você em um negócio. Aquilo era uma experiência iluminadora baseada em pura diversão (e ainda é divertido), mas a coisa agora se expandiu de forma irreversível no caminho de um empreendimento mundial.

Abraham: Então você está dizendo que à medida que sua experiência de vida se expandiu, as suas ideias e os seus desejos também se expandiram, não é? E embora, no início, vocês não conseguissem ver ou descrever em detalhes *a forma* como as coisas iriam se desdobrar, pelo simples fato de tudo ser divertido e pelo fato de vocês se sentirem bem, isso acabou por se tornar um caminho poderoso para o cumprimento dos desejos e objetivos que já estavam lá havia muito antes de nos conhecermos ou começarmos este trabalho, certo?

Jerry: Sim. Minha intenção original ao visitar você era aprender um modo mais eficaz de ajudar os outros a obter sucesso fi-

Carreiras e fontes rentáveis de prazer

nanceiro. Eu também queria aprender a levar a vida de forma mais harmônica com as *Leis do Universo*, que são naturais.

Quero que o meu trabalho seja livre

Jerry: Então, a maior parte das minhas *carreiras* quase nunca começou, ao longo dos anos, como um meio de obter dinheiro. Elas foram, na maior parte das vezes, coisas que eu simplesmente curtia realizar e que acabaram me trazendo dinheiro.

Abraham: Pois é, esse é o segredo do sucesso verdadeiro que vocês vêm experimentando há tantos anos. Pelo fato de terem determinado desde cedo que se sentir bem era a coisa que mais importava a ambos, vocês conseguiram encontrar um grande número de formas interessantes de manter essa intenção, sem perceber, na época, que o *segredo de todo sucesso é se manter feliz*.

Muitos de vocês aprenderam que buscar a própria felicidade é uma postura egoísta e imprópria, e que seus objetivos verdadeiros deveriam girar em torno do compromisso, da responsabilidade, da luta e do sacrifício. Quero, porém, que vocês entendam que todos podem ser comprometidos, responsáveis, elevar as pessoas *e também* podem ser felizes, tudo ao mesmo tempo. Na verdade, a não ser que você descubra um jeito de se conectar à verdadeira felicidade, todas as outras buscas serão simplesmente inúteis e vazias, palavras ocas não suportadas por nenhum valor verdadeiro. *Você só se eleva a partir de uma posição de ligação e força.*

As pessoas muitas vezes dizem: "Eu não quero trabalhar", significando: "Não quero ir a um lugar onde eu tenha de fazer coisas que não quero só para ganhar dinheiro". Quando nós lhes perguntamos por que pensam assim elas dizem: "Porque eu quero ser livre". Mas não é ficar livre da ação que você quer, porque a ação pode ser divertida. Também não é a liberdade conseguida pelo

dinheiro que você quer, porque o dinheiro e a liberdade são sinônimos.

*Você quer se livrar da negatividade, da rejeição de quem-você-
realmente-é; você quer se livrar da rejeição da abundância que é
o seu direito de nascença. Você está buscando se livrar da falta das
coisas.*

Quais são os aspectos positivos disso?

*Abraham: Sempre que você sentir emoções negativas, isso é apenas o
seu Sistema de Orientação Emocional lhe dando uma indicação de que você está, nesse determinado momento, olhando para os
aspectos negativos de algo e que, ao fazer isso, está se privando de
algo desejado.*

Se você se dedicar a buscar aspectos positivos no que quer que
você coloque a atenção, começará imediatamente a perceber o er-
guimento de todos os padrões de resistência enquanto o Universo
permite, através da sua mudança de vibração, a chegada dos desejos há tanto ansiados.

*As pessoas muitas vezes pulam de um emprego para o outro e de
uma empresa para outra só para descobrir que o trabalho seguinte
não é melhor que o anterior. O motivo disso é que elas levam a si
mesmas para qualquer lugar que vão.*

Quando você arruma um novo emprego e continua a reclamar
das coisas erradas e desagradáveis que havia no emprego anterior,
em uma tentativa de explicar por que saiu de lá, o mesmo *mix* vibracional de resistência continua dentro de você, impedindo que
as coisas que você deseja venham para a sua vida.

A melhor forma de conquistar um ambiente de trabalho mais
agradável é se concentrar nas melhores coisas que existem no novo
emprego até inundar os seus próprios padrões vibracionais de

pensamento com a sensação de *gratidão*. A partir desse ponto de vibração modificado você poderá permitir que as novas e melhoradas condições e circunstâncias se instalem na sua experiência.

Muita gente se preocupa com isso. Essas pessoas acham que se seguirem o nosso incentivo para procurar coisas boas no novo emprego, isso fará com que elas acabem ficando mais tempo em um local indesejado, mas a verdade é exatamente o contrário:

Em seu estado de reconhecimento e gratidão, você ergue os limites autoimpostos (lembre-se de que todos os seus limites são autoimpostos) e se libera para o recebimento de coisas maravilhosas.

Jerry: Abraham, qual é o papel da *gratidão* na equação da criação? Como uma condição de gratidão se encaixa no que geralmente se chama "atitude de agradecimento"? No livro *Pense e enriqueça*, de Napoleon Hill, eu aprendi a decidir o que queria para depois focar naquilo (ficar o tempo todo pensando no assunto) até criá-lo na minha existência. Em outras palavras, aprendi a determinar objetivos e prazos para a sua conquista. Porém, depois de conhecer você, percebi que a maioria das coisas que eu havia descrito como as mais maravilhosas que aconteceram na minha vida não tinham tanta relação com as coisas que eu especificara que queria (embora muitas delas viessem, também). O que se manifestava, na realidade, era a essência de algo ao qual eu me sentia *grato*.

Por exemplo, eu conheci Esther por muitos anos antes de ficarmos juntos. Eu nunca a *quis* ao longo dos anos, mas *apreciava* inúmeros aspectos da pessoa que ela era. E então ela (e todos os aspectos deliciosos do seu jeito de ser) entrou por completo na minha vida. Agora, veja só a magnífica diferença que ela fez nos aspectos jubilosos da minha existência.

Eu também li todos os livros de *Seth*, repetidas vezes, e nunca *desejei* ter um "Seth" na minha vida, mas *apreciava* muito os ensinamentos da "Entidade Não Física" chamada Seth, bem como agradeço ao trabalho de Jane Roberts e Robert Butts, que promoveram essa experiência. E agora aqui está você, Abraham, que não é o "Seth" propriamente dito, mas traz consigo a essência de tudo o que eu *apreciava* tanto no trabalho de Jane e Robert, e também nas fenomenais experiências metafísicas deles com Seth.

Há mais de 40 anos eu visitei uma família que morava perto de São Francisco e ganhava a vida por meio de uma empresa de mala postal muito simples, quase primitiva, que eles gerenciavam de casa mesmo. Eu nunca disse que *queria* um negócio como aquele, mas, pelo fato de *apreciar* o trabalho que eles faziam, contei a milhares de pessoas a história do negócio mantido por aquela família. Então, em um belo dia (faz uns 20 anos) quando estava na agência dos correios pegando novos pedidos para algumas gravações dos Ensinamentos de Abraham, percebi que estava vivenciando a essência do mesmo negócio de mala postal que eu tanto havia *apreciado* anos antes. E agora, veja só quantos milhões de pessoas eu alcancei de forma positiva e também beneficiei como resultado de disseminar essa filosofia de vida!

Poderia contar outros casos, mas deixe-me citar apenas mais um: Esther e eu, quando nos mudamos para San Antonio, no Texas, encontramos uma casa para alugar onde poderíamos plantar uma horta, criar galinhas, ter uma cabra que desse leite e instalar um poço de água pura só para nós... Costumávamos dar longas caminhadas por ali, passávamos pela estrada em frente à casa e depois atravessávamos uma pista de pouso para aviões pequenos que terminava em um bosque de cedros e carvalhos. Mesmo no auge do verão, curtíamos as caminhadas e seguíamos as trilhas abertas pelos cervos, que serpenteavam como túneis por meio da densa concentração de árvores.

Um dia, descobrimos que uma das trilhas que os cervos haviam aberto dava em uma pequena "campina" oculta pelos carvalhos. Era um lugar lindíssimo! A grama, as flores e a atmosfera do lugar poderiam ser descritos como "encantados". Esther e eu adoramos descobrir aquele novo ponto e começamos a voltar ali muitas vezes. Imaginávamos histórias sobre como aquela clareira natural antiga poderia ter surgido e especulávamos se alguém a havia descoberto e explorado antes de nós. Sempre nos perguntávamos o porquê de aquele local nos parecer tão inexplicavelmente prazeroso — e *apreciávamos* o local! Nunca verbalizamos que *queríamos* aquele pedaço de terra, simplesmente o *apreciávamos* muito.

Pois bem... cinco ou seis anos depois disso, um estranho nos ligou dizendo que ouviu dizer que estávamos procurando um lugar para construir nosso escritório. Os sete acres que ele nos ofereceu para comprar incluíam exatamente o ponto onde ficava aquela pequena campina oculta. E agora o nosso escritório fica exatamente naquele lugar maravilhoso e encantador. Os sete acres iniciais se tornaram parte de um terreno de vinte acres que adquirimos. Um dia eu estava apreciando o lindo bosque de carvalhos no terreno de vinte acres ao lado do nosso e, para encurtar a história, aquela clareira inicial se tornou uma propriedade de mais de quarenta acres de frente para a rodovia Interestadual, com um hangar para aviões, um heliporto e um estábulo (não, nós não possuímos aviões nem cavalos).

E tudo isso evoluiu a partir da nossa forte apreciação por uma pequena clareira no bosque.

Abraham, será que você poderia nos falar das emoções e das perspectivas criadas pelo poder da *apreciação*?

Abraham: A vibração do amor verdadeiro, a sensação de estar apaixonado, a emoção que vocês às vezes percebem ao ver alguém e sentir como se estivessem se movimentando livremente por dentro da pessoa. O sentimento que vocês têm ao olhar para a inocência de uma criança e sentir a beleza e o poder que existem nela. *Amor* e *apreciação* possuem vibrações idênticas.

A apreciação é a vibração de alinhamento com quem-você-é. Trata-se da ausência de resistência. Trata-se da ausência da dúvida e do medo. Trata-se da ausência de autonegação ou do ódio por outras pessoas. A apreciação é a ausência de tudo o faz se sentir mal e a presença de tudo o que o faz se sentir bem. Quando você foca a atenção nas coisas que quer — quando você conta a história de como deseja que a sua vida seja — se aproxima cada vez mais das redondezas desse local que é a apreciação e, ao alcançar esse ponto, a própria apreciação o puxa na direção de coisas que você considera boas, e faz isso de uma forma muito poderosa.

Vamos comentar um pouco sobre as diferenças que existem entre, digamos, *gratidão* e *apreciação*. Muitas pessoas usam essas duas palavras indistintamente, mas nós não sentimos a mesma essência vibracional vinda delas, em absoluto, porque quando você sente gratidão muitas vezes está em luta contra algo que precisa superar. Em outras palavras, está feliz por não estar em plena luta, mas um pouco da "vibração de luta" ainda está presente. É também o caso da diferença entre o sentimento de *inspiração*, que é ser atraído para *quem-você-é*, e o sentimento de *motivação*, que tenta levar você a outro lugar. Esses conceitos possuem diferenças similares.

Apreciação é aquele sentimento de sintonia, ligação, atração. Apreciação é o alinhamento vibracional com "quem eu me tornei". O estado de apreciação é "o meu ser em sincronismo com o todo que eu sou".

Vivenciar um estado de apreciação é observar qualquer coisa à sua frente como se a visse pelos olhos da Fonte. Quando você se encontra nesse estado de apreciação, poderá passar por uma calçada lotada de gente, ao lado de todos os tipos de coisas que a maioria das pessoas acharia motivo de crítica ou preocupação e mesmo assim você não terá acesso a elas, porque a sua vibração de apreciação o afastará das coisas que possuem vibração diferente da sua.

Carreiras e fontes rentáveis de prazer

Um estado de apreciação é um estado semelhante à qualidade de ser divino. O estado de apreciação é ser *quem-você-realmente-é*. Esse estado de apreciação é quem você era no dia em que nasceu e quem será no dia da sua "morte", e ele representaria também (se nós estivéssemos no seu corpo físico) a nossa busca em todos os momentos.

Joseph Campbell usou a expressão *felicidade*, que é a mesma coisa, ao aconselhar: "Siga a sua felicidade." Às vezes você não consegue ter a mínima noção disso a partir do lugar onde se encontra. Costumamos dizer que quando você está em desespero segue seu desejo de vingança; isso é uma *corrente*. Quando se sente vingativo, segue o ódio; isso também é uma *corrente*. Quando está com ódio, segue a raiva, que também é uma *corrente*. Quando está com raiva, fica frustrado, e isso vem como uma *corrente*; quando se vê em um estado de frustração, segue a esperança, que é igualmente uma *corrente*. Quando você está esperançoso, aí sim, chegou perto da apreciação.

Agora que você alcançou a vibração da esperança, comece a preparar listas das coisas que fazem você se sentir bem; encha vários caderninhos de anotações com elas. Faça listas de todos os aspectos positivos das coisas. Anote todas as coisas que você ama. Vá a um restaurante, procure pelas suas comidas favoritas e nunca reclame de nada. Focalize a coisa de que você mais gosta, mesmo que seja um único detalhe que você aprecie em tudo que está à sua volta, ofereça-lhe a sua atenção total e use aquilo como pretexto para ser *quem-você-é*.

À medida que você utilizar as coisas mais brilhantes e que o fizerem se sentir melhor como pretexto para dedicar a atenção total a *quem-você-é*, vai se sintonizar com *quem-você-realmente-é*, e o mundo inteiro começará a se transformar diante dos seus olhos.

Não é tarefa sua transformar o mundo para os outros, mas é tarefa sua transformá-lo para você.

Um estado de apreciação é a pura Ligação com a Fonte, onde não existe a percepção da falta.

O meu tempo no trabalho é uma questão de percepção

Abraham: Do mesmo modo que muitas pessoas se focam na escassez de dinheiro, existem muitas outras que se focam na escassez de tempo, e geralmente essas duas percepções de falta são interconectadas e provocam impactos negativos mútuos. Muitas vezes a razão para o prejudicial emparelhamento dessas questões de perda é o sentimento de que não há tempo suficiente para fazer o necessário e alcançar o sucesso.

A razão principal para as pessoas se sentirem com tanta falta de tempo é o fato de elas tentarem conseguir muito impulso a partir dos seus atos. Se você desconhece o poder do alinhamento e faz pouco ou nenhum esforço para encontrar o alinhamento pessoal; se você está sobrecarregado, zangado, ressentido ou mal-humorado, e é a partir dessas perspectivas emocionais que você age para tentar conquistar as coisas, muito provavelmente terá uma sensação de escassez de tempo.

Simplesmente não existe ação suficiente no mundo que possa compensar um desalinhamento da Energia, mas quando você se preocupa com o jeito de sentir e resolve cuidar do equilíbrio vibracional antes de qualquer coisa, vivencia o que lhe parece um Universo cooperativo que abre as portas em toda parte. O *esforço* físico exigido para alguém em alinhamento pessoal é uma fração do exigido para quem está desalinhado. Os *resultados* obtidos por quem está em alinhamento são tremendos em comparação com os experimentados por alguém desalinhado.

Se você está se sentindo sem tempo ou sem dinheiro, a sua melhor opção é focar a atenção em pensamentos agradáveis, fazer lon-

Carreiras e fontes rentáveis de prazer **265**

gas listas dos aspectos positivos de tudo, procurar motivos para se sentir bem e se dedicar mais às coisas que o levam a se sentir bem quando você as faz. Separar um tempo para se sentir melhor, encontrar aspectos positivos, alinhar-se com quem-você-realmente-é vai lhe trazer resultados maravilhosos e o ajudará a equilibrar o seu tempo de forma muito mais eficiente.

A escassez de tempo não é um problema seu. A escassez de dinheiro não é um problema seu. A escassez da Conexão com a Energia que cria mundos, essa sim, é a que está no núcleo de todas as sensações de falta que você experimenta. Tais vácuos ou momentos de escassez só podem ser preenchidos de uma forma: por meio da Ligação à Fonte e do alinhamento com quem-você-realmente-é.

O tempo é um conceito relacionado à percepção. Embora o relógio esteja batendo do mesmo jeito para todo mundo, o seu alinhamento afeta a sua percepção, bem como os resultados que você se permite alcançar. Quando você coloca o tempo de lado e visualiza a vida como você quer que ela seja acessa um poder forte que lhe parece indisponível quando você foca apenas os problemas.

Ao observar as enormes diferenças no esforço que as pessoas aplicam e nos resultados que conseguem, você concluirá que existem mais elementos nessa equação do que unicamente a ação. A diferença é que algumas pessoas recebem o benefício de potencializar o alinhamento por meio dos pensamentos que emite, enquanto outras destroem esse alinhamento também por causa dos pensamentos que emitem.

Pense em você correndo dois quilômetros e imagine que nesses dois quilômetros existem 2000 portas pelas quais você precisa passar. Imagine-se chegando a cada uma dessas portas e precisando abri-las individualmente, antes de poder passar por elas e seguir em frente. Agora se imagine correndo esses mesmos dois quilômetros só que, à medida que você chega perto de cada porta, ela se abre para você, de modo a permitir que você mantenha o ritmo sem desacelerar ao se aproximar de cada uma. Pois é assim que acontece.

Quando você está alinhado com a Energia que cria mundos, não precisa mais parar para abrir as portas. O seu alinhamento energético faz as coisas se enfileirarem para você, e a única ação que você demonstra é a forma como aproveita o benefício do alinhamento que conquistou.

Devo tentar trabalhar com mais vontade?

Abraham: Você é um criador poderoso que chegou a esse ambiente de Vanguarda onde compreende que é capaz de criar por meio do poder do pensamento, direcionando de forma deliberada o foco da sua atenção para as coisas que deseja. Você não precisa depender da ação para a criação.

Pode ser que leve algum tempo até você se ajustar à compreensão de que tudo é criado por meio dos pensamentos, e não por meio da ação. É incalculável o valor do pensamento e também a importância de você sempre falar a respeito das coisas como gostaria que elas fossem, e não como elas são.

Quando você não apenas compreender o poder do pensamento, mas deliberadamente direcionar essa ferramenta poderosa na direção das coisas que deseja, então descobrirá que a principal ação na sua vida é aproveitar o que você criou por meio do pensamento.

Quando você atinge o alinhamento vibracional (ou seja, os pensamentos que emite são sempre agradáveis) e se sente inspirado a agir, você conquista o melhor dos dois mundos. Suas ações parecem ser feitas sem esforço quando você está sintonizado com a frequência vibracional da Fonte, e você também sente mais inspiração para agir. Os resultados são sempre agradáveis. Por outro lado, a ação tomada sem os cuidados antecipados com o alinhamento vibracional representa trabalho duro e resultado ineficaz e isso, ao longo do tempo, deixa você exausto.

A maioria das pessoas está tão ocupada lidando com coisas imediatas que não tem tempo de cuidar do que é importante. Muitas pessoas dizem que se sentem tão ocupadas ganhando dinheiro que não arrumam tempo para aproveitá-lo. Isso acontece porque quando você depende unicamente da sua ação para criar, muitas vezes fica cansado demais para aproveitar os frutos da própria criação.

Pergunta: Meu trabalho é uma espécie de aventura e eu adoro realizá-lo. Só que quando associo o dinheiro e os ganhos financeiros com o meu trabalho, sinto uma tensão que acaba com toda a alegria dele. Essas duas coisas não combinam?

Abraham: Essa é uma história muito comum que costumamos ouvir de pessoas criativas que estão envolvidas com música ou outra arte que amam. Quando elas decidem transformar essa atividade que amam na sua principal fonte de renda, não apenas lutam mais para conseguir dinheiro como sentem que a sua alegria anterior diminuiu.

A maioria das pessoas alimenta uma atitude muito negativa a respeito do dinheiro, simplesmente porque quase todo mundo fala mais das coisas que não pode comprar ou na falta de condições financeiras para alcançá-las, em vez de falar dos *benefícios* do dinheiro. Além disso, a maioria das pessoas passa muito mais tempo pensando no que *está* acontecendo atualmente em suas vidas do que no que *prefeririam* que acontecesse. Então, sem querer, elas acabam pensando na falta do dinheiro.

Quando você reúne a ideia de alguma coisa da qual gosta muito, seja sua aventura, sua música ou sua arte, com algo do qual você sente falta há muito tempo (dinheiro), a balança dos seus pensamentos pende mais para o lado do sentimento dominante.

268 Dinheiro atrai dinheiro

À medida que você passa mais tempo visualizando o que deseja e menos tempo observando o *que-é*, e quando exercita mais a sua história positiva e agradável, com o tempo a sua *aventura* se torna a vibração dominante dentro de você. E quando você junta a sua aventura com os meios de ganhar dinheiro, as duas coisas se combinam à perfeição e se fortalecem mutuamente.

Não existe maneira melhor de ganhar dinheiro do que fazer as coisas de que você gosta. O dinheiro pode fluir para a sua vida através de caminhos infindáveis. Não é a escolha do ofício que limita o fluxo do dinheiro, apenas a sua atitude com relação a ele.

Eis o porquê de tantos nichos de mercado estarem continuamente surgindo, com pessoas se tornando muito ricas a partir de ideias para as quais, há pouco tempo, não existiam mercados viáveis. Você é o criador da sua própria realidade, o criador dos próprios mercados para empreendimentos e também criador do seu próprio fluxo de dinheiro.

Você não pode definir com exatidão algumas atividades como difíceis *e outras como* fáceis, *porque todas as coisas que estão em harmonia com o que você quer são fáceis de alcançar e fluem, enquanto as coisas em desarmonia com o que você quer são difíceis e resistentes.*

Sempre que o que você estiver fazendo lhe parecer uma luta, entenda que o seu pensamento contraditório está introduzindo resistência à equação. A resistência é provocada pelo pensamento no que você não quer, e é isso que o deixa cansado.

Um exemplo da minha "velha" história a respeito da minha carreira

Sempre dei duro em todos os empregos que tive, mas nunca consegui ver meu valor reconhecido. Sinto que meus patrões sempre tiram vantagem de mim, me arrancam tudo que conseguem e me oferecem muito pouco em troca. Estou cansado de trabalhar tanto para ganhar tão pouco. Vou começar a me segurar, também. Não adianta me matar de trabalhar porque ninguém repara, mesmo. Muitas pessoas à minha volta, no trabalho, sabem muito menos do que eu a respeito do serviço, trabalham muito menos e ganham um salário maior que o meu. Isso não está certo.

Um exemplo da minha "nova" história a respeito da minha carreira

Sei que não vou ficar nesse emprego para sempre, fazendo o mesmo trabalho. Gosto de entender que as coisas estão sempre evoluindo, e é divertido tentar descobrir para onde estou indo.

Apesar de haver muitas coisas que poderiam ser melhores do que são no meu local de trabalho, isso não é um problema terrível, porque o lugar "onde trabalho" está sempre se modificando para melhor. Gosto de saber que busco as melhores coisas em torno de mim e essas coisas acabam por se tornar mais predominantes na minha vida.

É divertido saber que tudo acaba sempre funcionando bem para mim. Busco evidências disso e acabo encontrando-as todos os dias.

Não existe um jeito certo ou errado de contar a sua história melhorada. Ela pode se referir ao seu passado, presente ou futuro. O único critério importante é estar consciente da sua intenção de contar uma versão melhorada e mais agradável da própria história. Repetir muitas histórias agradáveis como essa ao longo do dia modifica o seu ponto de atração.

É hora de contar uma história nova

Minha velha história é sobre...
... coisas que deram errado.
... coisas que não são do jeito que eu quero ou acho que deveriam ser.
... outras pessoas que me decepcionaram.
... outras pessoas que não foram leais comigo.
... falta de dinheiro.
... falta de tempo.
... como as coisas geralmente são.
... como as coisas foram durante toda a minha vida.
... como as coisas foram ultimamente.
... injustiças que eu vejo no mundo.
... outras pessoas que simplesmente não compreendem.
... outras pessoas que não fazem o mínimo esforço.
... outras pessoas que são capazes, mas não correm atrás.
... insatisfação com a minha aparência.
... preocupação com a saúde do meu corpo.
... pessoas que se aproveitam das outras.
... pessoas que querem me controlar.

Minha nova história é sobre...
... os aspectos positivos do meu atual objeto de atenção.
... o jeito que eu quero realmente que as coisas sejam.
... o quanto as coisas estão bem.
... o quanto a *Lei da Atração* é quem gerencia verdadeiramente todas as coisas.
... a abundância que flui em grande quantidade.
... o quanto o tempo está relacionado com a percepção e é infinito.
... as melhores coisas que eu vejo.

Carreiras e fontes rentáveis de prazer

... minhas lembranças favoritas.

... a óbvia expansão da minha vida.

... os aspectos surpreendentes, interessantes ou maravilhosos do meu mundo.

... a variedade incrível das coisas que me rodeiam.

... a determinação e a eficácia de tantas pessoas.

... o poder dos meus próprios pensamentos.

... os aspectos positivos do meu próprio corpo.

... a base estável do meu corpo físico.

... o modo como criamos a própria realidade.

... minha liberdade absoluta e minha jubilosa percepção disso.

Cada um dos componentes que constroem a sua experiência de vida é atraído para você por meio da poderosa resposta da *Lei da Atração* aos pensamentos que você emite e à história que você conta a respeito da própria vida. O seu dinheiro e o seu patrimônio financeiro; o estado de Bem-estar, clareza, flexibilidade, tamanho e forma do seu corpo; o seu ambiente de trabalho, a forma como você é tratado, a satisfação com o trabalho, as recompensas — na verdade, a própria felicidade da sua vida de modo geral — tudo isso está acontecendo por causa da história que você conta

Se você deixar que a sua intenção dominante seja revisar e aprimorar o conteúdo da história que você conta todos os dias da sua vida, a nossa promessa absoluta é que a sua vida se transformará em uma história que se aprimorará de forma contínua. Tudo isso porque, devido à Lei da Atração, é assim que as coisas devem ser!

Abraham ao vivo: Um seminário sobre a *Lei da Atração*

Apresentação

Esta gravação de uma palestra ao vivo de Esther Hicks sobre a *Lei da Atração* foi gravada em Boston, Massachusetts, no sábado, dia 29 de setembro de 2007. [O texto foi ligeiramente editado para melhorar a clareza em algumas passagens]. Para fitas adicionais, CDs, livros, vídeos, catálogos e DVDs, escreva para Abraham-Hicks Publications no seguinte endereço: P.O. Box 690070, San Antonio, Texas 78269. Para ter uma visão mais imediata dos nossos trabalhos, visite o nosso website interativo: www.abraham-hicks.com.

Isto é um correspondente vibracional?

Bom-dia. Estamos muito satisfeitos por tê-los aqui conosco. É bom estarmos juntos com o objetivo de cocriação, não acham? Vocês sabem o que querem? Sabem mesmo? Bem, nós achamos que vocês acreditam que sim, de certo modo. Isto é, saber o que vocês *não querem* os ajuda a saber o que vocês *querem*, certo?

276 Dinheiro atrai dinheiro

Vamos colocar a coisa de outro modo: Vocês acham que são um Correspondente Vibracional para seus desejos? Acham mesmo? Pois bem, vamos saber se vocês são realmente um Correspondente Vibracional do que querem por meio de uma pergunta: Vocês estão vivenciando isso? Quando você é o Correspondente Vibracional dos dólares que decidiu ter, possui esses dólares de verdade, os gasta e tem acesso constante a eles. Esses dólares entram e saem, entram em saem, em fluxo constante na sua vida. Quando você é um Correspondente Vibracional do *relacionamento* que sua vida lhe preparou você está *vivendo* isso.

Então, aqui vai uma pergunta capciosa. A maioria dos nossos amigos físicos acha que quando nós perguntamos *Você sabe o que quer?* nós estamos, na verdade, falando das coisas *ainda-não-manifestadas* (ou seja, *Eu ainda quero*).

Certa vez, quando estávamos fazendo com que uma pessoa focasse a atenção em coisas positivas e fizemos uma lista dessas coisas, ela nos disse: "Mas Abraham, eu não quero essas coisas; isso tudo eu já tenho". O que ela estava querendo nos dizer é: "As coisas que eu quero são as que ainda não aconteceram."

Queremos ajudá-los a compreender que se vocês estão pensando nas coisas que querem sob o ponto de vista de que elas ainda não se realizaram (ou seja, de que elas estão faltando na sua vida; de que vocês ainda estão na ausência delas; e, o mais importante, se existe algum sentimento ou emoção negativa do tipo frustração por causa da demora ou desapontamento por outra pessoa estar recebendo tudo em seu lugar) então isso é uma indicação forte da frequência vibracional que você demonstra regularmente. Podemos chamar isso de vibração crônica, que nada mais é do que uma *crença*. Você mantém essa crença em um ponto suspenso onde a distância entre *quem-você-é* e *onde-o-objetivo-está* não diminui. Esse é o motivo de tanta gente viver a mesma situação durante tanto tempo.

Abraham ao vivo: Um seminário sobre a *Lei da atração* 277

Todos já conheceram gente desse tipo. Pessoas que têm um relacionamento ruim e reclamam disso o tempo todo, até que um dia o relacionamento termina porque elas não aguentam mais e resolvem fechar a porta. Logo elas voltam contando sobre um novo relacionamento e pouco depois já estão reclamando desse também. Essa história não lhes parece familiar?

Se vocês lembram da história com detalhes e estiveram prestando atenção nela (talvez essa seja a *sua* própria história), deve reparar que rostos diferentes e lugares diferentes estão passando pela vida da pessoa que conta, mas nada está mudando de verdade. É como se essas pessoas estivessem se casando com a mesma pessoa todas as vezes. Elas continuam a encontrar pessoas iguais. Moram no mesmo bairro, têm os mesmo vizinhos, moram nas mesmas casas e passam pelos mesmos problemas.

Jerry costuma dizer a Esther: "Você continua tendo problemas com o revestimento do piso, não é?" a cada vez que ela troca de piso.

Esther diz: "Eu gosto de trocar o revestimento dos pisos."

Jerry diz: "Isso é óbvio. Mas se você não se preocupasse tanto com os pisos, conseguiria o revestimento *perfeito*."

Vocês têm determinados padrões de pensamento e a *Lei da Atração* ajuda a manter o padrão de crença que vocês exibem (uma crença é simplesmente um pensamento contínuo). Desde cedo, na infância, ao se expor aos acontecimentos da vida, vocês começam a desenvolver determinados padrões de pensamento. Às vezes tais padrões lhes são ensinados cuidadosamente por outras pessoas. Outras vezes eles surgem por causa de algo que vocês observaram, sobre o qual comentaram com alguém, gravaram na mente — e continuam atraindo novamente, falando a respeito, gravando mais uma vez, tornando a atrair e assim por diante.

A vida é muito interessante, não é verdade? Ninguém consegue falar a respeito de algo por muito tempo sem repetir o padrão desse algo em sua vida. O que faz você desenvolver o padrão que será repetido é o que você considera *verdades*. Você diz: "Primeiro eu não estava muito certo, mas refleti um pouco a respeito e, ao pensar melhor, comecei a ver provas em toda parte, passei a *acreditar* piamente e, agora que acredito, isso está se manifestando na minha vida."

Achamos isso realmente maravilhoso, mas só para as coisas que você quer. Quando você repete padrões de pensamento sobre coisas que não quer (e pode acreditar que no ambiente em que vocês vivem as pessoas são muito boas em fazer isso) você acaba com uma espécie de teoria da Consciência de Massa que diz o seguinte: "Quando não colocamos tudo para fora o problema acaba se repetindo".

Pois nós garantimos que o contrário é a verdade. Quanto mais você pisa e repisa o problema, mais você ativa a essência de vibração dele. Quanto mais essa vibração é ativada, mas a *Lei da Atração* lhe traz coisas semelhantes. E quanto mais a *Lei da Atração* lhe traz coisas semelhantes, mais você repara nelas. E quanto mais repara, mais comenta e "coloca para fora". E quanto mais você comenta e coloca para fora, mais reforça a vibração do problema e a coisa não tem fim.

Quanto mais você oferecer a vibração de alguma coisa, mais a Lei da Atração vai trazê-la para você. Quanto mais a Lei da Atração a trouxer para você, mais você vai vivenciá-la, mais vai falar sobre ela, e quanto mais falar, mais vibração vai oferecer... Quanto mais vibração oferecer, mais lhe será trazido pela Lei da Atração. Quanto mais a Lei da Atração lhe trouxer, mais você vai reparar, e quanto mais reparar, mais vai comentar a respeito e mais vai oferecer vibrações semelhantes. Quanto mais vibrações semelhantes, mais a Lei da Atração trará. Poderíamos continuar essa sequência infinitamente. A sua própria vida lhe prova isso: **Você não pode repetir a mesma história o tempo todo sem continuar a vivenciar as mesmas circunstâncias.**

Abraham ao vivo: Um seminário sobre a *Lei da atração*   279

Portanto, estamos aqui para ensinar *A Arte de Contar uma História Diferente*. Essa é a arte de contar a história do jeito que a vida o ajudou a moldar, de forma construtiva, relatando sua versão com palavras próprias, por meio de observações pessoais, expectativas únicas e vibração própria. Então, quando a *Lei da Atração* responder à sua emissão *deliberada* de pensamentos, você *obterá* o que quer, e não simplesmente o que *observa*.

Você é a energia vibrante da fonte

É muito interessante ouvir muitos dos nossos amigos humanos nos contando que o motivo de eles falarem uma determinada coisa é que aquilo é "verdade". Costumamos dizer que isso é uma desculpa esfarrapada, porque existem muitas coisas que são "verdade". *Verdade* significa simplesmente que alguém deu atenção a um determinado fato, lhe ofereceu uma vibração específica e a *Lei da Atração* lhe trouxe o objeto da atenção. Quando a *Lei da Atração* trouxe esse objeto, ele foi observado, provocou uma vibração e... Ah, vocês já conhecem a sequência. O único motivo de alguma coisa ser verdade na vida de alguém é que, de algum modo, esse alguém está emitindo uma vibração correspondente.

Você é o criador da própria experiência de vida, quer saiba disso ou não. Já que é assim, é melhor criá-la deliberadamente. Você não pode desligar a sua vibração, está constantemente irradiando uma vibração qualquer e a *Lei da Atração* sempre responde a ela. Portanto, é melhor emiti-la de propósito.

Muitas pessoas dizem: "Mas eu faço isso! Estou emitindo minhas vibrações de propósito e tenho tanta consciência das coisas que *não quero* que vivo me certificando, repetidas vezes, de que essas coisas indesejadas não entrarão na minha vida. Tenho até uma listinha das coisas que não quero, para ter certeza de que nenhuma delas acontecerá. É uma lista comprida que eu fui formando ao longo da vida, pois sou muito bom nisso. Posso recitá-la de cor e salteado. Você vai morrer de rir ao me ouvir repetir os problemas da minha vida. As pessoas à minha volta se divertem com isso há anos. Portanto, recoste-se e ouça as minhas explicações sobre o porquê de a minha vida não estar seguindo do jeito que eu quero. Depois que eu lhe contar tudo em detalhes (coisa que já fiz milhares de vezes) vou pedir à *Lei da Atração* para que ela também ouça tudo com atenção e me traga exatamente o oposto de tudo o que eu disse."

A *Lei da Atração* é uma amiga justa. Ela sempre copia a sua vibração. Queremos que vocês se lembrem sempre de que a vibração de vocês — o seu equilíbrio vibracional, a sua fisionomia vibracional, o seu ponto de atração, aquilo que recebe uma correspondência sua — é fácil de reconhecer pelo jeito como você *sente*.

Seu jeito de sentir é a indicação do seu equilíbrio vibracional.

Isso acontece pelo seguinte: Você é a Energia da Fonte em um corpo físico, como muitos já sabem. Vocês falam muito de Deus, falam muito da Fonte, falam a respeito de almas, de céu e de anjos. Vocês vêm tentando reunir os pensamentos em torno da ideia do Eterno que-vocês-são. Muitos de vocês já acreditavam, antes mesmo de nos conhecerem, que houve vida antes desse corpo (e esperam que haja vida depois dele também). Pois nós queremos lhes dizer que a maioria das coisas que vocês pensam a respeito de todos esses assuntos é esquisita.

Queremos que vocês compreendam que vocês representam um Ser Eterno. Só que não estão "mortos" ou "vivos". Vocês não são um "anjo" e depois se transformam em um "mortal". Vocês não estão lá, ao lado da Fonte e depois estão aqui, longe da Fonte. *Vocês sempre são Energia da Fonte.*

Vocês são, basicamente, uma vibração, e esse corpo físico que vocês conhecem como "eu", bem como todas as armadilhas físicas

Abraham ao vivo: Um seminário sobre a *Lei da atração* **281**

que o rodeiam são interpretações vibracionais que vocês adaptaram e transformaram neste mundo maravilhoso no qual estão vivendo.

Vocês estão focados nos próprios corpos físicos e na Vanguarda do pensamento, e é magnífico que cada um de vocês esteja aqui. Mas queremos que cada qual entenda que *tudo* o que existe em vocês não está contido apenas nesse corpo físico que vocês habitam. Não estamos falando em *tudo* no sentido de massa da humanidade, estamos falando em termos de "você" mesmo. A maior parte de você será sempre estável, Não Física, Pura, Positiva, Força Divina, Fonte, Energia de Amor. Isso tudo é *quem-você-é*, e apenas uma parte dessa Consciência está projetada aqui nesse corpo físico.

Do mesmo modo, o todo de *quem-você-é* nesse corpo físico não está assistindo a esta palestra aqui, neste instante. Você continua sendo uma mãe, um pai, uma irmã, um irmão, um zagueiro de futebol ou um contador. Existem muitos aspectos da sua vida que não estão participando do que está acontecendo aqui, agora, enquanto você está focado em nossas palavras. Portanto, queremos que você compreenda que, no sentido mais amplo da palavra, a maior parte de você está focada de modo Não Físico e aproveitando os benefícios que você mesmo está fornecendo, simplesmente por estar aqui em seu corpo físico.

Tudo que existe já foi um pensamento vibracional

Você compreende que já foi Energia da Fonte antes de estar nesse corpo? Acompanhe o nosso raciocínio e entenda que essa Energia da Fonte que é parte de você ainda reside no mundo Não Físico. É como a eletricidade que passa através das paredes do prédio onde você mora. Você liga a torradeira na tomada e ela tosta o pão. Alguém poderia perguntar:

282 Dinheiro atrai dinheiro

"Mas então por que não podemos dizer que a eletricidade é a própria torradeira?"

E nós respondemos:

"Porque a eletricidade é apenas a eletricidade; a torradeira é a torradeira. A Energia da Fonte que é parte de você é simplesmente uma parte de você, e a sua parte física é que é a torradeira."

Só que tudo isso acontece ao mesmo tempo, aqui na expressão física que você está explorando. E você está bem aqui, nessa posição de Vanguarda. Está chegando a essa nova posição Avançada para a qual a Fonte dentro de você diz:

"Concordamos com tudo e nos transformamos no equivalente vibracional disso."

Vocês teriam de recuar para muito longe no tempo e no espaço a fim de descobrir tudo o que sabemos a respeito da criação das coisas, a respeito da criação do que vocês chamam de *vida no planeta Terra,* mas queremos que vocês saibam que tudo que vocês conhecem como manifestação física (o "pé no chão", as coisas palpáveis que vocês conseguem distinguir por meio dos sentidos) tudo isso foi uma vibração, antes de qualquer outra coisa.

Tudo que existe é um pensamento, no princípio, e quando esse pensamento vibracional se mantém durante muito tempo, recebendo muita atenção, ele acaba tomando corpo e forma.

Vocês se sentem absolutamente certos da realidade em que vivem à medida que vão discernindo e concordando uns com os outros a respeito de muitas das condições do ambiente à sua volta. Vocês adivinharam a sua realidade espaço-tempo e montaram-na de uma forma com a qual todos concordam. Vocês dizem:

"Vemos esta sala, podemos medi-la e chegamos a um consenso quanto ao tamanho real dela. Conhecemos tudo sobre metragem quadrada. Sabemos tudo de medidas. Conhecemos as distâncias. Concordamos uns com os outros a respeito das cores, na maior parte das vezes. Estamos de acordo com tantas coisas porque esta-

Abraham ao vivo: Um seminário sobre a *Lei da atração* **283**

mos utilizando nossos sentidos físicos para decifrar a vibração do que está à nossa volta."

O que gostaríamos que vocês tentassem compreender (embora saibamos que isso não é fácil, uma vez que a realidade do seu ambiente físico parece tão permanente e sólida, tão imóvel e verdadeira) é o seguinte:

Tudo o que existe é vibração em movimento, e tudo está sendo interpretado por você, que é a pessoa que está percebendo.

Tudo o que você enxerga com os olhos nada mais é do que uma interpretação vibracional sua. Tudo o que você ouve com os ouvidos, e até mesmo o que você cheira, saboreia e sente com as pontas dos dedos, são apenas interpretações vibracionais. Pelo fato de você vir fazendo isso há tanto tempo e estar de acordo com tanta gente a respeito do que sente, possui uma realidade imóvel que é essa plataforma maravilhosa sobre a qual você se mantém de forma tão sólida. Porém, o que nós queremos que compreenda é que essa realidade que você julga tão estável e sólida não é nem um pouco imóvel, ela se movimenta o tempo todo. Ela se modificará, se transformará e se moldará na mesma medida em que você, em seu estado físico, *permitir* que ela o faça.

Queremos que você tenha um vislumbre do jeito que o seu mundo físico parece por meio dos olhos da Fonte, pois quando você começa a ver o seu mundo através dos olhos da Fonte, começa também a se abstrair, oferece a outra face e tira a atenção dos aspectos do seu planeta e da vida no planeta que você não deseja replicar, repetir e ensinar aos seus filhos. Em vez disso, você dedica atenção aos aspectos que *deseja* manter em sua vibração e aos quais quer que a *Lei da Atração* responda.

Não, você não precisa se preocupar com a resposta da *Lei da Atração*, porque ela está sempre em funcionamento. Lembre-se disto:

O botão da Lei da Atração está sempre ligado.

284   Dinheiro atrai dinheiro

Isso significa que *não importa o que você ofereça em termos vibracionais, estará sempre obtendo respostas*. Mas o detalhe que muitos de vocês não conhecem é que existem dois aspectos do seu Ser aos quais a *Lei da Atração* responde: *Existe a parte Não Física de você*, a qual, conforme nós já explicamos, está sempre focada de forma Não Física (dá para imaginar há quanto tempo isso vem acontecendo?). *Depois, existe a parte física que existe há tanto tempo quanto o seu "eu" físico, o que não faz tanto tempo assim.*

Portanto, existe *essa* parte de você à qual a *Lei da Atração* está respondendo, e também existe a outra parte de você à qual a mesma *Lei da Atração* está igualmente respondendo. O que queremos que você compreenda é que a parte maior de você representa também a sua parte dominante, porque a *Lei da Atração* não responde apenas a quem você era antes de nascer, mas também (preste atenção nisso) a *quem-você-realmente-é* como resultado de estar aqui nesse corpo físico. Você consegue entender que essa experiência de vida atual é que está fazendo com que a parte maior de você se expanda e se transforme? Consegue entender que foi por isso que você nasceu, para início de conversa?

Os seres humanos contam uma história absolutamente irracional que diz mais ou menos o seguinte:

"Então a Fonte é perfeita e eu fui enviado aqui para tentar entender como alcançar a perfeição. E a Fonte determinou Leis para eu aprender. Vou aprendê-las, vou perseverar nelas e vou alcançar a perfeição que a Fonte atingiu."

Pois bem, nós queremos que vocês compreendam que essa Fonte da qual todos falam está sempre dentro de vocês. Não é possível afastar-se dela. Você pode se beliscar e se sentir fisicamente, e não pode beliscar nem sentir a força fisicamente, mas ela esta dentro de você e estará sempre dentro de você. E dá para dizer pela forma como você se sente em que nível os seus pensamentos, em um determinado momento, estão permitindo (ou não) a manifestação plena da Fonte dentro de você.

Quando você sente *amor* por você mesmo ou por outra pessoa, você é um Correspondente Vibracional perfeito com a Fonte que existe dentro de você. Quando você sente *ódio* ou *raiva* de alguém ou de si mesmo, você está espantosamente distante do equivalente vibracional da sua Fonte, e a distância entre o que você está se deixando ser e *quem-você-realmente-é* pode ser percebido por você mesmo graças à sua emoção negativa. Qualquer *emoção negativa*, não importa em que grau você a esteja vivenciando, sempre representa o grau exato em que você está se afastando da plenitude de *quem-você-é*.

Quando você se permite, em sua forma física, comandar o foguete de desejo que a Fonte dentro de você está, ela própria, comandando, você sente *paixão*, você sente *entusiasmo*, você sente *amor*, você sente *certeza*, sente muita *flexibilidade* e *vitalidade*... Você se *apaixona pela vida*, e é nesses momentos que você é *quem-realmente-é*. Quando sente *frustração*, quando se sente *sobrecarregado*, quando sente raiva ou muita ira de alguém ou de alguma situação, quando sente *ódio* ou *desapontamento*, quando sente *medo* ou *depressão*, você está se desconectando de forma crescente, cada vez mais, mais e mais de quem *você-realmente-é*.

Portanto, queremos que você compreenda que a emoção que você sente é (em todos os momentos em que você a está sentindo, seja amor ou desespero), a sua indicação do seu relacionamento vibracional entre o que a vida fez você se tornar e o que você está se deixando se tornar, bem aqui, neste exato momento, por conta do que quer que você esteja colocando a sua atenção.

Esta é que é a verdadeira Orientação momento-por-momento, segmento-por-segmento! Isto é que é ter uma trilha pronta, feita por continhas colocadas no chão mostrando *quem-você-realmente-é*, o que realmente quer e para onde deseja realmente ir. Em outras palavras, este é um *Guia de Orientação* muito sofisticado que está ao seu lado a todo momento, a partir do instante em que você aprende a lê-lo.

Os sistemas de navegação que vocês possuem instalados em seus veículos são muito parecidos. Eles sabem onde você está, você programa o destino desejado e o sistema calcula a rota entre onde você está e aonde quer chegar. O seu *Guia de Orientação* funciona da mesma forma.

Pois então, aqui está você, talvez com menos dinheiro do que gostaria, ou em um relacionamento que talvez lhe pareça horrível ou com uma condição física que absolutamente não deseja ou o assusta. Aqui está você vivenciando esta experiência contrastante, enviando foguetes de desejo por uma condição melhorada, ou em busca de uma experiência mais enriquecedora. Enviando mais foguetes do que nunca, na verdade, pois saber o que você *não quer* o ajuda a identificar o que você *quer*. E a Fonte dentro de você não apenas comanda esses foguetes, mas também se torna o equivalente vibracional do você novo e expandido.

Então, a pergunta que queremos fazer agora é:

"Você está, neste exato momento, por meio do que está pensando ou falando, se mantendo fiel a você mesmo? Está acompanhando, no mesmo ritmo, aquilo no qual a vida transformou você?"

Se está, então você também está sintonizado, ligado, energizado, e se sente ótimo. Se está, isso significa que você está se permitindo ser essa versão entendida de si mesmo e, nesse caso, *está vendo o mundo com os olhos da Fonte.*

Se você está vivenciando emoções negativas, isso significa que alguma coisa atraiu a sua atenção. É válido que isso aconteça. Em outras palavras, sabemos que você não inventou o problema que tem diante de si; e você o está observando. Você não está deliberadamente tentando se manter afastado de *quem-você-é*, mas lembre-se de que em qualquer momento em que você sente uma emoção negativa, você está fazendo exatamente isso: se afastando de *quem-você-é.*

Vivendo o correspondente vibracional

Queremos mostrar a você como reconhecer o seu próprio *Sistema de Orientação* e como utilizá-lo de forma mais eficiente, a cada instante. Queremos que você vá embora da palestra de hoje com uma resolução definida de como se sente, porque a forma como você se sente é o indicativo do seu alinhamento ou do seu desalinhamento com *quem-você-é* — com o *quem-você-é* que você permite que esteja presente neste momento ou da sua resistência à oportunidade do *quem-você-é* estar presente aqui.

Muitos Seres físicos se movem ao longo da vida como meras sombras de *quem-eles-são*. Mães gritam violentamente com seus filhos, mesmo sabendo que não existe ninguém no planeta que elas amem mais, e se mostram descontroladas, sem saber como manter-se na vibração do amor porque mostram respostas automáticas para a vida. Queremos que vocês comecem a utilizar o contraste do dia a dia de forma *deliberada*, *consciente* e *completa*.

Queremos que vocês comecem a compreender os componentes da vida. Quando vocês alcançarem *quem-vocês-são*, quando chegarem a *quem-realmente-são* e quando começarem a se sintonizar com esse sentimento, vocês começarão a se tornar um Correspondente Vibracional de *quem-realmente-são*. E quando estiverem sintonizados, ligados, energizados, quando estiverem emitindo a vibração que vem do fundo do seu próprio Ser, o seu poder de influência será tão gigantesco que as outras pessoas que os observarem se mostrarão surpresas diante da confiança e do poder com que vocês caminham pela vida. Quando uma pessoa se torna um Correspondente Vibracional de *quem-ela-é*, a *Lei da Atração* traz tudo para ela, envolve-a, alinha para ela uma série constante de oportunidades poderosas e satisfatórias, e também de aberturas que a levarão, segmento por segmento, na direção de uma expe-

288   Dinheiro atrai dinheiro

riência de vida elevada e constantemente evolutiva e recompensadora.

Não se trata unicamente de saber o que você *não quer* para então saber o que *quer* e em seguida descobrir como chegar ao ponto do que você *quer*. Não estamos falando a respeito do punhado (dezenas, centenas ou mesmo milhares) de coisas que você deseja. Esta palestra e este seminário não se propõem a levar você *até* essas coisas. Este nosso encontro tem por objetivo ajudar a reorientar a sua compreensão do porquê de você estar aqui nesse corpo físico, para início de conversa.

Você não veio aqui para "chegar lá". Você não nasceu para identificar as coisas que deseja e então seguir em frente vivenciando a manifestação delas unicamente pelo fato de a manifestação delas ser melhor do que a ausência delas. Você nasceu a fim de identificar o que quer para se mover na direção do que quer e, por meio disso, aproveitar a Corrente de Vida, que é constante e Eterna. Você deve estar dentro do fluxo de *quem-você-é*, e não do lado de fora, evitando se lançar na Corrente.

A *Lei da Atração* e a resposta dela a esse poderoso *você* no qual você se tornou cria uma Corrente que lhe parecerá um rio ou uma corrente que estará sempre se movendo na direção do que a vida fez você se tornar. E quando você *se deixar levar por essa corrente*, sentirá constantemente as emoções que você descreve como emoções positivas. Mas quando você se virar *contra a corrente, em oposição a essa corrente*, você também sentirá isso no seu corpo; sentirá isso em cada fibra do seu ser. E vai sentir isso porque não estará se permitindo ser *quem-você-é*. E essa contradição energética o desmonta, faz com que você se sinta péssimo, acaba fisicamente com o seu corpo e com a sua saúde, ou arruína a sua vida em algum nível. Ela o deixa afastado de *quem-você-é*.

Agora, quando você bate as botas, é claro que tudo isso acaba. Porque quando você bate as botas (adoramos essa expressão tão desrespeitosa pois, como sabemos que não existe morte, tentamos ser

Abraham ao vivo: Um seminário sobre a *Lei da atração* 289

desrespeitosos com a ideia que vocês criaram a respeito da chamada "morte" sempre que temos oportunidade disso), então quando vocês têm o que chamam de experiência de morte (o seu "bater as botas"), vocês param de insistir na mesma tecla de todas aquelas mesmas e repetitivas preocupações que vocês costumam ter quando estão na forma física, e a vibração de *quem-vocês-são* se torna predominante.

Em uma só tacada você se transforma no Ser que tudo o que você vivenciou fez você se tornar. Mas queremos que vocês entendam que não precisam "bater as botas" para ver isso acontecer. Dá para começar agora mesmo, em seu corpo físico, e você pode, momento a momento, dia a dia, cuidar de como *você* se sente, sintonizando-se com a vibração do centro do seu Ser. E ao se sintonizar com *quem-você-realmente-é*, você começa a compreender o quanto a vida é boa e o quanto ela deve ser realmente boa para você. Lembre-se disto: A vida deve ser boa.

Jerry e Esther passaram por uma experiência maravilhosa no último verão: eles foram fazer rafting, a descida de corredeiras em botes infláveis. E no momento em que colocaram o seu bote inflável na água... (havia muitos botes: seis deles saíram juntos, mas havia muitos outros, dezenas, na verdade, pois era a excursão do time de luta livre de uma escola. Foi um dia muito marcante em que a maior diversão foi molhar uns aos outros. Na verdade, não foram os atletas que começaram a brincadeira de jogar água uns nos outros, foram os amigos de Jerry e Esther, o que acabou transformando um dia muito, muito molhado em uma divertida brincadeira). Pois bem, a partir do momento em que eles colocaram os botes na água, ninguém, ninguém mesmo, sequer pensou em fazer o bote *subir o rio*, remando *contra* a correnteza. Era óbvio que aquele rio muito rápido ia fazer as coisas do jeito que bem quisesse.

Praticamente a primeira coisa que o guia da aventura avisou a todos, antes mesmo de eles entrarem nos botes, foi: "Meus amigos, isto aqui não é a Disneylândia. Não dá para desligar o rio!" Ele estava tentando mostrar a todos o poder do rio. E nós queremos dizer a vocês exatamente a mesma coisa: Queremos que vocês compreendam o poder desse rio e o fato de que nós não podemos desligá-lo. Você colocou o seu rio em movimento muito antes de nascer nesse corpo físico. E o rio passa a andar ainda mais depressa a partir do momento em que você encarna no seu corpo físico. E a cada vez que você sabe o que você *não quer*, faz o rio correr ainda mais rápido, pois oferece a força do foguete do seu desejo, a força do que você está realmente *querendo e buscando*.

O motivo de o rio correr depressa, muito depressa, cada vez mais depressa é que cada vez que você identifica, em qualquer nível do seu Ser, uma preferência ou um desejo de como a vida poderia ser melhor para você, a sua parte Não Física absorve esse pensamento tão completamente e o segura de forma tão inequívoca que se torna o fornecedor vibracional dele, por inteiro. E então, à medida que a poderosa *Lei da Atração* responde a essa vibração maciça e cada vez maior que é emitida, você sente a poderosa sensação de estar sendo sugado para dentro dela (estão compreendendo como é essa sensação?).

Estamos querendo que vocês entendam o quanto esse rio é veloz e o quanto é importante que vocês se deixem levar pela correnteza. Quando você se deixa levar na direção de quem você se tornou, sente o quanto é fácil e confortável "seguir a corrente". E quando você se coloca em oposição a isso, sente o desconforto de não ser levado pela corrente. Todas as emoções que você vivencia se resumem nisso.

Quando você sente uma emoção negativa, isso sempre significa que a vida quer que você se torne algo mais do que determinado pensamento, ação e ou palavra o estão permitindo ser. Por exemplo: "A vida ajuda a saber que eu quero mais dinheiro — e a parte de mim que é a Fonte de Energia me transforma em um Ser mais próspero."

Abraham ao vivo: Um seminário sobre a *Lei da atração* 291

Será que você consegue imaginar (porque nós *sabemos*) a quantidade de abundância que está acumulada para você no seu "contrato de caução vibracional"? Há verdadeiras fortunas nele, esperando que você vá resgatá-las. Agora veja que coisa...! Aqui está toda essa abundância que você, em todas as suas vidas, preparou para si mesmo, e você fica repetindo "Eu não tenho dinheiro suficiente' — e, o que é pior, sentindo-se desapontado por estar sem dinheiro.

"Eu não tenho dinheiro suficiente. Não tenho dinheiro suficiente. Gostaria de comprar tal coisa, mas não tenho condições. Gostaria de comprar aquela outra coisa, mas não tenho condições. Estou cansado de querer coisas que não posso ter. Estou cansado de não ter dinheiro suficiente. Não tenho dinheiro suficiente. Não tenho dinheiro suficiente. Não tenho dinheiro suficiente. Não tenho dinheiro suficiente. Não tenho dinheiro suficiente. Quase todo mundo que eu conheço não tem dinheiro (risos), quase ninguém tem dinheiro. Aliás, eu não conheço *ninguém* que tenha dinheiro suficiente. Ninguém tem dinheiro suficiente. Ninguém tem dinheiro suficiente. Ninguém tem dinheiro suficiente. Só aquele cara ali podre de rico é que tem grana sobrando (risos). Aquele cara podre de rico que está ali tem dinheiro de sobra — tem muito, mas muito mais *mesmo* do que seria a porção justa para ele. E desperdiça tudo em coisas desnecessárias. Será que ele não sabe que tem gente passando fome? Eu não tenho dinheiro suficiente. (risos) Eu não tenho dinheiro suficiente. Eu não tenho dinheiro suficiente. Provavelmente ele é traficante de drogas. Eu não tenho dinheiro suficiente. Eu não tenho dinheiro suficiente. Eu não tenho dinheiro suficiente."

Queremos que vocês entendam que não há como vocês se sentirem assim e o dinheiro entrar. É simplesmente impossível. As frequências vibracionais estão afastadas demais para isso.

O seu desapontamento é o indicador de que você não está deixando o dinheiro entrar — e o próprio fato de nenhum dinheiro estar entrando também é um indicador disso. Em outras palavras, existem indicadores emocionais de como você está se saindo, e também existem as percepções pós-manifestacionais, certo? Queremos que você entenda que qualquer que seja a situação que você vivencie, ela é a indicadora do que você está realizando em termos vibracionais. E tem mais... (olhe, queremos muito que vocês ouçam isto, e vamos ficar aqui até encasquetar esta percepção na cabeça de vocês (risos). Vai levar só mais um ou dois minutinhos)... *tudo o que vocês estão vivenciando é o indicador daquilo que estão oferecendo em termos de vibração.* E agora, o que lhes parece essa frase? Isso parece importante? A frase *O que vocês estão vivendo é o indicador da sua vibração* lhes parece importante? Não queremos que isso lhes pareça tão importante, por uma razão muito simples: *Isso é apenas o indicador de uma vibração.*

"Minha conta bancária indica uma determinada vibração. Eu detesto o que vejo na minha conta bancária. Há tão pouco nela. Por que o valor da minha conta bancária não aumenta? Por que ele simplesmente não aumenta? Por que o valor da minha conta bancária não aumenta? Por que ele não aumenta? Por que ele não aumenta? Por que ele não aumenta? Por que ele não aumenta?"

Porque ela é um indicador do próprio porquê de não aumentar...

"Meu corpo dói. Estou me sentindo superdesconfortável. Quero que meu corpo comece a se sentir melhor. Recebi alguns diagnósticos específicos e não gosto do que está acontecendo com o meu corpo."

O seu corpo e o que está acontecendo com ele são indicadores da sua vibração. Ponto final!

"Não sei o que está acontecendo com o meu corpo, não consigo controlá-lo, não sei o que está acontecendo. Estou com receio e não sei o que fazer..."

Tudo o que você está vivenciando nada mais é do que uma indicação da tecla na qual você está batendo — é simples assim.

Abraham ao vivo: Um seminário sobre a *Lei da atração*   293

As pessoas falam a respeito da realidade das suas vidas como se ela fosse importante, e queremos que vocês compreendam que ela é apenas o indicador temporário. Quando você vai ao posto de gasolina e o ponteiro está na reserva, ao chegar ao posto, você olha para o indicador do combustível e exclama, horrorizado: "Como foi que isso aconteceu? (risos) Por que, por que, por que, meu Deus, isso foi acontecer logo comigo?" Você coloca a cabeça sobre o volante, soluça e se lamenta, dizendo: "Ora, veja só o que foi que me aconteceu (risos). Estou acabado. Vivi toda a minha vida e olhe como acabei" ou você simplesmente enche o tanque e segue em frente?

No entanto, quando você tem algo acontecendo no seu corpo, você caminha vagarosamente para o consultório médico com o medo enterrando as garras em seu coração, porque pode ser que ele lhe diga exatamente o que você não quer ouvir. Talvez ele use seus instrumentos, analise os recessos do seu corpo, os lugares aos quais você não tem acesso e talvez ele lhe conte que existe um *indicador* no seu corpo. E queremos que você diga:

"É bom saber, é realmente bom eu saber disso, o senhor nem precisa me contar porque eu já sei. Sinto a desarmonia".

Não importa o que você esteja vivenciando, quer tenha a ver com o corpo, com um relacionamento ou com dinheiro, não importa o que for, o que você está vivenciando é apenas um indicador tem-porário, *um indicador momentâneo da oferta vibracional temporária e momentânea que você está emitindo. É simples assim.*

O problema é que você não sabe que essa sua oferta vibracional é *temporária* porque vem repetindo essas mesmas palavras há tanto tempo que elas estão entaladas na sua garganta vibracional. Você conta as mesmas histórias há tanto tempo que não conhece nenhuma história nova. Por algum motivo está convencido de que deve "falar sobre as coisas do jeito que elas são".

Agora, vamos voltar a essa frase, especificamente:

"Falar sobre as coisas do jeito que elas são."

Sua mãe dizia:

"Fale a *verdade*, fale as coisas *do jeito que elas são*."

Então você diz:

"Não tenho dinheiro suficiente... Não tenho dinheiro suficiente... Odeio você. Odeio você. Odeio você. Odeio você... Não gosto do que você está fazendo. Não gosto do que você está fazendo com o meu dinheiro. Não gosto do que você está fazendo com o governo do meu país. Não gosto do que você está fazendo."

Acho que estamos transmitindo o nosso recado e sabemos que já começamos a irritar todo mundo (risos). Mas queremos que vocês entendam que *é preciso contar uma história diferente*.

Será que fizemos com que vocês entendessem tudo a respeito dos dois pontos de emissão vibracional que estão em jogo aqui? Existe o *você mais amplo* e existe o *você físico*. Vocês percebem isso? Vocês acreditam nisso? Vocês entendem que vocês são este Ser de Energia e Força? Então, percebam a diferença das teclas que vocês estão repetindo:

"Eu não tenho dinheiro suficiente. Não tenho dinheiro suficiente. Não tenho dinheiro suficiente. Não tenho dinheiro suficiente. Nunca tive dinheiro suficiente..."

Existe dinheiro demais. O dinheiro está aqui. As coisas estão enfileiradas. Os recursos estão todos no lugar certo. As circunstâncias e os eventos já foram programados. O dinheiro está aqui. O dinheiro está aqui. Olhe ali adiante. Olhe logo ali. Olhe ali em frente. Olhe mais além.

Agora, queremos retratar a diferença emocional:

"Não tenho dinheiro suficiente. Não tenho dinheiro suficiente. Por que eu não tenho dinheiro suficiente? Sinto tanto não ter dinheiro suficiente. Onde foi que eu errei? Eu devia saber desde o princípio. *Eles* deviam ter me dito isso logo de cara."

Abraham ao vivo: Um seminário sobre a *Lei da atração*   295

Existe dinheiro mais que suficiente. Nada deu errado. Tudo o que você deseja está preparado, devidamente alinhado à sua espera. A qualquer momento em que você estiver pronto, tudo estará bem aqui, para seu uso. Não há nada que seja preciso fazer, você já fez tudo o que era necessário. O que deve fazer agora é relaxar e permitir que as coisas que você quer fluam para a sua vida. Você deve começar a ouvir o tambor da Fonte bater dentro de você. Deve ouvir o chamado da Fonte. A Fonte o está chamando na direção do que você quer. Você vai saber que está indo na direção certa porque vai sentir as coisas se aclarando em seu caminho, e elas lhe parecerão muito boas, boas de verdade.

Quando você entra nessa corrente e segue a trilha que foi pré-pavimentada para você, a trilha que está sendo vigiada pela Fonte que existe dentro de você e o está chamando para pegar tudo aquilo que você tanto deseja — você se sente energizado. Você sente o entusiasmo. No entanto, sabe o que o mundo físico treina você a fazer, desde criança? O mundo físico diz:

"As coisas estão indo bem demais, estão ótimas, é melhor ligar o desconfiômetro."

Você diz a seus amigos:

"Puxa, estou absolutamente empolgado por causa disso!'

E eles o alertam:

"Tenha cuidado, muito cuidado, porque esse excesso de otimismo e positividade só pode significar que alguma coisa está errada, muito errada para você (risos). Eu já vi um monte de gente que se empolgou assim desse jeito, e coisas péssimas acabaram acontecendo. É melhor ter cautela. Acho que é melhor manter os pés no chão. Sei que ele espanca você, mas o salário dele é tão alto..."

O que queremos que você compreenda é o seguinte:

A forma como você se sente é tudo, porque a forma como você se sente é o indicador que informa se você está diminuindo o abis-

mo entre o que você está se deixando ser e quem-realmente-é — *ou se você está aumentado esse abismo.*

Você vai chegar a um ponto em que perceberá se cada afirmação que faz o leva *a favor da correnteza* ou *contra a correnteza*. As afirmações do tipo *a favor da correnteza* lhe trarão sempre uma sensação de *alívio*. As coisas nem sempre serão um mar de rosas — nem sempre você vai se sentir como se aquela fosse a melhor sensação que você já teve na vida — mas os pensamentos que lhe dão a sensação de *a favor da correnteza* são sempre mais agradáveis que os *contra a correnteza*. Sempre dá para sentir a diferença entre algo que lhe parece bom ou não, um pouco pior ou um pouco melhor.

Muitas vezes uma palestra como esta deixa algumas pessoas com a sensação de que elas precisam chegar até aqui para sentir tais emoções positivas. Você vem se sentindo tão enjoado de pessoas excessivamente positivas, ao longo dos anos, que a ideia de se tornar uma delas acaba se tornando desagradável para quase todo mundo aqui. Na verdade, nada é mais irritante do que ver alguém feliz quando você não está feliz. Nada é mais aborrecido do que ver alguém levando a vida que você deseja quando você mesmo não a está vivendo e, o que é pior, apregoando o fato aos quatro ventos ao dizer:

"Puxa, deixa eu te contar como a minha vida anda ótima!..."

"Ah, vamos mudar de assunto!", você pensa (risos).

Não queremos que você se compare com mais ninguém. Queremos apenas que você tenha um parâmetro de comparação sobre se o pensamento que você está emitindo neste instante é a favor da correnteza ou contra a correnteza. E sabe por quê? Porque o pensamento que você está emitindo neste exato momento é o seu ponto de atração. É o pensamento que você está emitindo neste exato momento que a sua mente vai seguir. Mas tem mais uma coisinha que precisamos lhe contar (embora você talvez, provavelmente, já saiba):

Existe um intervalo de tempo entre você oferecer a vibração e ela se manifestar. Mais de 99 por cento de todas as criações são completadas por você mesmo, em termos vibracionais, antes de as evidências começarem a aparecer.

Então, você pode já estar navegando *a favor da correnteza* por algum tempo antes de começar a perceber evidências disso. E você não percebe logo porque deseja uma manifestação imediata.

Dá para vocês imaginarem Jerry e Esther no rio, dizendo para o guia:

"Ahn... Nós gostamos de manifestação imediata das coisas, não queremos levar todo esse tempo para chegar até lá e descer as corredeiras. Coloque o nosso bote novamente no ônibus e vamos descer o rio dirigindo junto da margem, porque vai ser muito mais rápido. Coloque o bote no rio a algumas centenas de metros do lugar onde vamos parar e pronto, a gente segue dali e terminamos mais depressa."

E o guia iria retrucar:

"Mas eu pensei que vocês quisessem justamente o passeio pelo rio!" (risos).

É isto que todos devem compreender: *Vocês querem o passeio pelo rio. Querem perceber todos os contrastes.* Vocês acham que, se tivessem tido chance de fazê-lo (e vocês tiveram), mas acham que se tivessem a chance de escolher, *em termos de experiência física,* vocês viriam para esta vida e o seu ninho estaria tão bem provido e cheio de tudo o que gostariam de ter e não haveria nada no ambiente à sua volta que iria atrair nem por um instante a sua atenção, pois isso os deixaria mal?

Muitos de vocês tentam, na condição de pais, fazer exatamente isso com seus filhos, e os impedem, temporariamente, de ter o contraste que eles precisam vivenciar. Vocês mesmos disseram que preferem o contraste, pois a partir dele são capazes de distinguir o que preferir, e isso é ótimo. Quando eu sei o que eu prefiro, mantenho o meu direcionamento vibracional e a *Lei da Atração* me traz tudo o que eu quero. A partir daí eu obtenho uma nova plataforma a partir da qual preferir, volto a manter meu direcionamento vibracional e a *Lei da Atração* me traz aquilo. E assim, desse bufê da vida, eu extraio todas as coisas que prefiro e vou entalhando uma vida perfeita a partir do meu ponto de vista pessoal.

Em vez disso, você chegou aqui e havia um monte de pessoas "disfuncionais" à sua volta que já tinham perdido de vista o próprio *Sistema de Orientação*, e elas lhe disseram o seguinte:

"Sou um amante e um ser, em geral, muito condicional. Isso significa que as boas condições fazem com que eu me sinta bem e as más condições fazem com que eu me sinta mal. Portanto, existem algumas regras para as *minhas* boas condições que eu preciso extrair de você. Como você está na minha vida, vou observá-lo muito, vou observá-lo de perto. (Como eu sou seu patrão, ou sua mãe, ou seu pai, ou seu professor) recebi a incumbência de olhar para você. E quando eu olhar para você eu vou querer me sentir bem. Portanto, você precisa se comportar de um jeito que faça com que *eu, eu, eu, eu, eu* me sinta bem. Não quero que *você* seja egoísta. Você precisa se comportar de maneiras tais que façam (lembrem-se de que eu sou a sua mãe egoísta) com que *eu* me sinta bem (risos). Se eu encontrar alguma coisa que me faça sentir mal, você estará em apuros."

Isso funcionaria bem se houvesse apenas uma pessoa desse tipo em sua vida, ou se ela fosse coerente consigo mesma. O problema é que as pessoas são tão volúveis, aparecem na sua vida em um número tão grande e querem tantas coisas diferentes de você que é impossível dar conta dos muitos jeitos diferentes que elas precisam para ser felizes. E logo, logo, bem depressa, você descobre que, por mais que tente, não consegue fazê-las felizes.

Queremos dizer que nenhum de vocês veio a esta vida com a intenção de ouvir alguém que não vocês mesmos. Cada um de vocês sabia que a vida iria fazê-lo se expandir, que esse Ser expandido iria

Abraham ao vivo: Um seminário sobre a *Lei da atração*   299

*chamar você e quando você seguisse na direção dessa expansão se
sentiria bem. E planejaram deixar todas as outras pessoas fora dessa
equação (É verdade, foi isso que vocês planejaram).*

Você não planejou guiar a sua vida pelo que as outras pessoas
estão dizendo. Para início de conversa, elas não conseguem manter a atenção em nada por muito tempo (você já reparou nisso?).
Por quanto tempo a pessoa que você ama lhe ofereceu de verdade
a sua atenção total? Ninguém ousa arriscar um palpite. Pois saiba
que *não foi muito tempo*. Realmente *não foi muito tempo* (risos).
Por quanto tempo a sua própria mãe lhe dedicou atenção concentrada e indivisa? *Não por muito tempo.* As pessoas não conseguem
fazer isso porque ninguém acha que nasceu para ser o guardião do
outro. Todos nasceram para ser criadores da própria experiência.
Além disso, nós achamos que a maior hipocrisia (a coisa que mais
lhe causou problemas) é que as pessoas dizem que você é importante para elas, mas, no fundo, como *elas sentem* é o mais importante. E continuam tentando guiar você e o seu comportamento
por aquilo que *as faz* sentir melhor.

E um dia você fica ressentido quando descobre que o que faria
a sua vida realmente maravilhosa logo de cara é se você conseguisse aceitar que todo mundo está nesta vida por si mesmo.

*Isso não é uma coisa ruim, porque o verdadeiro significado disso
é que todo mundo é Energia da Fonte, e todo mundo veio a este
mundo a fim de lançar novos foguetes de desejo. Todo mundo tem a
Fonte dentro de si mesmo, guiando-o na direção do que lhe interessa
mais. Imagine que mundo maravilhoso é esse.*

Se todos possuem um *Sistema de Orientação* próprio e todo
mundo é a *Fonte*, e todo mundo está sendo chamado a criar uma
vida melhorada e todo mundo (ou parte dessas pessoas, pelo menos algumas delas) está ouvindo o chamado e indo em frente...
Você consegue imaginar o quanto este mundo se tornaria ainda
mais magnífico?

300 Dinheiro atrai dinheiro

Você sabia que ninguém realiza nenhum ato violento, ou o que você chamaria de *negativo*, quando está perfeitamente alinhado com a *Fonte*? Isso nunca acontece. Cem por cento do que você chama de comportamento negativo acontece porque alguém lá fora, no limite irregular das coisas da vida, está tentando preencher um vazio. Está tentando chegar a algum lugar que sonha — *mas está indo em um rumo que não poderá levá-lo até lá.*

O que a sua história indica?

Então acho que chegamos a uma conclusão muito poderosa junto a você. Nós lhe demos tudo o que Esther tem (risos). Projetamos nela o bloco de pensamentos que lhe diz:

Você é o criador da sua própria experiência e deve criá-la de forma deliberada, se quiser ter a experiência de vida jubilosa que deveria ter. A não ser que você, em qualquer momento, veja o mundo através dos olhos da Fonte, será apenas uma sombra do Ser que deveria estar no mundo. Ou seja, se você está fazendo menos do que amando o que quer que esteja recebendo a sua atenção, não está sendo quem realmente nasceu para ser. As emoções negativas significam que você se afastou, em algum grau, de quem-realmente-é.

Então, apesar de estarmos falando de todas essas emoções positivas poderosas e maravilhosas, queríamos, agora, que você se concentrasse em uma única emoção, e vamos defini-la de forma objetiva: *é a emoção do alívio.* Queremos lhe dizer que não importa onde você esteja, e isso é uma coisa muito importante de reconhecer, *você está exatamente no lugar onde se encontra.*

"Estou onde eu estou. Estou focado onde eu estou, independentemente do meu relacionamento, do meu corpo, do meu dinheiro, das minhas experiências de família, estou onde estou, independentemente de tudo, e isso significa que treinei vibrações

Abraham ao vivo: Um seminário sobre a *Lei da atração* **301**

que me trouxeram a um ponto de atração consistente sobre todos os assuntos imagináveis."

Em outras palavras, nada do que você está vivenciando está simplesmente acontecendo com você. Tudo está acontecendo em resposta aos pensamentos e padrões de pensamento que você está emitindo, a maioria deles excelentes, certo? Ou seja, precisamos só fazer um ajuste fino. Precisamos apenas nos inclinar de forma deliberada na direção daquilo que *mais* estamos desejando.

O motivo de estarmos tão entusiasmados em trazer isso para vocês hoje é sabermos que vocês sairão desta palestra compreendendo que *vocês* são o ponto de atração de si mesmos, estão emitindo um sinal vibracional que a *Lei da Atração* reproduz, e que dá para saber pelo jeito de sentir o quanto alguém está acompanhando o que a vida o fez ser, ou não — e quando a única coisa importante para vocês for a busca por um sentimento agradável; quando vocês começarem a guiar os pensamentos, palavras e comportamento pelo jeito de *sentir*, em vez de seguir o que está "certo"; quando começarem a cuidar mais do jeito de sentir do que de qualquer outra coisa — então vocês serão os Criadores Deliberados que nasceram para ser, e qualquer coisa diferente disso os deixará afastados de *quem-vocês-realmente-são*.

Portanto, o sentimento de alívio *deve ser o alvo de vocês, e ao longo da palestra nós mostraremos a vocês como encontrar pensamentos que lhes darão a sensação de* alívio.

Sabemos que em qualquer palestra deste tipo existe a tendência de querer especular sobre inúmeras coisas. E nós estamos dispostos a conversar com vocês sobre qualquer coisa que lhes pareça importante. Lembrem-se apenas de que vocês estão emitindo um sinal vibracional neste exato momento... e que se vocês o emitirem por um pouquinho mais (não leva muito tempo, na verdade) ele cria uma frequência que começa, então, a se tornar o padrão da atração. Portanto, é muito útil se vocês começarem agora mesmo a contar a história das suas vidas do jeito que querem, em vez de contá-la como ela tem sido, pois repetir como ela tem sido mantém vocês naquele padrão de atração.

Vocês conseguem sentir que tudo o que possam chamar de *atração negativa* nada mais é do que a rejeição da *atração positiva* que já está em movimento? Isso é o que queremos deixar bem claro, e de um jeito que vocês realmente escutem e entendam. Não existe uma fonte de trevas. Ninguém entra em uma sala e procura pelo interruptor da escuridão.

"Imaginem só!... Apertem esse botão e vocês vão ver uma nuvem negra e pesada que entrará nesse quarto e cobrirá a luz de escuridão."

Vocês sabem que as coisas não são assim. Não existe uma fonte de ruindade, nem uma fonte do mal ou do padecimento — existe apenas a rejeição ao Fluxo. Existe unicamente uma mudança na direção daquilo que a vida os tornou. Só isso.

Então, tudo é muito mais simples do que vocês achavam, porque este momento, onde todo o seu poder está, é o único momento no qual vocês podem ativar uma vibração qualquer.

É claro que vocês podem ativar a vibração de alguma coisa que aconteceu há muito tempo — mas vocês estão fazendo isso *neste exato momento.*

Vocês podem lembrar de algo que aconteceu muito tempo atrás ou ontem, mas estão fazendo isso *agora*. Vocês podem prever algo que vai acontecer amanhã ou daqui a dez anos, mas estão atuando no *agora*.

Portanto, qualquer coisa que vocês pensem emite um sinal *agora*, que é o seu ponto de atração. E quando vocês mantêm esse ponto de atração por, pelo menos, 17 segundos, a *Lei da Atração* é ativada. Esse é o "ponto de combustão" no qual outro pensamento correspondente é ativado. Mantenha o foco por mais 17 segundos e haverá outra "combustão". Façam isso até atingirem um alinhamento vibracional com qualquer pensamento durante 68 segundos e as coisas começarão a se mover de modo perceptível. Apenas isso:

68 segundos dizendo como vocês querem que as coisas sejam, em vez de como elas são. Existem coisas em suas vidas com as quais vocês estão satisfeitos? Pois mantenham essa história e essa vibração. Há coisas em suas vidas que não são como vocês desejariam que fossem? Pois não contem essa história.

"Mas eu sou ocupadíssimo. Tenho mais coisas a fazer do que dou conta."

Vocês já ouviram isso em algum lugar? Pois bem, a novidade é que vocês nunca mais vão bater na tecla errada sem ter consciência disso, o que é ótimo, porque não se pode escolher algo melhor quando não se tem consciência do que escolher. *Alívio* é a palavra-chave.

Agora, sobre o que vocês gostariam de conversar?

A essência vibracional do dinheiro

Pergunta: Muito obrigado. Eu venho acumulando uma verdadeira fortuna há tanto tempo que...

Abraham: Não me venha com sarcasmo (risos).

Pergunta: Gostaria de aprender um pouco mais sobre como eu posso me inclinar de forma deliberada na direção de *permitir* que mais coisas boas fluam.

Abraham: Todo mundo que nos ouviu falar lá atrás e está sentado nesta plateia talvez sinta a tentação de dizer, ao sair:

"Abraham está de implicância conosco."

Queremos que vocês sintam que o *lugar lá no fundo* de onde a pergunta sobre a "verdadeira fortuna" veio é o seguinte:

"Se essa fortuna existe mesmo (risos) onde é que ela está? Se a *Lei da Atração*, como você chama, está acumulando toda essa fortuna para mim, onde ela está e como eu posso alcançá-la?"

Vejam bem e sintam, por um momento, qual é a vibração dominante nesse sentimento? É a vibração da *falta* de dinheiro ou de *possuir* o dinheiro? É da falta, certo?

E vocês dizem:

"Mas é lógico que é da falta, porque o dinheiro ainda não chegou. Como oferecer a vibração de um estado que ainda não se manifestou?"

Vocês têm de descobrir como fazê-lo, do contrário não alcançarão o estado que desejam.

Vocês devem descobrir a essência vibracional dele.

É claro que, no início, haverá questionamentos.

"Onde é que está? O que estou fazendo errado? Em que eu deveria mudar?"

Vejam só a armadilha que suas próprias palavras e atitudes criam. *Portanto, vocês precisam descobrir um jeito de se distrair da ausência de dinheiro, enquanto ativam em si mesmos o sentimento de dinheiro.*

O segredo é sentir gratidão pela prosperidade que vocês estão desfrutando e sentir gratidão pela possibilidade de mais coisas que chegarão. Mesmo quando vocês tomam a *atitude de ter esperança* estão muito mais perto da vibração de permitir a vinda de coisas boas do que quando estão na *atitude de duvidar.*

Falamos há pouco, brincando, sobre a atitude de sarcasmo sobre a "verdadeira fortuna", mas entendam que *quando vocês sentem sarcasmo, quando sentem pessimismo, estão muito distantes do otimismo e da esperança.*

"Como posso deixar minha fortuna chegar e como posso ir ao encontro dela?"

A resposta é:

Abraham ao vivo: Um seminário sobre a *Lei da atração*   305

"Fingindo que ela já chegou; pegando partes da fortuna e gastando-as, mentalmente; imaginando como será divertido quando ela chegar; curtindo a sensação de alívio antes mesmo de ter motivos para senti-lo; cuidando dos sentimentos e guiando todos os pensamentos para longe da realidade".

É por isso que o sarcasmo (deixem-nos pegar um pouco mais no pé de vocês com relação a isso) está longe de colocá-los na posição de *otimismo* ou de *expectativa positiva*. Sintam a diferença que existe entre dizer:

"Meu dinheiro está demorando a chegar! Estou tentando acreditar que ele está na minha Reserva Vibracional, mas não consigo saber como deixá-lo entrar!"

Agora, vejam a diferença:

"Vai ser bom quando eu conseguir."

Deixem a resistência ceder.

"Ainda não descobri, mesmo depois de tanto tempo" é pensar totalmente *contra a correnteza*.

"Estou louco para conseguir" funciona *a favor da correnteza* e liberta a resistência.

Pense assim:

"Vai ser bom quando eu conseguir. Dá para vislumbrar isso no meu dia a dia, em vários momentos e situações. Estou indo muito bem. Gosto de saber que existe uma fortuna sendo acumulada para mim. É ótimo sentir que minha vida me fez criar essa Reserva Vibracional. Gosto de perceber que a Fonte dentro de mim me faz ter a expectativa de receber tudo."

"Gosto de saber que a minha emoção negativa indica quando eu me afasto da forma como a Fonte me vê. Gosto de saber que a Fonte me vê como uma pessoa próspera e quando eu me sinto negativo não sou próspero. Gosto da ideia de que a Fonte pode me levar a sentimentos positivos e é bom saber que negatividade sempre me indica que eu não estou indo em direção à Fonte. É bom saber!"

"Sou ótimo nisso! Tenho consciência do jeito que eu me sinto — dá para ver a diferença. Já percebi a correlação entre o que eu penso, o que eu sinto e o que se manifesta. Sei que a realidade se enquadra ao meu sentimento crônico e compreendo que no princípio preciso ter um pouco mais de foco. Mas sei também que quanto mais tempo eu me mantiver focado, mais fáceis as coisas se tornarão. Quanto *mais tempo* eu afirmar algo, *mais fácil* vai ser continuar a dizê-lo e *mais depressa* a *expectativa* vai surgir, e a expectativa trará um sentimento diferente. Conheço a diferença entre a *esperança* e a *dúvida*. Sei a diferença entre a *empolgação* e o *desânimo*. Eu consigo, sei que posso!"

Conversas mentais desse tipo fazem toda a diferença do mundo. Esse é o seu trabalho.

Sabemos que o processo parece lento, mas é assim mesmo. Você não atinge o estado de pensamento crônico de uma vez só (*crônico* não é uma imagem necessariamente negativa. Esse crônico é no sentido de *um pensamento constante* sobre um tema). Você chega a isso gradualmente, não dá para mudar o padrão de uma vez só, ele muda gradualmente. Se você tentar modificá-lo subitamente, não conseguirá fazê-lo e acabará se *desmotivando*. Ao criar a expectativa de uma mudança gradual e ao ver que ela acontece, você se sente *incentivado*. Portanto, trabalhe um pensamento só de cada vez, contando a história como você gosta, do jeito que você quer que ela seja.

Vamos ver como é que você deveria contar a sua história:

"Há pouco tempo eu soube que existe uma verdadeira fortuna à minha espera na minha Reserva Vibracional. Gosto disso. A ideia de que a minha vida e o que estou vivenciando é o motivo de esta fortuna estar à minha espera é empolgante. Gosto de saber que posso ser, fazer ou ser o que quiser. Por isso, estou começando a contar a minha história do jeito que eu quero que ela seja. Não creio que o dinheiro seja o caminho para a felicidade, mas tam-

Abraham ao vivo: Um seminário sobre a *Lei da atração* **307**

bém não acredito que ele seja a raiz de todos os males. Creio que o dinheiro é um caminho para a liberdade. Com mais dinheiro existem mais escolhas, e com mais escolhas a vida é mais divertida. Gosto da ideia de tomar decisões sobre o que eu quero baseado em como me sinto com relação às coisas, em vez de pensar se posso comprá-las ou não.

"Gosto das oportunidades que o fato de ter mais dinheiro me proporciona, e não acho que esteja tão empolgado por causa da verdadeira fortuna que está à minha espera. Acho que estou empolgado com o que isso significa para mim e para minha família, com o que significa para os que estão à minha volta, com o que significa para meu novo jeito de ver a vida e vivenciá-la. O empolgante, para mim, é pensar nesse tipo de mudanças."

"Adoro a vida de muitas formas e posso ver como este dinheiro que está no meu caminho vai melhorar a minha vida *desse* jeito e *daquele* outro jeito. Cem dólares a mais hoje trariam *essas* mudanças. Mil dólares a mais hoje trariam *aquelas* mudanças. Cem mil dólares extras este ano poderiam trazer *tais e tais* mudanças. Se eu recebesse quinhentos mil dólares extras a cada ano, puxa, eu poderia morar em *tal lugar*. E poderia dirigir *aquele* carro. E poderia trabalhar em tal coisa... ou *não precisaria* mais trabalhar em tal coisa" (risos).

Brinque com essas ideias, visualize as coisas.

Geralmente nós propomos muitos jogos, mas um deles é muito produtivo — já observamos um monte de gente aplicá-lo, e ele é um dos mais poderosos. Trata-se do seguinte: *Coloque 100 dólares no bolso com a intenção mental de gastá-lo todos os dias, sem parar, repetidas vezes. Visualize quantas coisas você poderia adquirir com esses 100 dólares, se quisesse.*

É espantoso como um simples jogo pode modificar o seu jeito de sentir a respeito do dinheiro. Ele o liberta, porque você está habituado a dizer: "Puxa, eu queria aquilo, mas não posso comprar". Com os 100 dólares no bolso, você diz. "Se eu quisesse comprar, eu compraria. *Posso fazer isso*". Então, em vez de dizer: "Não tenho condições" o tempo todo, sem parar, você diz: "Eu poderia comprar, se quisesse. Poderia, se tivesse vontade. Poderia *mesmo*, se quisesse."

Alguém já me disse:

"Puxa, Abraham, você não tem estado no mundo físico ultimamente, porque com 100 dólares não dá para comprar muita coisa."

Nós respondemos:

"*Se você gastasse seus 100 dólares mil vezes, só hoje, teria gasto o equivalente a 100.000 dólares no fim do dia, e isso ajudaria muito a modificar a sua vibração.*"

E as pessoas dizem:

"Mas isso não é real." E nós dizemos:

"*Será real. Será real! Você precisa sentir antes, e depois que essa vibração estiver estável dentro de você, a percepção surgirá.*"

A *Lei da Atração* deve lhe trazer o caminho, o método, os cocriadores e os resultados que você está evocando de forma vibracional. *Quando você evoca prosperidade na sua vibração, a prosperidade vem para a vida real, e ela chega de muitas formas, a cada vez que você vira uma esquina. Para onde você olhar, uma gigantesca evidência de prosperidade se mostrará, assim que você aumentar um pouco mais essa atividade.*

Não é tão difícil quanto vocês supõem. Sabem por que parece difícil? Porque vocês olham para o *que-é*, emitem a vibração do *que-é* e recebem mais do *que-é* durante tanto tempo que dizem:

"Eu me *esforcei* tanto, *trabalhei* tanto, durante todos esses anos e, no fim, só consegui chegar onde estou. De que vai adiantar um pouquinho mais de esforço se eu já dei tanto de mim e só consegui vir até aqui?"

E nós dizemos:

"Vocês têm oferecido *esforço de ação* e agora nós os estamos incentivando a oferecer *esforço de vibração*. *O esforço de vibração lhe trará às mãos o uso do poder e a Energia que cria mundos*".

A mudança vibracional provoca grandes mudanças manifesta-cionais quando você é consistente, mas quando você diz:

"*Eu quero isto, mas... Eu quero isto, mas... Eu quero isto, mas...*" *você não avança.*

Quando você diz:

"*Eu quero isto porque... Eu quero isto porque... Eu quero isto porque...*" *você vai em frente.*

Quando você diz:

"Acredito que eu posso fazer isto, acho que posso fazer, mas tenho dúvidas sobre conseguir, não estou conseguindo... Acredito que posso fazer tal coisa, gostaria muito de fazer, mas quase ninguém consegue... Gostaria de fazer aquela outra coisa, quero fazer, mas é muito difícil e acho que não estou conseguindo. Quero chegar lá, mas não sei mais o que fazer para conseguir..."

É claro que nada muda. Este é o mesmo antigo, velho, mundano e crônico hábito vibracional do "jeito que eu sinto". Você deve usar a sua força de vontade para focar os pensamentos em uma história diferente. Conte-nos a história da sua situação financeira.

Minha história de sucesso financeiro

Pergunta: Tudo está bem — é só isso que estou conseguindo pensar ao longo de toda essa conversa... Que tudo está bem. E sinto isso aqui dentro. Eu me sinto tão maravilhosa, muito vital, de certo modo. Minha pergunta é: Isso faz parte do processo?

Abraham: Tudo faz parte do processo, porque, como já dissemos, 99% de toda criação é completada de forma vibracional antes mesmo de você ter evidências físicas disso. É como viajar de Phoenix para San Diego. A cidade de San Diego é onde você *quer* estar, mas na maior parte da viagem, quase 650 quilômetros, você *não está* onde gostaria. Se você fica frustrado por não estar lá, falando em termos vibracionais, é o mesmo que dar meia-volta e percorrer todo o caminho de volta para Phoenix. É claro que você nunca chegará a San Diego. Só que em termos de jornada física, de um lugar para outro, você diz:

"Bem, eu *compreendo* essa viagem, e eu *posso* completá-la. Posso *ver* meu progresso. Posso *ver* que a cada quilômetro percorrido, sempre focado na direção certa, estou cada vez mais longe de onde eu *não quero* estar e mais perto de onde eu *quero realmente* estar."

Você mantém a fé porque tem provas físicas que lhe mostram que você está mais perto, mais perto, cada vez mais perto. Então (a não ser que você esteja a pé) ninguém desanima diante de uma jornada de 650 quilômetros. Ou seja, você mantém a fé. Mantém a crença. Você não diz: "Chegar a San Diego é um sonho impossível." Você não diz: "San Diego é uma situação *sem cura* — eu tentei, tentei, tente e tentei, mas não consigo chegar lá", porque você *pode* chegar lá e *sabe* como fazê-lo.

Quando você entende que o *jeito como você se sente é o indicador da direção na qual está se movendo* e pode dizer com toda a honestidade para si mesmo: "Eu me *sinto* otimista... Quando eu digo 'Tudo está bem' eu sinto de verdade... realmente *sinto*", então nós garantimos que *não há como* você não chegar lá. Se você conseguir manter essa expectativa e essa atitude e essa frequência vibracional, a coisa tem de acontecer — e acontecerá depressa.

Então você diz:

"Tudo bem, estou chegando lá. Conversei com Abraham, ele se manteve falando por muito mais do que 68 segundos e eu senti a vibração disso. E quando eu disse 'Tudo está bem' senti aquilo de verdade. Então olhei para a minha vida real e vi que 'ainda não

Abraham ao vivo: Um seminário sobre a *Lei da atração* **311**

estava em San Diego". Ou seja, olhei para algo, senti o impacto negativo de não estar onde eu queria (quero algo, mas não tenho o dinheiro, etc) e senti desapontamento."

E nós dizemos:

"Ótimo!"

O *desapontamento* é o seu *indicador* de que o que aconteceu fez você perder a sensação de expectativa e você começou a focar em algo diferente da sua expectativa. O que você pode fazer agora para trazer de volta aquela sensação?

Quando você trabalha a sensação de desânimo para trazer de volta uma sensação melhor, limpa a vibração de um jeito que ela nunca mais vai voltar àquele ponto negativo. Ou seja, quando você sente uma emoção negativa e leva algum tempo refletindo sobre ela (como estamos fazendo aqui) até sentir um alívio real, o que vai levar 68 segundos ou mais para alcançar, *quando você realmente e visceralmente alcança a sensação de alívio, nunca mais precisa limpar a vibração de novo sobre aquele assunto, daquele jeito. Você movimentou o Universo. Você se moveu para um ponto vibracional diferente, mais vantajoso.*

E aqui vai a coisa mais importante que queremos que você entenda, com relação a isso:

Pelo fato de você ter se movido para um ponto vibracional diferente e mais vantajoso, a evidência da manifestação deverá mudar também. Portanto, no momento em que você faz um esforço para isso, todas as coisas no Universo que têm relação com esse assunto respondem à nova vibração que você está emitindo.

Então surge o dia em que você tem uma ideia que vale a pena e que muda tudo. Ou surge o dia em que você conhece uma pessoa que tem algo a lhe oferecer — e você também tem algo a oferecer a ela — e vocês fazem um acordo financeiro como resultado disso. Em outras palavras, acontece alguma coisa, às vezes tão pequena que você não percebe que aquilo serviu para "deixá-lo mais perto de San Diego"; e você não percebeu porque esse processo não é como ir dirigindo de carro até um destino, e sim algo que você *sente*; e por sentir e compreender a importância de como você se sente, você mantém a energia, mantém, mantém e mantém... E logo você não apenas *espera* ou *acredita* que possa acontecer — você *sabe*, pois as evidências são imensas à sua volta.

Pensamento por pensamento, pensamento por pensamento, pensamento por pensamento, você limpa a área, limpa, limpa, limpa... Como assim, "limpa"?

Você declara como deseja que as coisas sejam e declara cada vez menos como deseja que elas não sejam. Você para de encarar a realidade e começa a criar a realidade.

E quando seus amigos perguntam:

"Como vão as coisas?"

Você responde:

"Estão ótimas!"

E eles perguntam:

"Você conseguiu comprar aquilo que queria?" ou "Conseguiu o emprego que queria?"

Sua resposta:

"Estou prestes a conseguir."

Eles replicam:

"Não, você não entendeu a minha pergunta (risos). Você já *conseguiu*?"

Sua resposta:

"Você não entendeu a minha resposta. Estou prestes a conseguir."

"Bem, se você ainda não conseguiu, é porque não conseguiu", eles dizem.

"Nada disso!", responde você. "Eu já consegui em termos *vibracionais*. E agora que eu já sintonizei a vibração, o que eu quero virá até mim. Esta é a *Lei. Eu já peguei a vibração.*"

Abraham ao vivo: Um seminário sobre a *Lei da atração* **313**

"Mas como é que você sabe que está vindo?"

"Porque eu me *sinto* ótimo."

"Mas. Você se sente bem *antes* de conseguir? (risos) O que há com você?"

"Eu conheço o processo. Alcancei um alinhamento vibracional com o meu desejo, então ele tem de chegar. É a *Lei*."

"Mas como você sabe que conseguiu esse alinhamento vibracional?", pergunta o seu amigo negativo. "Como sabe que alcançou esse alinhamento vibracional com o que você quer?"

"Porque eu me sinto bem sempre que penso no assunto. Eu me sinto ótimo quando falo da minha fortuna. Não me sinto sarcástico, nem desapontado, nem desanimado. Eu me sinto otimista porque sei que está chegando. Na verdade, eu me sinto tão otimista que já fiz até uma lista do que vou *fazer* com o dinheiro que vai chegar. Ela está bem aqui."

Este é outro jogo que costumamos propor às pessoas. É o jogo do talão de cheques, onde você deposita 1.000 dólares em sua conta bancária (dólares vibracionais), e você gasta esses 1.000 dólares. No segundo dia você deposita 2.000 dólares e os gasta. No terceiro dia você deposita 3.000 dólares e os gasta... No 365º dia você deposita 365.000 dólares e os gasta.

Então, enquanto você está gastando esse dinheiro vibracional, à medida que você o gasta mentalmente, você cria uma espécie de armazéns lá fora, à sua espera. Quando você cria esses armazéns vibracionais, eles atraem tudo o que é necessário para você alcançar o que deseja. Isso é *avidez positiva*. É *paixão*. É um sentimento de *entusiasmo total*.

Quando você apresenta, nesta realidade espaço-temporal, a pavimentação de um desejo, isso coloca em movimento coisas que fazem você se sentir bem quando acompanha o seu ritmo e péssimo quando não acompanha (entenderam?). Quando você se sente péssimo a respeito de algo, isso significa que você pediu por algo, a maior parte de você já se tornou esse algo e você está impedindo que o resto de você acompanhe.

Você é o motivo de seu Fluxo se mover assim tão rápido, e você também é o motivo de se colocar a favor ou contra a Corrente — e tudo o que você *sente* tem a ver com isso.

Você deseja tudo o que o fará se sentir melhor.

Seja dinheiro, algo material, um relacionamento, uma experiência, uma circunstância ou um evento — você quer tudo o que imagina que, se tiver, vai fazê-lo se sentir melhor; e quando descobre que apenas a ideia do objetivo já vai fazê-lo se sentir melhor, você ativa a essência vibracional da coisa, não importa qual seja ela. E então, a Lei da Atração colhe essa coisa para você, nos mínimos detalhes que foram entalhados. A coisa tem de acontecer e, de fato, acontece.

Em seu ambiente, hoje, você está projetando no futuro (devido ao que está vivenciando) uma experiência de vida melhorada. Quando as novas Energias surgem nos corpos dos recém-nascidos que não são resistentes, eles (por ainda serem novos e sem resistência) colhem o benefício do que você colocou na Reserva Vibracional da Consciência de Massa (do mesmo modo que *você*, em *seu* espaço e tempo, colhe os benefícios do que as gerações passadas plantaram). Não dá para fazer parte da humanidade sem pedir melhora. Queremos que entenda que você não precisa "bater as botas" para fechar o seu ciclo, nem renascer a fim de colher o benefício do que plantou. Dá para fazer tudo aqui mesmo, nesta vida. Na verdade, foi isso que você planejou.

Você disse:

"Eu irei em frente e a variedade me servirá de inspiração. Quando uma ideia nascer em mim, eu lhe darei toda a atenção."

Pois bem... Não é exatamente isso que nós estamos lhe dizendo?

Ofereça toda a atenção aos desejos que lhe nascerem, e não ligue para o fato de que foi a realidade que os fez existir.

Abraham ao vivo: Um seminário sobre a *Lei da atração*   315

Deixe a sua percepção, em vez de ser "Aqui é onde eu estou", seja: "Não importa onde eu estou, porque tudo é temporário". É como o indicador de gasolina. Já reparou como ele se move depressa, ainda mais ultimamente? (risos). Ele é apenas um *indicador*, um simples *indicador*.

O que se manifesta é apenas uma indicação temporária de uma vibração temporária. Mas você diz: "Puxa, eu não acho que seja assim tão temporária, porque já estou vivenciando isso há muito tempo." Pois é exatamente por você *estar tendo* as mesmas respostas e *emitindo* as mesmas vibrações que a mesma coisa está *acontecendo*, mas *você não está vivendo a mesma vida*.

Essa é a nova vivência de uma nova vida a partir de uma nova vibração. Só a vibração do que você está emitindo agora é a mesma que você emitiu ontem, porque você adquiriu o hábito de pensar nas coisas do jeito que pensava ontem.

Se você se afastou da casa onde foi criado por algum tempo, ou ficou longe das pessoas com quem cresceu, mas a casa e as pessoas continuaram lá, você eventualmente volta, vê o quanto mudou e percebe o quanto aconteceu na sua vida que o tornou diferente do que era quando morava lá. E então descobre que em todos os momentos da sua vida, dia após dia, esse tipo de expansão está acontecendo dentro de você.

Adoramos a seguinte pergunta:

"Como eu chego até onde quero ir a partir de onde eu estou?"

A resposta é:

Olhe na direção de onde você quer estar, fale na direção de onde você quer estar e nunca mais olhe para trás, nunca mais olhe para onde você veio. Se você conseguir isso, mais que depressa, talvez amanhã, você tenha provas da sua "verdadeira fortuna".

A pessoa que perguntou diz: Nossa, isso é espantoso! Obrigado.

Encerramento do seminário em Boston

Abraham: Gostamos muito dessa interação. Gostamos muito da interação que tivemos com todas as pessoas aqui presentes. Apreciamos a determinação dos que estão sentados do lado de fora, à espera, pacientemente, da pepita que deve estar enterrada em algum lugar das suas vidas.

Asseguramos a vocês que todos podem alcançar não apenas os resultados que querem, mas também ter uma sensação palpável de alívio e saber que poderão encontrá-la novamente sempre que a buscarem.

Não guiamos vocês na direção da manifestação das coisas simplesmente por acharmos que elas são essenciais à sua experiência. Fazemos isso porque desejamos que vocês assumam o comando das próprias vibrações, pois as suas vibrações são a sua vida, neste exato momento.

O que você sente neste exato momento é uma mistura de quem você se tornou com quem você está se permitindo ser. Essa é a verdade absoluta, *sempre*. E quando você tem percepção consciente das ferramentas da sua caixa de truques, que ajuda você a se voltar na direção de *quem-você-é*, tem também as ferramentas que o ajudam a se tornar o Ser jubiloso que nasceu para ser.

Não queremos que você se torne o bem-sucedido dono de milhões de dólares que você vai ser. Queremos que você seja o Ser jubiloso que está curtindo a descoberta de como vai chegar lá. Queremos que o passeio pelo rio seja tão importante para você, em sua forma física, quanto era quando você decidiu vir ao mundo.

Queremos que você perceba o que não deseja, para poder descobrir o que deseja, e queremos que você sinta a diferença. Queremos que você sinta alívio quando se direcionar na direção do que deseja, e queremos que você tenha a percepção dessa vibração melhorada no instante em que ela acabar de acontecer. Depois queremos que você sinta uma sensação de euforia ao ver as Forças do

Universo convergindo para você e lhe dando provas do alinhamento que acabou de acontecer. Então queremos que você se coloque nessa nova plataforma e sinta o contraste que vai servir de impulso para outro desejo.

Queremos que você sinta o poder desse novo desejo e a sua relação vibracional com ele, e queremos que você reconheça que, mais uma vez, você não está em sintonia com o que a vida fez você se tornar. Mas queremos que você saboreie o conhecimento de que agora sabe o que fazer porque já fez o mesmo muitas vezes. E queremos que você busque, deliberadamente, o pensamento que o faz se sentir melhor.

Busque o pensamento que o faz se sentir melhor, mova-se na direção do que você está querendo — e então sinta a nova manifestação.

Queremos que você coloque a mão no barro de que a sua vida é feita e sinta como se estivesse *moldando-a*. O objetivo não deve ser o resultado. O objetivo é o processo de alinhamento, é a Energia que você sente na boca do estômago, é a emoção que você pode aprimorar, é reconhecer a evidência que surge porque a emoção melhorou.

Gostamos do jeito como você se sentiu e gostamos do jeito como você se sente. Adoramos o fato de que você não podia se sentir bem como se sente se não tivesse se sentido mal como aconteceu. Essa relação vibracional é vida — e não há nada de errado com ela. Esse é o processo de moldar o barro da vida.

Adoramos tudo isso mais do que conseguimos expressar. A vida é incrivelmente maravilhosa, daqui do nosso ponto de vista. Queremos que você (convidamos você) veja o mundo através dos nossos olhos, porque o que vemos é muito, muito bom, bom de verdade! Os bons tempos vão se desdobrar diante de você a partir dessa percepção.

Existe um amor muito grande para você, aqui em cima. E, como sempre, permaneceremos incompletos até você resgatarem esse amor.

Sobre os autores

Empolgados com a clareza e os aspectos práticos das informações de seres que se denominavam, coletivamente, *Abraham*, os autores *Jerry* e *Esther Hicks* começaram a divulgar sua surpreendente experiência com Abraham a uma série de associados profissionais em 1986.

Reconhecendo os resultados práticos alcançados por eles mesmos e por várias pessoas que chegavam fazendo perguntas importantes sobre a aplicação dos princípios da *Lei da Atração* nas finanças, em questões de saúde e nos relacionamentos amorosos — e depois de aplicarem, com sucesso, as respostas de Abraham a essas perguntas e às suas próprias situações pessoais, Jerry e Esther tomaram a decisão de permitir que os ensinamentos de Abraham se tornassem disponíveis para um círculo cada vez maior de amigos e pessoas interessadas em conseguir uma vida melhor.

Utilizando o seu centro de conferências em San Antonio, no Texas, como base, Esther e Jerry viajaram para mais de 50 cidades em 1989, apresentando uma série de seminários interativos sobre *Lei da Atração* a diversos líderes locais que se reuniram para participar desses ciclos de formação de fluxo progressivo de pensamento. Embora tenham recebido atenção em nível mundial de pensadores importantes à sua filosofia de Bem-estar, eles também receberam a atenção de professores, os quais, por sua vez, agregaram muitos dos conceitos de Abraham aos seus livros de autoajuda, *scripts*, palestras, filmes e assim por diante. A primeira divulgação desse material, a despeito de tudo isso, foi feita boca a boca, à medida que as pessoas começaram a descobrir o valor dessa forma de espiritualidade prática nas experiências de sua vida pessoal.

Abraham — um grupo de instrutores que evoluíram nos planos não físicos — fala da suas perspectivas privilegiadas através de Esther. E fala no nosso nível de compreensão, por meio de uma série de amorosos, generosos e brilhantes artigos que são surpreendentemente simples. Esses trabalhos são oferecidos por escrito ou, às vezes, gravados, e nos levam a uma Conexão mais clara com o amado Ser Interior. Ele nos orienta e nos traz um poder autoinduzido que nos faz crescer e nos eleva ao Eu Total.

Os princípios da *Lei da Atração* Universal já foram publicados em mais de 800 livros, cassetes, CDs e DVDs. Esther e Jerry Hicks podem ser contatados em seu site na internet, que é muito interativo: www.abraham-hicks.com.

Este livro foi composto na tipografia Minion Pro,
em corpo 12,5/16,5, impresso em papel off-white, no
Sistema Cameron da Divisão Gráfica
da Distribuidora Record.